新创企业产业集群关系嵌入对合法性的影响研究

尚 林 著

中国财经出版传媒集团
经济科学出版社
Economic Science Press

图书在版编目（CIP）数据

新创企业产业集群关系嵌入对合法性的影响研究/尚林著．—北京：经济科学出版社，2020.4

ISBN 978-7-5218-1487-3

Ⅰ.①新…　Ⅱ.①尚…　Ⅲ.①企业创新-研究-中国②产业集群-研究-中国　Ⅳ.①F279.23②F269.23

中国版本图书馆CIP数据核字（2020）第068783号

责任编辑：李晓杰
责任校对：隗立娜
责任印制：李　鹏　范　艳

新创企业产业集群关系嵌入对合法性的影响研究
尚　林　著
经济科学出版社出版、发行　新华书店经销
社址：北京市海淀区阜成路甲28号　邮编：100142
总编部电话：010-88191217　发行部电话：010-88191522
网址：www.esp.com.cn
电子邮件：esp@esp.com.cn
天猫网店：经济科学出版社旗舰店
网址：http://jjkxcbs.tmall.com
北京密兴印刷有限公司印装
710×1000　16开　14印张　240000字
2020年7月第1版　2020年7月第1次印刷
ISBN 978-7-5218-1487-3　定价：66.00元
（图书出现印装问题，本社负责调换。电话：010-88191510）

本书出版得到了天津市哲学社会科学规划项目（项目编号：TJLJ17－004）的资助

前　　言

产业集群作为互相关联的企业和辅助机构在特定地区的集聚，形成了蕴藏着大量创业机会与资源的创业网络，对新创企业的孵化和培育作用得到了理论界和实践界的一致肯定。然而，在一些集群内新创企业快速发展的同时，很多同一区域内拥有较好产品和服务的新创企业却举步维艰，甚至半途夭折。对此，学者们指出除了技术和市场因素，合法性也是影响创业绩效的关键因素。合法性是一个组织满足其所处的经济与社会环境的社会规范、价值体系和信仰的程度，体现着社会对该组织的认可与支持的水平。因此，如何借助于集群内的创业资源以获取合法性，成为谋求生存与发展的新创企业首先需要考虑的问题，也构成了创业研究中迫切需要解决的课题。尽管学术界对这一问题的研究取得了一定的成果，但关于新创企业与集群内各方结成的各种关系对其合法性影响机制的认识仍不够全面和清晰。

基于社会网络理论、创业学习理论、合法性理论，本书研究产业集群关系嵌入影响新创企业合法性的机制和路径。通过创业学习这一中介变量的引入，试图打开两者简单模型的“黑匣子”，探析关系嵌入作用于合法性的过程。本书依据典型企业深度访谈、直接观察和次级资料分析得到的结果，归纳初始命题。在搭建研究模型和细化研究假设的基础上，设计调查问卷，通过预调研对问卷进行了完善，剔除无效问卷保留有效问卷，运用层级回归和结构方程模型对概念模型和研究假设进行了检验，并对结果进行了解释和说明。

针对以往创业学习的测量量表基本是在西方情境下加以开发这一问题，本书将创业学习视为新创企业的整体行为，结合研究的产业集群背景，将创业学习和组织学习加以区分，把创业学习划分为认知学习、嫁接学习和实践学习三种类型，深入探讨了三者的内涵、区别与联系。运用文献梳理和企业访谈等方法，基于我国产业集群内新创企业的行为特征开发出创业学习的测量量表，并通过探索性因子分析的方法证实了量表的可靠性和有效性。该结果丰富了创业学习的相关理论，并为后续的实证研究提供了工具保障。

通过大量的文献综述和理论探讨，本书将产业集群内新创企业关系嵌入、创业学习及合法性有机地结合起来，建构了“新创企业关系嵌入—创业学习—合法性”的理论逻辑，并付诸实证检验。研究发现，新创企业产业集群关系嵌入对其合法性具有显著的正向影响，说明产业集群内的新创企业与商业伙伴及政府相关部门间的紧密关系能够提升外界对企业的认可与支持；创业学习在关系嵌入与合法性之间起了中介作用，表明创业学习是关系嵌入转换为企业合法性的内在重要行为和过程。该研究结果拓展了关系嵌入对新创企业合法性的直接影响，深化了人们对集群内网络关系对新创企业合法性作用机理的认识，打开了两者关系的“黑箱”。

依照权变理论的观点，一项行动策略效果的大小，会受到外部环境条件和组织内部要素两方面的影响。因此，引入环境动态性和企业的内部社会资本作为调节变量，可以就创业学习对合法性的影响做出更加准确和严谨的分析。本书有效地识别出在不同的动态环境下创业学习对新创企业合法性影响效果的差异，为集群内新创企业依据不同的外部环境而进行更加有效地创业学习提出了理论依据。此外，有别于以往研究将内部社会资本视为自变量或因变量的习惯做法，本书将内部社会资本视为新创企业的内部情境因素，对其在创业学习与合法性关系间所起的调节作用进行了假设和检验。因此，本书运用权变理论拓宽了创业学习作用于合法性的情境研究，丰富了创业学习研究中的支撑体系。

科学研究的目的在于服务现实生产与生活。基于理论分析和实证研究，本书着眼于集群内新创企业合法性水平的提升，从加深关系嵌入、开展创业学习、重视外部环境和优化内部氛围四个方面提出具有针对性和科学性的对策和建议，为新创企业摆脱合法性困境提供了参考依据。

尚　林
2019 年 11 月

目　　录

第1章

绪　论

1.1　研究背景

在政府的鼓励和扶植下，伴随社会转型与科学技术的快速发展，我国的创业活动日趋活跃。但新创企业的生存状况并不理想，即使在蕴含丰富创业资源的产业集群内依然如此，而造成新创企业存活时间过短的一个重要原因是合法性的缺失。如何有效融入产业集群这一特殊的创业环境，充分利用其中的网络关系资源从而走出合法性困境，成为我国产业集群内新创企业重点关注的问题。

1.1.1　现实背景

1. 合法性成为制约产业集群内新创企业生存与发展的重要因素

以私营企业为主的新创企业作为变革主体在推动产业进化和创造就业机会方面发挥着重要作用。然而，就自身的生存能力而言，新创企业的表现却是不尽如人意。新创企业过低的存活率与其高度的社会价值和经济价值形成了鲜明的反差，这种现象即使在蕴含着丰富创业资源的产业集群内也是存在的。有学者借用组织生态学中的相关概念，指出合法性缺失是导致新创企业无法抵御环境选择压力的主要原因。与集群外的创业组织相比，集群内的新创企业尽管可以享受区域内部的各种便利与机会，但较短的经营时间造成其同样缺少可以证明其实力的业绩，难以有效降低所处环境中各方的风险感知，因此面临不被利益相关者接受的合法性问题。可以说，合法性缺失不仅是造成新创企业死亡率高的主要成因，也是导致新创企业的创新和创意无法实现市场化的非技术性与非效率性因素。因此，如何提高自身的合法性程度成为新创企业十分关注的现实问题。

2. 关系嵌入对产业集群内新创企业合法性的作用凸显

对于嵌入产业集群中的新创企业而言，产业集群是一个边界清晰且其中存在各种复杂关系的创业网络。集群网络内还包括其他嵌入主体，如政府、行业协会、客户、供应商和竞争者等，他们是与新创企业关系密切的利益相关者，而也正是他们才具有赋予了新创企业合法性的资格和能力。为了树立自身的企业形象，新创企业会采用各种方法，力图建立和加强与集群内各方的关系。一方面，新创企业通过与集群内商业伙伴及同业厂家的深度交流与合作，加深彼此的了解、信任和互谅，养成遵守区域内社会文化、商业习俗和规范的习惯，保持与集群内其他企业做法的一致，从而加深外界对自身集体身份的理解和认同。而且，同知名企业的业务往来会带来“骑背效应”和“关系传递效应”，即与声誉良好商业伙伴的合作关系会提升自己的知名度。另一方面，与集群内政府部门和具有半官方性质的行业协会组织间互信互谅的关系对新创企业来说是重要的声誉资本，可以借此向外界传递企业具有充足实力和良好发展前景的信号，还有可能得到官方媒体的报道和宣传，从而有效改善外部资源所有者对新创企业产品和服务的不确定感知。由此可见，集群内的商业资源与政治资源对新创企业合法性的提高有很大的帮助，对新创企业来说，就需要建立、巩固和提升同政府、行业协会、商业伙伴等方面的关系，以充分利用集群内的创业资源。

3. 创业学习成为新创企业能否有效利用网络关系的重要因素

当今任何企业都嵌入相互关联的社会关系网络中，对处于产业集群内的新创企业来说，建立与维系同集群内各方的合作关系固然重要，但更重要的是如何有效管理和利用这些关系。网络中的每种“关系”或“链接”都隐含着双方资源与知识交换的可能，集群内新创企业将这种可能变为现实的能力差异很大。实践表明，声誉水平高的新创企业往往会加强与各方的紧密关系，通过模仿复制成功企业的做法、合理引入高水平员工等多种创业学习的方式来提高系统适应能力，实现与共同体相匹配的身份建构。产业集群内新创企业合法性的提升，必须借助良好的外部关系，了解和掌握特定区域内的法律法规、社会习俗和文化期待，并有效吸收和融合这些信息和知识完成对自身行动的指导。因此，在创业过程中的学习行为对于新创企业利用各种关系以实现合法化这个战略目标有着十分重要的影响。

1.1.2 理论背景

1. 产业集群内新创企业的合法性问题正成为创业研究的热点

产业集群理论的相关研究很早就注意到集群内的创业成功率要比集群外高这一经济现实，并从不同角度对这一现象进行了解释。波特（Porter，1998）的研究表明较高的竞争压力会使集群内的创业组织在产品、技术和服务方面的创新性更强。有学者指出集群内大企业的良好声誉会吸引更多的客户关注该集群，这就使新创企业更容易地推广自己的产品。然而，有部分研究表明产业集群内有大量的新创企业未能渡过初创期而过早死亡。制度学派的学者认为不被产业集群这个具体的制度环境所认可和接纳，即合法性不足是造成新创企业失败的主要原因。辛格等（Singh et al.，1986）指出，造成新创企业死亡率高的主要因素并非诸如技术和效率等企业内部因素，而是企业缺少外部赋予的合法性。萨奇曼（Suchman，1995）的研究表明新创企业要想实现生存和发展，除了具有必需的经济资源和技术条件，还必须获得所在环境中利益相关方的认可、接受和信任。可以说，合法性的高低是影响集群内新创企业成败的关键。由此，合法性在产业集群理论和创业理论中的研究中逐渐被重视起来，并成为研究热点之一。

2. 关系嵌入对合法性的作用机制研究还有待深入

社会网络理论认为，产业集群构成了一个边界清晰的创业网络，网络内不同的新创企业的合法性差异是由于新创企业对该网络不同的嵌入程度造成的。结构嵌入和关系嵌入作为网络嵌入的两种基本形式，引起了学者们的广泛关注和研究。其中关系嵌入理论描述了组织联系中交互作用的密集程度，认为关系的强度有赖于联系时间、互惠程度及情感强度，其间蕴含着信任和友谊的特点。近年来已有学者着手分析关系嵌入对新创企业合法性的影响，并得出了一些有意义的研究结论。其中主流观点认为关系嵌入对企业合法性的提升具有积极的影响，但也有少数学者在分析关系嵌入消极影响的基础上，认为关系嵌入对企业合法性并非只有正面作用。此外，学者们的研究较少以产业集群为研究背景，忽视了集群内多种关系对企业合法性产生的影响。产业集群是一个天然的创业网络，位于其中的新创企业必然会与利益相关者产生诸多联系，这种直接或间接的联系会影响着外界对新创企业的评价与认知，但目前对于该影响机制的研究尚显不足，需要在理论和实证方面做进一步的探究。

3. 关于创业学习前因与后果的研究还需要加强

2005 年前后，关于创业学习的专题研究逐渐形成。学者们一致认为创业活动中动态性和不确定性的特点向新创企业提出了更高的学习要求，而有效的创业学习是创业成功的关键因素。在创业学习研究领域中，创业学习的前置因素始终是研究焦点之一。创业网络对创业学习的积极影响已被广泛提及，有学者指出，新创企业的成长是基于环境反应而形成的动态学习过程，产业集群作为特定的社会网络扮演着信息输送与情报传递的桥梁，为创业学习顺利进行提供了有效的保障。关于创业学习的作用，学者们主要围绕创业学习对创业绩效、创业机会识别、创业能力的影响展开研究。关于创业学习与合法性的关系，有学者提出新创企业开展有效学习有助于合法性的获取，但是该研究是在组织学习而非创业学习的视角下展开的，而组织学习和创业学习无论在学习主体还是学习过程上都存在较大的差异，因此创业学习对合法性究竟起何种影响还需要进一步探究。

1.2 研究目的与意义

1.2.1 研究目的

产业集群构成了一个内部关系复杂的创业网络，嵌入其中的新创企业如何有效培育、管理和利用自身同集群内其他各方的关系来实现创业的成功，正逐步成为管理学领域重要的研究课题。尽管有学者已经就网络关系对新创企业创业绩效的作用机制进行了深入探讨并取得了一定的成果，但在产业集群背景下，就新创企业的政治关系与商业关系对其合法性影响机制的研究比较匮乏。此外，仅仅探讨关系嵌入对合法性的直接作用不能达到全面认识二者关系的目的，应该引入创业学习作为中介变量才能对这一作用机制予以清晰而完整的说明。依照权变理论的观点，一项行动策略效果的大小，会受到外部环境条件和组织内部要素两方面的影响。因此，引入环境动态性和企业的内部社会资本作为调节变量，可以就创业学习对合法性的影响做出更加准确和严谨的分析。

本书在创业学习视角下以社会网络嵌入理论为出发点，将产业集群内的新创企业作为研究对象，采用企业访谈、大样本调查和数理统计等方法，围绕“新创企业在产业集群内的关系嵌入是如何影响其合法性”这一核心问题展开研究。本书的研究目的在于：

1. 开发产业集群背景下创业学习的测量量表

对于不同类型与规模的初创企业，创业学习的形式具有多样性与异质性，因此对创业学习的研究应结合不同情境的影响来进行。以往对创业学习的测量量表的开发基本是在西方情境下完成的，我国学者在这方面取得的成果相对较少，且缺乏针对集群企业的相关研究。考虑到我国的政治、经济和文化的独特性和集群企业的特定性，现有的创业学习量表或许不能很好地测度产业集群内新创企业的创业学习行为。由于创业学习是本书的核心变量，因此在科学划分创业学习维度的基础上，以我国产业集群内的新创企业为例，探讨创业学习的有效测量方法，开发和验证创业学习量表是论文的首要目的。

2. 洞悉产业集群关系嵌入对新创企业创业学习的影响

嵌入在产业集群这个创业网络中的新创企业不但要与客户、供应商、同行等各方形成紧密的合作与竞争关系，同时不可避免地要与公安消防税务等政府部门及行业协会进行频繁的互动，由此会形成商业关系与政治关系两类关系嵌入形式。那么集群企业能否将关系嵌入作为知识传输的通道，实现对信息与知识的搜索、吸收和利用，即这两类关系嵌入对集群内新创企业开展创业学习是否会产生积极的影响？具体来说，两类网络关系嵌入是否会对创业学习的三个维度产生相同的作用？利用案例研究和实证分析明确新创企业在产业集群中的两类关系嵌入对创业学习的影响也是本书的研究目的。

3. 揭示创业学习对新创企业合法性的影响及其权变因素

创业学习被认为通过获取和开发创业知识、技能以创建新企业或促进新企业成长的动态过程。有学者认为创业学习能够帮助新创企业尽快地提升外界对自身的认可和接受程度，即对学习者的合法性有积极的影响，但也有学者的实证研究表明二者之间并不存在因果关系。由此可见，关于创业学习与合法性之间的关系的认识尚未形成统一。那么，创业学习对学习者的合法性究竟会产生何种影响？不同的情境因素是否会对结论产生作用？本书的研究目的之一就是明确创业学习对新创企业的影响，进而揭示影响两者关系的权变因素，具体来说就是借鉴迈纳等（Miner et al.，2001）、吴楠（2015）等的方法，引入环境动态性和内部社会资本作为调节变量，探讨二者在创业学习与合法性关系中的调节作用。

4. 探讨产业集群关系嵌入对新创企业合法性的作用机制

在产业集群中，网络关系是新创企业获取资源、谋求发展的重要通道，因而十分关键。然而关系资源如何增强企业的内在实力，进而提升其合法性？这一问题尚未得到很好的回答。由于创业本身是一种学习的过程，它要求学习者充分利用各种资源，培养和提升适应和融入环境的能力，进而推动新创企业满足外界对自身提出的合法性要求。因此从逻辑推理来看，创业学习扮演着关系嵌入和新创企业合法性之间桥梁的角色。从实证模型上讲，本书就是以创业学习为中介变量，检验其在创业网络关系资源转化为新创企业合法性过程中的作用。因此，使关系嵌入与合法性之间的关系链条变得更加清晰和完整也是本书的研究目的。

1.2.2 研究意义

合法性的获取有助于新创企业有效地克服新进入缺陷，提高资源获取能力和员工忠诚度，进而对其存活率和成长性的提升起到了重要的推动作用。产业集群这一边界清晰的创业网络对于创业活动的影响是通过不同类型的嵌入机制而实现的，因而嵌入理论被认为是研究产业集群与创业关系的有效分析工具。创业学习作为创业领域的前沿问题，国内外对其的研究还处于起步阶段，尽管其对新创企业合法性水平的提升具有重要影响，但对二者关系研究的文献并不多见，且以综述或概念框架构建为主，实证研究的成果比较匮乏。因此，基于创业学习视角，就新创企业产业集群嵌入对其合法性的影响进行实证研究具有较高的理论价值和重要的现实意义。本书的理论研究价值和实际应用价值如下所述：

1. 理论意义

（1）深化了集群内新创企业关系嵌入对合法性影响机制的研究。尽管现有研究很重视网络关系对新创企业合法性的积极影响，但大多聚焦于检验各种关系对新创企业合法性的直接影响，对其中的作用过程缺乏深入的探究。针对这一现状，本书把社会网络关系嵌入、创业学习及合法性理论有机地联系起来，将新创企业的关系嵌入分为商业关系嵌入和政治关系嵌入，搭建出“新创企业产业集群关系嵌入—创业学习—合法性”的理论框架，对新创企业利用所在集群中的各种关系资源推进创业学习进而提升自身合法性水平的作用机理进行了深入的探析，深化了人们对集群内网络关系对新创企业合法性作用机理的认识，丰富了社会网络嵌入理论与合法性理论的研究成果。

（2）拓展了创业学习研究的理论空间。目前的研究中关于创业学习的维度划分分歧较大，对创业学习前因和后果的探讨也不够充分。本书利用案例分析和统计方法，提出并检验了集群内新创企业的关系嵌入（商业关系嵌入和政治关系嵌入）对创业学习三个维度（认知学习、嫁接学习和实践学习）的影响，创业学习的三个维度对新创企业合法性的影响，还从理论上探讨了创业学习三个维度间的关系。此外，创业学习量表的设计与验证为之后的研究提供了工具保障。本书丰富了创业学习理论，为集群内新创企业获取合法性提供了独特的研究视角，也间接支持了新创企业的创业学习推动企业成长的观点。

（3）丰富了权变理论的应用范畴。鉴于权变理论在创业学习与合法性关系研究中应用仍显不足的情况，本书将环境动态性和内部社会资本作为新创企业的外部情境因素和内部情境因素，将二者纳入创业学习对合法性影响的理论框架内，对二者在集群内新创企业创业学习与其自身合法性关系间的调节效应进行了深入的探析，并根据大样本问卷获得的数据采用回归分析和结构方程模型对相关假设进行了检验。因此，本书在一定程度上弥补了现有研究的不足，丰富了创业学习视角下新创企业合法性研究的应用情境，扩展了权变理论在创业研究中的应用范畴。

2. 实践意义

（1）为新创企业有效利用产业集群内的创业资源提供了有益的指导。结合案例分析和实证研究，本书指出产业集群内的新创企业与商业伙伴及政府相关部门间的紧密交流合作与相互信任能够提升外界对企业的认可与支持，而且上述关系还对创业学习具有积极的影响。本书的研究成果有助于提高新创企业对产业集群关系资源的重视程度，通过合理合法的方式建立、巩固和加强与集群内各方的关系联结，加速对所处环境的融入，拓宽创业知识的来源，为新创企业充分地利用集群嵌入中的创业优势以实现成功创业提供了依据和参考。

（2）为提升集群内新创企业合法性水平提供了科学的方法和途径。本书立足于产业集群内的新创企业，通过透析创业学习的类别和特征，明确了创业学习不同维度对新创企业合法性的作用。对于创业学习与合法性关系的研究有助于新创企业准确认识创业学习的作用，结合自身条件，采取不同方式的创业学习降低利益相关者的不确定感知，实现在产业集群内声誉水平的提高和身份的确立。因而，本书为新创企业有效提升自身的合法性水平提供了行之有效的手段和工具。

（3）有助于新创企业更好地发挥创业学习的作用。创业学习是一个新创企业对知识和经验的获取、吸收消化和应用的过程，与特定的创业环境是息息相关的，呈现出高度情景化的特征，因而创业学习作用的大小受到企业所处外部环境与自身内在素质的双重影响。对其中影响作用的研究有助于新创企业更加重视外部环境的动态变化和内部社会资本的充裕程度，结合内外部环境的条件与变化，更加合理地开展创业学习，提高学习效果以实现弥补合法性缺陷的目标。

1.3 关键概念界定

与本书相关的概念主要包括产业集群关系嵌入、创业学习、合法性、环境动态性和内部社会资本。

1.3.1 产业集群关系嵌入

产业集群是由相互关联的厂商、经销商、金融机构及政府、同业公会、第三方机构组成的群体。集群内新创企业为保持生产经营的顺利开展必然要同上述各方建立紧密的合作关系，因此产业集群关系嵌入可以被理解为新创企业在集群地理空间内各种关系的综合。借鉴彭和罗（Peng & Luo，2000）等的研究成果，根据与关系主体的类型，本书将新创企业集群关系嵌入划分为商业关系嵌入和政治关系嵌入，其中商业关系嵌入是指新创企业同集群内的供应商、客户、渠道商及同行业者之间基于交流互动与合作而形成的商业联结，政治关系嵌入则是指新创企业与政府部门及行业协会间建立的互信互助的政企关系。

1.3.2 创业学习

本书借鉴波利蒂斯（Politis，2005）、霍尔库姆等（Holcomb et al.，2009）的观点，将创业学习界定为新创企业从所处社会网络中获取、吸收和运用新知识的动态过程，其目的是实现创业绩效的提升。通过深入考察集群内新创企业的行为特征，结合先前学者的研究成果，本书将创业学习分为认知学习、嫁接学习和实践学习三个维度。其中认知学习（cognitive learning）是指新创企业在综合考虑外部市场环境和自身实际情况的基础上，通过观察、复制和模仿等方式，将其他组织的经验和做法有选择地应用在自身企业；嫁接学习（grift learning）是指新创企业吸收具有丰富管理经验或是较高技术水平的人才以丰富创业知识，构建自身优势；实践学习（action learning）是指新创企业在实践中应用并修正以前掌握的知识和积累的经验，并利用由此衍生出的新知识来指导企业经营。

1.3.3 合法性

合法性（legitimacy）也被称为正当性，是新制度主义理论的核心概念。本书借鉴萨奇曼（1995）等对合法性的界定，认为合法性是一个组织满足其所处的经济与社会环境的社会规范、价值体系和信仰的程度。应该指出，具有合法性的企业所遵循的社会制度规则，其内容范围远远超过单纯的法律规定，遵纪守法只是组织具有合法性的基本要求，更多的合法性内容是组织符合公众意见期望与社会主流文化等。

1.3.4 环境动态性

结合学者们对环境动态性特征的描述和界定，本书认为环境动态性是指环境因素在特定时间内的变化程度、变化速度和变化幅度以及其无法预见的程度。秉承学术界关于环境特征的主流观点，本书认为产业集群内新创企业面临的环境动态性包含两个方面，即技术动态性和市场动态性。其中技术动态性是企业决策者所感知的所处行业内主导技术的更新、升级变革与跃迁的速度，市场动态性则是指企业所面临的市场需求、客户偏好、同行经营策略等变化的不可预知的程度。

1.3.5 内部社会资本

结合先前研究的成果，本书认为内部社会资本是企业内部成员之间非正式关系的结构与内容，体现了企业成员将通过外部网络获取的信息和资源在企业内部网络中进行交换和分享的效率与能力，它嵌入在企业内部网络关系中，属于集体层面的社会资本。它诠释了组织内部成员间关系的内容与特征，包含着信任、承诺和共同愿景等内容。

1.4 研究设计

1.4.1 研究内容

本书将产业集群视为创业网络，将集群内的新创企业作为研究对象，以社会网络嵌入理论为出发点，围绕“新创企业在产业集群内的关系嵌入是如何影响其合法性”这一核心问题展开研究。本书的主要内容分为7章。

第1章 绪论。本章阐明了本书的选题背景、理论价值和实践意义，介绍了研究问题，界定了本书涉及的相关概念，阐述了本书结构、技术路线、研究方法以及主要创新点。

第2章 文献综述。本章主要对社会网络嵌入、创业学习、合法性、环境动态性和内部社会资本书的历史演变及现状进行综述。通过收集、总结和梳理国内外相关领域的研究成果，厘清现有研究的发展脉络，为本书的研究奠定理论基础。同时找出以往研究中的局限性，阐明研究机会，为研究内容的展开提供切入点。

第3章 探索性案例研究。依据本书的研究框架，选取4家集群内新创企业作为探索性案例研究的对象，应用半结构化访谈法、直接观察法和次级资料法，对4家企业的经营状况和组织特征进行深入的剖析，初步厘清企业的关系嵌入、创业学习、合法性等变量间的相互关系及作用机理，归纳提炼本书研究的初始命题。

第4章 模型构建与研究假设。在探索性案例研究的基础上，本章综合实践总结和文献观点，对已有研究命题进行更加深入的理论分析，构建并完善总体概念模型，分别提出关于新创企业在产业集群中关系嵌入对创业学习及合法性的影响，创业学习对合法性的影响，创业学习在关系嵌入与合法性间的中介作用，环境动态性和内部社会资本在创业学习与合法性间的调节作用等相关假设。

第 5 章　研究设计与研究方法。本章依据规范合理的问卷设计原则与流程，界定了所设计的各变量的操作性定义，确定了测量题项，编制出调查问卷，根据专家意见及预测试的结果进行反复修正并形成最终问卷，为后续大样本调查提供工具保障。随后，对本书所使用的统计方法做出了介绍，为第 6 章的实证研究提供方法支撑。

第 6 章　实证分析与结果讨论。利用通过问卷所获得的样本数据，本章在完成信度、效度及共同方法偏差检验的基础上，对数据的关系进行了相关性分析。之后利用结构方程模型和层级回归分析等统计方法从实证的角度对前面提出的假设做出了检验，并对检验结果进行了进一步的解释和说明。

第 7 章　研究结论与展望。本章通过对前面章节内容的总结，阐明本书的主要结论，阐述其中存在的不足及缺陷，指出研究对实践的管理启示，明确本领域未来的研究方向。

1.4.2　技术路线

本书以新创企业在产业集群内的关系嵌入为切入点，以提升新创企业的合法性为导向，基于创业学习的视角，遵循文献梳理→企业调研→研究命题形成→概念模型及研究假设提出→问卷调查与实证分析→结果讨论这一技术路线，借助有针对性的研究方法，按照以下四个步骤展开研究工作，实现研究目的。

首先，分析研究背景并确定研究问题。通过对文献的梳理和现实的观察，阐述本书的理论背景和现实背景，将集群内新创企业合法性的提升确定为研究目标。其次，结合相关理论和探索性案例研究的结果，提出“新创企业在集群内关系嵌入对其合法性有正向影响”等初始研究命题。再次，在搭建研究模型和细化研究假设的基础上，确定可操作性设计，设计调查问卷，并结合预测试的结果对其加以完善。最后，利用实证方法对相关假设进行检验，并对实证结果进行概括和分析。本书的结尾部分是对研究结果的归纳和总结，指出研究的局限性，并为后续的研究方向提出建议。本书的技术路线如图 1.1 所示。

研究背景
研究选题
1.合法性缺失制约着产业集群内新创企业的生存与发展
2.关系嵌入对新创企业合法性的提升作用凸显
3.创业学习成为影响新创业利用网络关系效率的重要因素
提出问题
现实问题
产业集群内新创企业需充分有效地利用集群内的关系资源，跨越合法性门槛
凝练
科学问题
产业集群关系嵌入对新创企业合法性的作用机制研究
解构
关键问题
1.构建产业集群关系嵌入对新创企业合法性的影响路径模型
2.揭示创业学习关系嵌入与合法性间的中介作用
3.明确了环境因素对创业学习与合法性关系间的调节作用
问题凝练，明确关键问题
分析问题
文献研究
探究性案例研究
合法性理论研究综述
嵌入性理论研究综述
创业学习理论研究综述
环境动态性和内部社会资本文献综述
理论支持
产业集群关系嵌入 创业学习 合法性
方法支持
企业访谈 案例内分析 案例间分析
奠定理论基础和实践基础，形成关联机制，得到初始命题
解决问题
理论模型的构建与研究假设的提出
问卷的设计、发放与回收
实证分析与结果
综合文献观点和实践总结，构建并完善总体理论模型
提出研究假设
1.产业集群关系嵌入对合法性、创业学习的影响
2.创业学习在关系嵌入与合法性关系间的中介作用
3.环境因素对创业学习与合法性关系的调节效应
提出假设
确定测量题项，编制调查问卷
预测试及测量项目修正
最终问卷的发放及有效性控制
统计方法与工具的介绍
数据支持
信度、效度检验
相关分析
利用结构分析模型与层级回归检验假设
检验结果分析
研究结论与展望

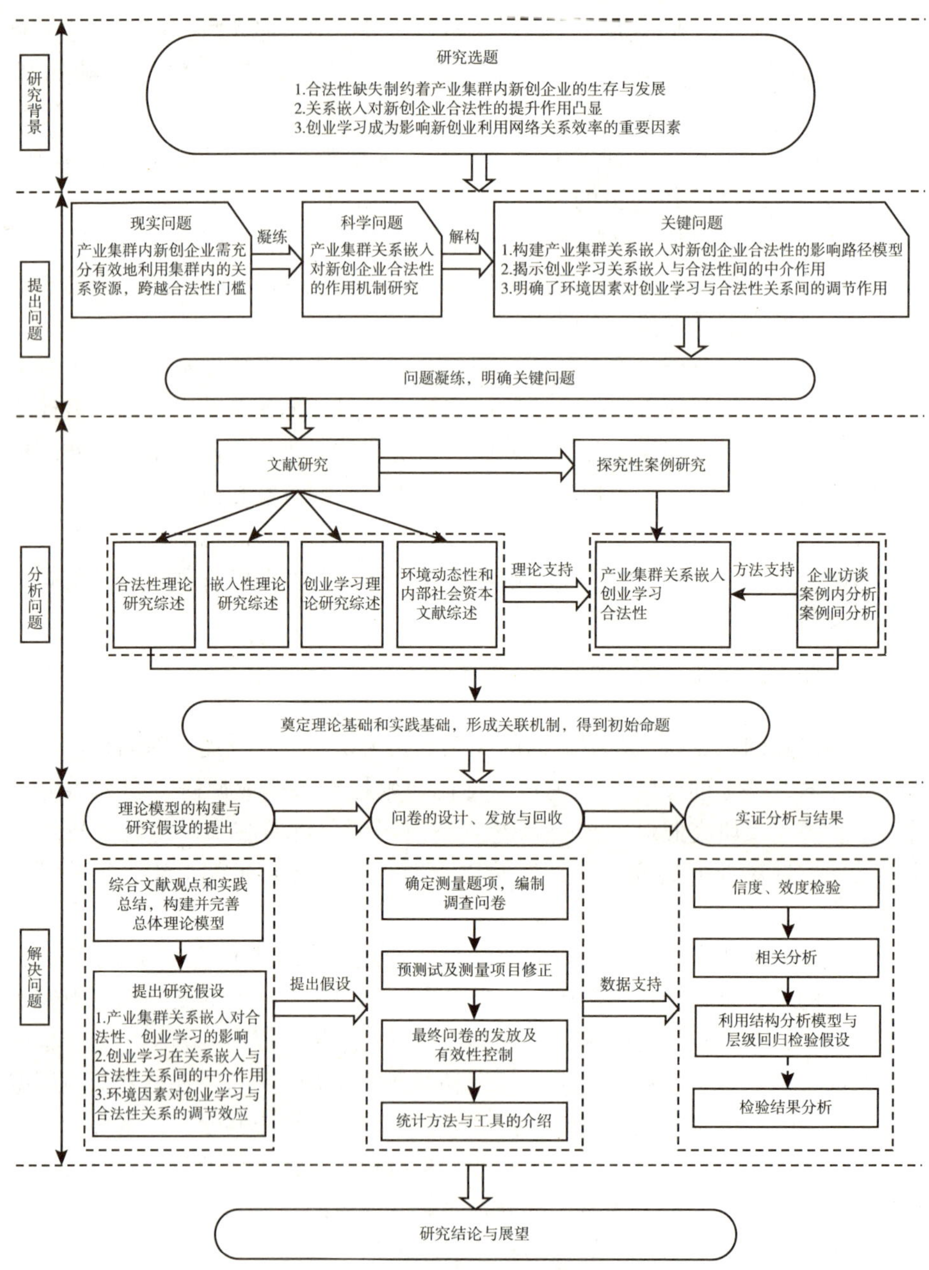

图 1.1　本书技术路线

1.4.3 研究方法

本书以产业集群背景下社会网络关系嵌入对新创企业合法性的影响机制为研究主线，以社会网络理论、产业集群理论、创业学习理论及合法性理论为研究基础，采用了定性分析与定量分析、理论分析与实证分析相结合的研究方法，交互使用案例分析、因子分析、层级回归和结构方程模型等手段对本书所设计的科学问题展开研究，从而为集群内新创企业提供决策依据。具体而言，本书采用了如下方法：

1. 探索性案例分析方法

在涉及复杂情境及多变量的研究尤其是社会经济网络的研究中，案例研究方法的使用是十分恰当的，它能够为理论尚未成熟的研究领域提供进一步的补充和完善。为了更形象、更直接地分析和阐释关系嵌入、创业学习与企业合法性之间的逻辑合理性，选取了4家我国产业集群内的新创企业作为案例研究对象，结合深度访谈和事后回溯等方式对企业的组织特征和行为方式进行总结和梳理，在案例数据采集的基础上做出了案例内数据分析与案例间数据分析，初步形成新创企业产业集群关系嵌入通过影响创业学习进而影响合法性的理论架构及初步假设，为后续研究的开展奠定实践基础。

2. 因子分析方法

鉴于本书利用问卷调查获取所需数据，因此需要检验问卷的可靠性。采用探索性因子分析，对书中涉及的关系嵌入和创业学习等5个变量测量量表的结构效度进行了检验。采用主成分分析法提取因子，用最大方差法对因子进行正交旋转，并以经过转轴后的各题项的因子载荷量是否大于标准值作为题项保留与否的依据，对个别因子载荷量过低的题项进行了删除。通过因子分析方法提取了公共因子，净化了量表，为后续的实证分析提供了工具保障和数据支撑。

3. 结构方程模型分析方法

结构方程模型是基于变量的协方差矩阵来分析变量之间关系的一种统计方法，是多元数据分析的重要工具。在第6章中采用结构方程模型方法，使用AMOS23.0这一分析软件，首先对研究量表的结构效度做出了进一步的检验；其次进行了假设关系的分模型检验，并对研究发现进行了分析和讨论，揭示新创企业产业集群关系嵌入对合法性的影响机制。

4. 层级回归分析方法

层级回归分析通过分析检验调节变量与自变量间的交互关系，来确定调节变量对原始双变量关系的调节效应。本书通过理论分析，做出了环境动态性和内部社会资本在创业学习与合法性关系中起正向调节作用的假设，利用SPSS22.0这一统计软件，在层级回归方程依次放入经过中心化处理的创业学习及创业学习与环境动态性及内部社会资本的交互项，通过观察回归系数的显著性和 R^2 的变化，对相关变量的调节效应进行检验。

1.5 创 新 点

本书围绕新创企业产业集群关系嵌入如何影响对合法性这一核心问题，建立了相应的理论框架，运用多种数理统计方法对通过理论推演和案例分析得到的概念模型和研究假设进行了实证研究。总的来说，本书的创新之处主要体现在以下三个方面。

第一，构建了新创企业产业集群关系嵌入对合法性的影响路径模型。将网络嵌入理论、创业学习理论与合法性理论有机融合在同一个研究框架中，构建出“产业集群关系嵌入—创业学习—合法性”的理论模型，深入剖析了网络关系嵌入为新创企业带来社会认可与接纳的本质过程，阐明了在集群内的关系嵌入通过影响创业学习，进而影响其合法性的作用机制。本书突出了转型经济下非正式制度对新创企业合法性的影响作用，打开了关系嵌入对合法性作用机制的“黑箱”，为嵌入在产业集群中的新创企业准确认识与合理利用集群内的关系资源，弥补自身合法性缺陷提供了理论支持，对嵌入理论与合法性理论的研究进行了补充和深化。

第二，揭示了创业学习在关系嵌入与合法性间的中介作用。从与创业学习有关的学术成果来看，已有学者将创业学习作为中介变量加以使用。然而，以往研究多集中于分析创业学习在创业导向对组织绩效及创业能力作用的中介效应，不但忽略了网络关系中知识资源的价值，而且缺乏创业学习对合法性影响的探讨。本书将新创企业在集群内的关系嵌入作为创业学习的前置因素，提出并验证了创业学习在新创企业关系嵌入与合法性间的中介作用，凸显出创业学习对产业集群背景下新创企业获取合法性的重要意义，为新创企业实现自身与外部环境的有效匹配提供了可行的参考意见，丰富了创业学习研究的理论成果。

第三，明确了环境因素对创业学习与合法性关系间的调节效应。鉴于战略管理决策的实施效果会受到环境特性的影响和制约，因此本书将环境动态性作为外部情境因素纳入研究框架，提出并验证了技术动态性与市场动态性在创业学习对新创企业合法性影响中所起的调节作用，加深了对影响创业学习的环境因素的理解和把握。此外，不同于将内部社会资本视为自变量或因变量的研究习惯，本书将其视为新创企业的内部情境因素，对其在创业学习与合法性关系间所起的正向调节作用进行了假设与检验。本书借助权变理论拓宽了创业学习作用于合法性的情境研究，在某种程度上弥补了创业学习研究中支撑理论不足的缺陷，也为产业集群内新创企业合理有效地利用和管理内外部环境要素以提高创业学习的效果提出了可行的指导意见。

第2章

文献综述

为实现本书的研究目标，本章将对研究问题中所涉及的变量进行系统地回顾。通过对与合法性、关系嵌入、创业学习、环境动态性和内部社会资本相关文献的搜集、归纳和整理，力图厘清这些变量的内涵以及彼此间的关系，丰富研究的理论依据，为搭建理论框架奠定坚实的基础。

2.1 合法性研究

合法性作为组织生存前提条件的观点已经获得了学界的普遍认可。在组织生态学的学者看来，合法性缓解了企业的生存压力，提高了声誉水平，增加了其生存与发展的机会。从企业战略的角度来看，合法性对决策者的行为与效果有着决定性作用，是企业进入他国的具体战略选择的重要支配力量。鉴于合法性具有重要的理论价值，自 20 世纪初有学者从社会学角度重构合法性的概念以来，不同学科和领域的学者们围绕着合法性的形成和作用机制进行了广泛的研究，并取得了丰硕的研究成果。

本节将对合法性的概念演变与界定进行阐述，对合法性的测量方式与构成维度的划分做出说明，并对合法性研究视角和获取机制进行系统的总结和讨论，以实现对合法性理论准确而全面地掌握，进而展开后续的相关研究。

2.1.1 合法性的概念与来源

1. 合法性的概念演变与界定

作为制度学派的核心概念之一，合法性最初属于政治学的研究范畴。随着韦伯对合法性概念的重新阐释，对合法性的研究不再局限于政治学与法学领域，而呈现出跨学科的发展态势，在社会学与管理学中也得到了充分的重视与探讨。

合法性概念的提出原本是用来解释国家政府、统治机构和统治者权力的正当性与有效性的。政治学学者对合法性的理解是从客观性与主观性两方面进行的，客观性认为应以稳定可靠的客观尺度来对合法性进行描绘和衡量，认为只有政府施政的方式与结果同大众价值观和道德观协调一致，政府才会被认为代表了正义和公意，才具有了合法性。主观性聚焦于社会公众对于政府感知的分析，即政府的执政地位是否来源于大多数公民的授权。因为个体对政府公正性的判断具有较大的权变性，因而稳定的合法性标准是不存在的。作为较早意识到合法性在国家政治生活中重要作用的社会理论学家，韦伯认为合法性形成了科层组织中组织权力的来源，扮演着决定社会整体运行的公理和准则的角色。

伴随制度学派的兴起，帕森斯（Parsons，1960）将这一概念引入组织行为的研究领域中，并将其视为衡量组织价值观与社会环境价值观一致性的特征要素，实现了对合法性内涵在组织社会学中的拓展。之后，迪马乔（DiMaggio，1990）等更加强调理性主义和效率准则，从同构的角度提出合法性体现为组织间日益明显的趋同特征，并指出社会组织场域的确立会给组织带来强大的合法性压力。与传统制度学派不同，新制度主义着重强调社会认知的作用，如阿什福斯（Ashforth，1990）认为受制于有限理性和环境不确定性，人们只能依靠组织与制度的一致性（如是否符合公认的行业标准、技术规范等）来判断其存在的价值和意义。从认知视角看，社会环境规定了组织的行动角色与规则，社会活动的参与者必须要了解周围环境对自身的期望，进而以此为依据逐步树立自身的形象。

鉴于合法性对企业的生存与发展具有十分重要的影响，学者们从管理学的角度对组织的合法性进行了界定，并得到了一些具有代表性的成果。梅耶和罗恩（Meyer & Rowan，1977）认为合法性涵盖了法律规范、公众意见等制度因素的要求，是企业遵循合理规范的理性选择。奥德里奇和福尔（Aldrich & Foil，1994）结合新创企业面临的合法性约束来源，指出合法性体现了社会权威机构对企业行为同社会法律和规范间一致性的判断以及社会大众对企业认可与接受的程度。萨奇曼认为，合法性是指企业的相关各方以社会体系内既有的规范、价值观、信念和定义为评判标准，对企业行为的正确性、适当性及合意性的感知或假设。齐莫曼和蔡茨（Zimmerman & Zeitz，2002）强调利益相关者的地位和作用，认为新创企业在成长中被利益相关者认为是合适的、恰当的和有意义的，它就具有合法性。迪普豪斯（Deephouse，1996）在对合法性维度进行划分的同时界定了合法性，他主张合法性应被理解为外界对组织支持和认可的状态。达钦等（Dacin et al.，1999）的观点与萨奇曼相近，认为当企业活动被既有的社会结构系统所期待和接纳的时候，它就具有了合法性。拉奥（Rao，1994）将合法性言简意赅的定义为外部环境对组织的理解和接受程度。

综合上述合法性的经典定义，可以发现诸如“利益相关者”“接受度”“理所当然”“合理性、可取性和恰当性”等词语出现的频率非常高，这反映出学者们对合法性的理解是比较接近的。通过梳理文献可以发现，萨奇曼的定义具有广泛的包容性及扎实的理论支撑，被认可程度较高，并被后续研究多次引用。从萨奇曼对合法性的界定可以发现：首先，合法性来源于社会公众集体而非个体的判断，这种普遍性的判断的标准是社会建构的规则，其中也融入了认知方面的因素；其次，一个企业如果想顺利融入当地环境，就要遵守制度环境的规范与要求，采取政治与法律所期望或接受的市场行为，遵循普遍认同的信仰体系和文化传统，只有这样才能实现合法性。出于成本与能力等现实因素的考虑，企业的活动或行为更与某个特定群体的规则、价值观和信仰体系保持一致，这个群体应该与企业有着密切的联系，且是现实或潜在的资源提供者。换句话说，由于企业嵌入在对其具有塑造和制约的具体社会场域中，因此获得域内各利益群体的认可对其合法性的构建至关重要。

鉴于合法性在公众认知中反映了组织对法律的遵守，因此需要着重说明，管理学中的合法性是英文单词 legitimacy 的中文译法，其所包含的内容范围要远远宽泛于法律层面（狭义的“合乎法律性”的对应英文单词为 legality），遵守国家法律只是组织拥有合法性的一部分或是基本内容，合法性更多地反映了组织与主流文化、道德规范和公众期望相符的程度，因此二者是包含与被包含的关系，不能混淆。此外，中国台湾地区的学者和一些大陆学者习惯于将 legitimacy 译作“正当性”，尽管有其内在的合理性，但由于“合法性”的使用在中国大陆地区占据支配地位，因此本书遵循主流观点，沿用这一名词。

2. 合法性的来源

合法性研究的重要地位一经确立，学者们很快就产生了对合法性来源进行探究的想法。如前所述，企业战略研究领域的学者认为合法性是获取企业发展所需资源的一种特殊资源，而制度学派则提出了反对意见，认为合法性只是符号性价值。应该说，两种说法都具有内在的合理性，只是角度不同。合法性对于组织战略价值的重要性是肯定的，它反映了外界的判断和认知，因而是无形的，其来源和获取方式和一般意义上的资源是不同的。

根据资源依附理论，在开放系统中的组织由于无法产生维持运营的所有资源，因此必须与关键的资源所有者进行资金、信息等方面的物质和非物质的交换，才能实现生存与发展。而这些对组织至关重要的资源分别受不同主体的支配，交换的前提是组织受到这些主体的认同。由此，资源持有者其实就是合法性的来源，拥有授予特定组织合法性的权力，根据这一思路，研究的主体变为对合法性授予方的分析。

较早对合法性来源进行研究的是海波斯（Hybels，1995），他指出国家与政府、社会公众、金融部门和新闻媒体四种关键的利益相关者分别控制着组织必需的部分资源，因而都是组织合法性的来源。之后，吕夫和斯科特（Ruef & Scott，1998）从组织内部和外部两方面对合法性来源进行了识别。其中内部来源包括普通员工、高级经理人、人事主管和董事会成员等，组织成员的承认与支持对组织奠定了合法性的基础；外部来源包括政府、专业协会、认证部门、工会、资助机构及公众舆论及媒体，只有满足这些主体的合法性要求，组织才能够开展正常的活动。但有学者提出质疑，认为这样的分类过于笼统，层次性不够强，不利于进一步的研究。

相比于先前学者，迪普豪斯和斯科特对合法性来源的探究取得了明显的进步。迪普豪斯以明尼阿波利斯—圣保罗地区的商业银行作为研究对象，将其合法性来源归纳为两个方面：其一是社会整体。具体来说，是指享有标准制定权和证书颁发权的组织以及具有集体权威的个人（如律师和审计师）或组织（如行业协会）等。其二是公共媒体。将媒体单独提出作为重要的合法性来源是因为在迪普豪斯看来，媒体对合法性发挥着两种作用，即它的影响力提高了公众对组织的认知度，而且还可以引导公众舆论左右合法性的水平。在2008年的一篇综述性的文章中，迪普豪斯和斯科特（Deephouse & Suchman，2008）两位知名学者又对以前的观点进行了修正，他们指出除了宏观社会和公共媒体，组织间关系如联系紧密的战略联盟也能够起到赋予合法性的作用。在他们看来，合法性其实是组织实力、战略和文化的社会反映，因此合法性根源最终还是来自组织自身。

国内学者也对合法性评判主体的来源进行了研究。作为国内研究组织合法性的代表人物，杜运周等（2012）结合转型经济的特征，认为投资者会对企业的战略运营和公司形象产生不可忽视的影响，其重要作用不应被忽略，因此应被视为合法性的赋予者。裴云龙等（2013）根据先前学者的研究，从企业的商业连带和政治连带两方面着手，将政府部门细分为市场监管部门（如工商、税务和质量）和国有金融机构（如国有银行），并增加了社区公众和公共利益群体（如消协和环保机构）作为企业合法性的评判方。魏泽龙和谷盟（2015）的研究结论与裴云龙有相似的地方，他们认为转型情景中的合法性来源更加复杂和多样，而政府部门和市场伙伴（顾客、供应商、同行）是合法性塑造的两种重要驱动力量。王倩倩（2013）揭示了企业信息披露的合法性压力来源于政府及监管部门、金融机构、媒体、公众、客户、竞争对手及非营利组织七个方面。

除了上述成果，还有大量的学者为探析合法性的来源做出了巨大的努力和贡献，总体来说，学者们的结论比较接近，即合法性的来源于能够对组织施加影响的利益相关者。他们的研究推动了合法性由隐性向显性的发展，取得的成果为合法性测量量表的设计与开发提供了坚实的理论支撑。

2.1.2 合法性的维度与测量

1. 合法性的维度

由于学者们是在不同情境下展开合法性的研究，因此合法性仍是一个稍显模糊的概念。但可喜的是，近年来对学者们基于战略视角和制度视角，以合法性的来源为依据对合法性的构成维度进行了探究，这使人们对合法性有了更加清晰的认识。其中作为最早对合法性维度做出划分的学者，辛格（1986）认为合法性可分为内部合法性与外部合法性。奥德里奇和福尔（1994）以新兴产业为研究对象，将合法性解构为认知合法性与社会政治合法性。随后，斯科特（1995）借鉴了迪马乔（1995）关于文化—认知的理论，认为合法性应包括规制合法性、规范合法性与认知合法性。我国学者借鉴并发展了国外学者对合法性维度的研究，其中代表性的有李雪灵等学者（2011）认为合法性的维度包含战略合法性与自洽合法性，而魏泽龙和谷盟（2015）主张合法性应包括政府合法性与商业合法性两种。

本书以时间先后为序对国内外有代表性和影响力的研究成果进行了归纳，并对划分的视角和意义做出了简要的总结和提炼，具体内容见表2.1。

表2.1 合法性的维度划分

学者	年份	视角	维度	意义
辛格等	1986	生态和制度视角	内部合法性；外部合法性	界定了内部与外部合法性，比较了二者对企业发展的重要程度
奥德里奇	1994	制度视角	认知合法性；社会政治合法性	识别了企业获取合法性的操作对象
萨奇曼	1995	制度和战略视角	实用合法性；道德合法性；认知合法性	将产出和过程等合法性纳入道德合法性范畴，尝试对以往合法性分类进行整合
斯科特	1995	制度视角	规制合法性；规范合法性；认知合法性	清晰划分了合法性的三个类别，有利于实证研究的开展
齐莫曼	2002	战略管理视角	规制合法性；规范合法性；认知合法性；产业合法性	分析了产业属性对合法性的影响，为新创企业获取合法性提供了一种补充性解释
达辛	2007	制度视角	市场合法性；投资合法性；关系合法性；社会合法性；联盟合法性	从战略联盟这一特定现象出发识别出五种类型的合法性及其形成的具体条件
托尔尼斯基	2007	战略视角	一致合法性；战略合法性	从主观谋划和客观特征的视角提出了企业谋求合法性的途径
拉奥	2008	制度视角	联盟合法性；历史合法性；市场合法性；科学合法性；位置合法性	从不同角度更加全面地提出合法性的来源

续表

学者	年份	视角	维度	意义
德科	2009	战略视角	制度合法性；创新合法性	比较了遵循与创新两种方式在合法性提升中的作用
李雪玲等	2011	制度和战略视角	战略合法性；自治合法性	从主观行动和客观表现两方面探讨企业合法性的来源
魏泽龙、谷盟	2015	制度视角	政府合法性；商业合法性	突出了政府和市场在合法性塑造中的地位与作用
李玉刚、童超	2015	制度视角	结果合法性；过程合法性	从企业运营过程和企业的本质两方面对合法性做出了划分

资料来源：根据相关文献整理并补充。

通过对合法性维度划分研究成果的梳理，本书发现尽管存在多种分类方法，但得到学术界普遍认可的是斯科特的划分方式。他基于制度内容的三个层次，提出企业面临着规制、规范与认知三种合法性约束，各要素特点如表 2. 2 所示。

表 2. 2　斯科特关于合法性的维度划分

维度	规制合法性	规范合法性	认知合法性
遵守基础	权利义务性	社会制度与责任	理解和接受
扩散机制	强制性	规范性	模仿性
指标体系	法律、法规、政策	价值、规范、文化资质 承认与合格证明	信仰和逻辑：感知、 技能和信息
合法性基础	法规约束	价值取向及道德	文化认同

资料来源：张显峰．创业导向、智力资本与动漫企业成长之关系研究——组织合法性的调节作用［D］．广州：华南理工大学博士学位论文，2016.

规制合法性强调正式管制程序的压力，这种压力既源于政府颁布的法律法规，也包括各种资信协会、专业机构和主导组织制定的规则与标准。企业行为只有完全符合这些规定与要求，才会被相关各方认为具备管制合法性，否则就会受到惩罚与制裁。如企业响应政府号召，采取得力的措施防控污染，就会获得规制合法性。规范合法性源于社会道德规范与价值观，它体现了社会公众对企业行为“是否正确”的感知，如企业的产品服务、技术流程和组织架构等是否与社会基本价值取向与道德标准判断保持一致。2008 年爆发的奶制品污染事件就使相关企业的规制合法性与规范合法性受到了严重的破坏。认知合法性源于文化—认知性制度要素，体现了特定事物或活动的信息的扩散程度。当某项行为被外界所熟悉、理解和接受时，它就具有了认知合法性。如小桔科技创立初期采取与出租车合作及发红包等方式在短时间内提高了人们对滴滴出行的熟悉程度和使用频率，进而获取了认知合法性。

通过比较学者们对合法性维度的划分方式，可以发现其中既有区别也有共性，以共性为主，相互关系见图 2. 1。如奥德里奇将新创企业面临的合法性分为认知合法性与社会政治合法性两种，但其中社会政治合法性反映了政府、意见领袖及公众对企业的行为与结构与法律法规相一致的感知度，这实际上涵盖了斯科特提出的规范合法性和规制合法性的含义，因此二者对合法性的分类观点是非常接近的。此外，萨奇曼提出的道德合法性是社会公众基于企业行为与广为接受的社会价值观的一致性做出的，这和规范合法性的判断标准是基本相同的。再如齐莫曼认为产业的成熟对企业合法性具有积极影响，他提出的四维度划分法在很大程度上也是对斯科特划分思想的继承和发展。

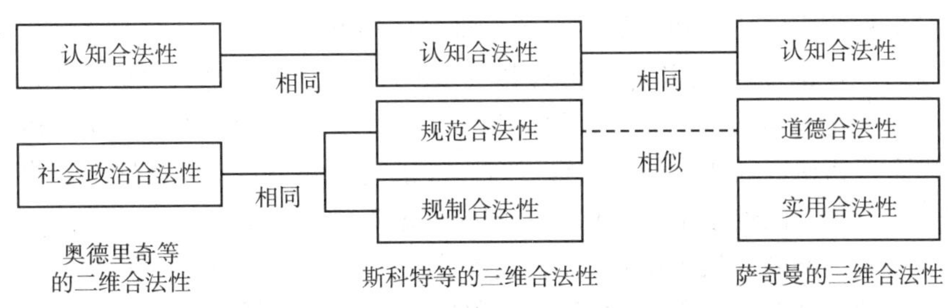

图 2. 1　三种代表性合法性划分及其关系

资料来源：杜运周，任兵，张玉利．新进入缺陷、合法化战略与新企业成长［J］．管理评论，2009，21（8）：57－65.

从以上分析可以看出，由于斯科特对合法性维度的划分方式具有较强的层次性、逻辑性和可操作性，因此被众多学者所采纳。本书以产业集群内新创企业的合法性获取为研究对象，结合合法性的定义和产业集群内的实际情况，可以发现，新创企业不仅要遵守国家的各种法律和集群内各种资信协会、专业团体和主导组织制定的规则和标准，还要与集群内主流的价值观和道德观等保持一致，此外，还要使其产品和服务在集群内上下游合作者和消费者群体中享有一定的可见度和影响力，也只有这样，才能获得外界的认可。

2. 合法性的测量

测量与评定企业的合法性一直是合法性研究的重点领域，诸多学者根据自己的研究目的和研究条件采用了不同的方法。学者们最为常用的方法分为两种：一种是代理变量测量法，包括企业所在群体中同行数量、是否采用行为标准（如道德规范）、是否通过认证及媒体报道的数量与内容；另一种是问卷调查法，以组织受众对组织的认可度来测度合法性。

由于合法性是一个十分抽象的概念，对它的直接测量比较困难，因此一些学者采用了不同的代理变量来完成这项工作。在合法性的早期研究中，有学者运用演化经济学中的相关概念来测量种群层面的合法性，最常用的替代指标是种群密度，即一个种群中的组织总数。其理论依据是：种群密度越大，即相似组织的数目越多，意味着该种群的社会网络越庞大，总体力量和影响力越强，与该类组织交易的利益相关方越多，其道德和认知合法性就越强。这种方法在随后的杜波夫和高特珀斯（Dobrev & Gotsopoulos，2010）的研究得以应用，他们将种群密度作为衡量高新技术产业种群及种群内企业合法性水平的关键参量，指出种群中形式与功能的不完备性将形成种群合法性的真空，这种不利影响在新兴产业的新进入者身上体现得尤其明显。许和汉纳（Hsu & Hannan，2009）丰富了先前学者的研究，他们基于组织生态学和社会网络视角，以产业集群内企业为研究对象，通过实证发现企业的运营测量对其合法性有着直接的影响，在测量合法性水平时，作者采用的依据不是所有企业的数量，而是目标企业与产业集群内其他企业间正式关系的数量，即关系密度。尽管有质疑的声音，但这种方法仍在近年的研究中有所应用。如我国学者吴剑峰等（2009）以中关村高新技术园区为着眼点，将园区内所有权相似企业的数量作为衡量企业合法性的依据。

鉴于现代组织的复杂性大大提高了利益相关者直接评判组织的难度，鲍姆和鲍威尔（Baum & Powell，1995）提出了“资格认证竞赛”的测量方法，将权威第三方的资格认证作为依据以测量组织的合法性。科斯托瓦和罗斯（Kostova & Roth，2002）采用关键事件法，以主席质量奖的获取作为代理指标测量企业的合法性水平。杜运周等（2008）认为ISO认证具有较强的独立性和公正性，是客户等利益相关者认知度和认可度较高的认证标准，因此可以用来衡量合法性。与之相似的是，由于信息安全管理认证体系受政府认可和推进，且应用广泛，因此林润辉等（2016）将该认证视为合法性的衡量指标，检验了合法化在制度压力和组织绩效间的中介作用。

家族企业研究中也经常会涉及合法性问题，相关学者也提出了自己的测量方法。我国学者赵晶等（2015）在研究传承人合法性对家族企业战略变革的过程中，作者认为股权是法律赋予的正式权力，因此可以用董事长控股权来测量合法性，这里的合法性主要是指规制合法性。李新春等（2015）从权威理论和比较期望理论出发，对家族企业二代继承的权威合法性建构进行了探讨，他们使用家族企业成员职位的变化及是否担任行业协会领导人作为衡量合法性的标准。

此外，学者们还经常利用主要媒体对组织的曝光率作为测量合法性的代理指标，其理论依据是大众媒体对合法性具有的反映和塑造作用，现实背景则是媒体对电子格式的采用大大提高了统计工作的效率和精度。如迪普豪斯（1996）利用报纸等媒体对商业银行的报道作为依据来测量公众合法性。库曼（Kuilman，2009）根据《纽约时报》和《伦敦时报》所刊载的信息衡量外资银行在华业务的合法性。我国学者徐二明等（2010）就合法性对电信企业发展战略与绩效的影响进行了研究，他们将中国电信作为具体的研究对象，收集《人民邮电》对该企业的相关报道，采用内容分析法，以“行业监管约束”和“客户要求”等方面的报道数量为依据对合法性进行测量。何霞（2016）通过对《人民日报》和《第一财经日报》等14家权威报纸的相关新闻报道进行分析，对我国公益组织的合法性水平进行判断，并提出了合法性危机情境下组织的行动策略。

除了使用代理变量测量合法性之外，学者们更多采用的是问卷调查法。这种方法是通过将提前设计好调查问题的问卷发放给相关企业，以收集研究人员感兴趣的相关信息。结合研究目标，学者们设计了不同的题项从组织规范性感知和利益相关者认可度两个方面来衡量企业的合法性水平。其中被借鉴和引用比较多的如斯科特（1995）开发的三维度量表，他设计了11个题项，从规范、规制和认知三个方面测量相关方对组织的认可度；瑟托和霍奇（Certo &

Hodge，2007）在研究高层管理者声誉与企业合法性的关系时，开发了整体单维度的主观量表，包括“顾客高度评价企业产品”等4个题项，每个题项采用李克特五点测量法，考察投资者等利益相关者对组织的接受程度。达辛（2007）开发的量表使用了12个题项对企业的市场合法性、投资合法性、关系合法性、社会合法性和联盟合法性进行主观性评估，得出结论指出战略联盟的构建有助于企业克服合法性障碍。

国内学者多结合我国转型经济的特点对国外学者使用的量表进行了适当的改进。如杜运周等（2012）在瑟托的量表中增加了3个题项，以考察投资者和政府对企业的评价水平。黄中伟和游锡火（2010）对企业社会网络与合法性的互动共生机制进行了研究，他们采用了五点李克特量表，设计了11个题项，分别从实用、道德和认知三个方面测量合法性。郑小勇（2013）搭建了商业集团从属企业的合法性对成长绩效影响机制的分析框架，其中他设计了16个题项，从规制、规范和认知三个维度对企业的内部合法性与外部合法性进行了测量。问卷调查法的优势在于对样本企业的选择能够实现统计上的代表性，数据来自信息的源头。劣势则是信息的主观性偏强，客观性较弱。

综合来看，学者们对合法性测量方法和方式的选择是由研究目的和研究设计决定的。方法之间的优劣并不能简单地判断，而应以其是否适用于具体的研究情境为标准。结合研究目的和研究条件，本书选择问卷调查法来考察利益相关者对企业的接受程度，这部分内容将在第5章进行阐述。

2.1.3 合法性获取机制的理论视角及观点

企业获取合法性的过程就是企业通过实施合法化战略以实现对制度环境的嵌入过程。近年来，学者们利用不同的理论工具从不同的侧面对企业获取合法性的机制进行了大量有益的探索，并收获了丰硕的研究成果。本书主要从制度和战略两个视角对现有国内外相关文献进行系统的归纳、梳理和评述，以实现对合法性理论和创业理论更为全面而透彻的理解。

1. 制度视角下的合法性获取机制

制度理论强调环境对嵌入其中的企业具有渗透和塑造的作用，而这种作用是通过企业在感知公众对自身认知与评判的基础上做出的行为调整而实现的。

公众对企业的认知体现了企业形象和经营行为在社会大众心目中的适宜性、正确性和普及性，而政府机关、行业协会与媒体等权威机构对企业评判的依据则是企业在服从领导、遵纪守法和响应号召等方面的表现。

根据制度理论的观点，与整个社会体系的规则、标准和期望保持一致是企业缓解制度压力获取合法性的恰当途径。迪马乔等（1983）认为，基于成本与效率的考虑，一个新创立的组织倾向于在结构与行为模仿行业内成功的企业，或是聘用具有资质认证的业内资深人士，借此实现与环境的同构。迪普豪斯（1996）结合美国双子城地区的商业银行数据，发现服从各种金融制度的安排能够提高银行在上层监管者心目中的合法性水平。奥德里奇和福尔（1994）以新兴产业中的创业企业为例，提出新创企业应通过与主导设计保持一致、加入第三方认证等方式来体现对现有制度安排和主流观点的尊重和服从，以此获取利益相关者的认可。

除了对制度环境要求的简单遵从，印象管理的方法也有助于企业获取合法性。埃尔斯巴赫（Elsbach，1992）等提出，当组织行为在社会上引起争议的时候，相比于推卸责任和将问题归咎于遵守技术要求的做法，主动诚恳地认错和遵从制度要求更有利于组织在人们心中树立负责任的正面形象。努波塔姆（Ruebottom，2013）利用案例研究的方法发现巧妙的修辞和有说服力的语言能够帮助创业者在一定程度上降低创新行为与既有制度安排的冲突，减轻利益相关者的担忧。

国内学者也对此问题进行了研究，王疆和陈俊甫（2015）利用新制度理论和组织学习理论对IPO企业对承销商的选择行为进行了研究，他们指出企业往往会选择一家被其他企业普遍认可的券商作为主承销商，其中的原因在于这种模仿行为有利于获取利益相关者的认可，提升自身行为的合法性。沈洪涛和苏亮德（2012）在制度理论的分析框架下，以我国重污染行业中的上市公司为研究对象，发现企业披露环境信息是迫于政策压力，且在具体的行动中存在着普遍的同形性和模仿行为，而这也是应对合法性约束做出的选择。

2. 战略行为视角下的合法性获取机制

随着合法性研究的不断深入，学者们的关注焦点由制度与法规逐渐转移到企业本身，强调企业的战略行动对合法性水平的影响。在战略理论视角下，创业者能够有目的、有意识地控制公众对自身形象的感知，突出企业正面和积极的特征，淡化或隐藏消极或不利的方面，使新创企业的重要性和吸引力得以凸显，进而实现合法化。根据战略理论，制度压力下的企业具有主观能动性，是可以影响、改造甚至重构制度环境的。

阿什福斯（2015）在分析合法性双刃性的基础上，提出新创企业可以通过实质性管理行为和象征性管理行为两种方式获取合法性。实质性行动多是针对组织结构、操作流程和管理团队等做出的真实变革，而象征性行动包括申请专利、打造商业计划书、突出核心团队成员的背景和资历等，使企业显示出制度健全、运转良好、前途光明等特征，这种方式尤其被缺少实质绩效和业绩记录的新创企业所重视和采用。当然，在实践中，这两种行动没有严格的界限，往往会被结合起来使用。

有很多学者认为，控制或有策略地沟通是克服合法性危机的明智之举。霍夫曼（Hoffman，1997）提出由于慈善捐赠是一种响应政府倡议、分担政府责任的行为，因此有利于企业政治合法性水平的提升，不仅如此，慈善行为还会带来企业曝光率和知名度的提升，这对其认知合法性的构建大有帮助。德雷斯（Drees，2013）的研究表明，企业进行兼并、连锁和重组的目的不仅为了经济利益，还包括获取合法性资源。

相对来说，萨奇曼的观点较为全面，引起了人们的关注。他认为创业表现为组织与环境间的互动，根据企业不同的发展阶段，企业可以采取适应环境、选择环境和操纵环境来获取合法性。其中，适应与选择两种策略体现了企业对制度环境的顺从，而操纵则指企业对制度环境的部分调整。随后齐莫曼和蔡茨（2002）在先前学者研究的基础上，提出企业还可以实现对既有制度环境的颠覆和革新，即创造环境来实现合法化。当然，操纵环境和创造环境需要雄厚的资金或是权力，对新创企业来说难度较大，因而采用的可能并不大。

我国学者基于战略理论对合法性获取进行研究的主要成果有：邓学军和夏洪胜构建了企业家传奇与竞争优势创造分析框架，并提出企业家传奇故事的宣传对合法性的塑造具有积极的作用；戴鑫等（2010）将合法性理论引入企业社会责任领域，从价值和行为两个维度探讨了危机情境下企业获取合法性应采取的策略。李宏贵和谢蕊等（2017）基于文献分析和案例研究，以阿里巴巴的案例信息为分析对象，从多重制度逻辑出发，提出专业逻辑、合作逻辑、社区逻辑和家族逻辑对创新合法性具有正向促进作用。顾建平和王磊（2014）将合法性理论与真实型领导理论相结合，采用 122 份新创企业的数据，提出培养和展现真实型领导行为对合法性水平的提高具有显著的正向影响。此外，相关研究领域的研究学者还有杜运周（2012）、乐琦（2012）、吴瀚（2013）等。

总体来说，我国学者对合法性获取的研究仍处于起步阶段，不同的研究出发点造成了成果相对零散，系统性较弱，并未达成统一的认识，因此还需要进一步整合。

3. 两种视角下企业合法性获取机制的比较

通过前面对相关文献的梳理，可以发现基于两种视角探讨新创企业合法性获取的成果中既存在相同的观点，也存在着一些分歧。

相同点体现在两个方面，首先，二者都认为合法性是由新创企业的关键利益相关者赋予的，因此新创企业必须有效识别这样的主体，总结、分析和判断他们的规定和要求，进而采取相应的做法以树立合法性地位。其次，都认为合法性对新创企业的生存和发展至关重要，有利于新创企业克服新创弱性和获取紧缺资源。

分歧体现在两个方面，首先，制度视角的出发点是站在整个社会的角度“往里看”，采用结构观，强调外部环境对新创企业的压力和选择，以及新创企业的被动接受与顺从；战略视角研究的出发点是站在新创企业管理者的角度“往外看”，采用工具主义和代理观，突出新创企业的能动性，主张新创企业可以对合法化进程施加高程度的控制。其次，从研究层面来看，制度理论侧重于宏观层面的研究，探讨诸如制度、行业和市场等因素对新创企业合法性的决定作用；战略视角侧重于研究微观个体在寻求合法性过程中的主体作用。

2.2　嵌入性理论研究

嵌入性理论作为新经济社会学的核心理论之一，它加深了人们关于社会结构对经济生活影响的认识，是国内外学者研究社会网络特征与运行的重要视角和工具。但目前关于嵌入性的内涵、分类及对企业合法性的作用机制等在学术界尚未形成一致的观点。因此，对嵌入性理论相关文献进行归纳和梳理是本书探讨新创企业在产业集群内关系嵌入对其合法性影响机制的基本前提。

2.2.1 嵌入性理论的发展脉络

“嵌入性”一词最早由被誉为“嵌入之父”的匈牙利政治经济学家波兰尼（Polanyi，1944）在其著作《大变革》中提出。在波兰尼看来，经济活动是一个制度化过程，是嵌入于经济与非经济制度之中的。人类的经济行为并非如新古典经济学家所假设的那样，只是单纯遵守理性、自利和效用最大化等准则，还受到其所嵌入的具体的、当时的社会关系网络影响。在后续研究中，嵌入性概念在企业网络理论中得以深化。怀特（White，1981）在其经典文章《市场从哪里来?》中提出，市场中交易的各方构成了一个网络，它体现着一种社会联结。处于同一网络的经营管理者通过互动形成的紧密关系，会带来彼此间的好感与信任，双方感情的加深会使商业活动得以延续，市场得以巩固和扩大。

受波兰尼和怀特的影响，怀特的学生格拉诺维特（Granovetter，1985）在《美国社会学杂志》发表了一篇题为《经济活动和社会结构：嵌入性问题》的论文。在文中格拉诺维特对嵌入性进行了重新阐述，从而将嵌入研究推向了新的阶段。格拉诺维特指出，人类的行为既不是脱离社会情境而孤立存在，也不是完全按照社会规范行事，而是适度嵌入周边具体的、动态发展的社会网络中，并受其影响，同时行为的变化也体现了主体的主观能动性。在其专著《经济社会的社会学》中，格拉诺维特（1992）将嵌入性进一步分为关系嵌入和结构嵌入，前者关注的是关系的本质特征，如相互赞同、信任与互惠，后者强调了嵌入的位置、规模与网络密度等结构特点，他认为这二者共同制约了机会主义行为，保证了市场机制的顺利运行。在后续的两篇论文中，格拉诺维特再次强调了“社会嵌入性”这一概念，并在更加广阔的领域中探讨了关系嵌入和结构嵌入的影响和作用。可以说，格拉诺维特为后续研究提供了经典的分析框架，奠定了坚实的理论基础。在嵌入性理论代表性学者们思想的引导下，国内外学者，如祖金和迪马乔（1990）、乌西（Uzzi，1997）等围绕着嵌入性的概念、维度和影响展开了探讨，并得到了丰硕的研究成果。

2.2.2 嵌入性的概念与研究视角

1. 嵌入性的概念界定

纵观现有的研究可以发现，嵌入性体现了个体或组织同外界机构或人员间的交互关系，其概念内涵是由不同学者基于各自的研究角度而提出的，因此在学术界尚未形成对其准确、统一的定义。为了更深入地理解和掌握学者们的学术观点，本书将对嵌入性的概念进行总结和归纳。

作为嵌入性概念最早的提出者，波兰尼尽管没有对其进行清晰的界定，但他关于经济活动从属于政治、宗教与社会关系的判断，被认定是嵌入的最初设定。随后，帕森斯结合嵌入性的特点，提出嵌入性是组织与其所在的社会系统间的各种关系。受到帕森斯观点的启发，格拉诺维特指出，新古典经济学和古典社会学都忽略了真实的社会网络对行动主体决策和行为的影响，行动者的多重目标是在具体和动态的社会关系中得以实现的。他从环境、作用方式以及后果等方面对嵌入性进行了界定，认为嵌入性是指在充满联结的网络社会中，不同的行为主体通过长期联系与互动而形成的惯例和稳定关系，这种关系结构对主体的策略选择和行为倾向产生较大影响。

基于格拉诺维特的研究，很多学者进一步对嵌入性的内涵进行了探讨。祖金和迪马乔（1990）拓宽了嵌入性的定义，嵌入性是指认知、文化、社会结构和政治制度对经济活动的权变影响，这个判定融合了政治经济学和社会组织理论，其对于权力、文化和组织的相互联系的强调体现了嵌入理论对新经济社会学的独特贡献。达辛（1999）等指出，嵌入性体现了经济行为对复杂多样的体制的融入程度，在真实的嵌入性情境下，经济行为受到各种资源与联系的作用，而非像新古典经济学所描述的那样简单而纯粹。

伴随嵌入性概念的产生与应用，新产业区理论和企业网络等领域的学者逐步扩展了嵌入性的内涵，将单个主体的经济行为扩展到主体间（包括个人和组织）的互相依赖和适应，推动了“经济行为嵌入在社会结构”这一核心命题的深化，这一点在组织层面的研究中体现得尤为明显。像哈利宁和托恩鲁斯（Halinen & Tornroos，1998）在研究商业网络演化时提出，嵌入性是指企业与各种网络建立的关系及其对各种网络的依赖，这种连带关系对企业当前的决策和未来期望与目标具有显著的影响。与之相似，其他学者如埃乔尔斯（Echols，2005）认为嵌入性体现了企业同社会网络中其他组织关系联结的深度，即企业在多大程度上与其他企业发生联系。借助嵌入性的特点，如互相信任和彼此依赖，企业可以开发、管理和协调连接点，达到完善其经营网络的目标。

通过归纳学者们对嵌入性概念的界定能够发现，尽管在语言表述上有所差异，但学者们基本都认同一个基本观点，即主体的经济行为扎根于社会结构，并且受到社会结构中各种关系的深刻影响。

2. 嵌入性的研究视角与层次

伴随嵌入性理论研究的不断深入，学者们根据各自的研究主题，从不同的视角搭建分析框架，展开对嵌入性类型的研究，并形成了几种较为经典的划分方式。

影响最大的是格拉诺维特对嵌入性的解构，他从网络结构的角度将嵌入性分为关系嵌入和结构嵌入。关系嵌入的研究集中于经济行动的参与者基于信任和互惠的预期而形成的二元交易关系方面；结构嵌入则反映了网络内主体的结构特征，强调网络密度以及企业在网络中所处的相对位置为企业带来的价值。

一些学者基于组织与宏观环境要素互动关系的角度展开对嵌入性的研究，这一视角更为宏观，强调了诸如制度、文化和认知等社会元素与组织行为间的关系。祖金和迪马乔（1990）通过对社会情境中能够对企业行为产生作用的因素分析，提出嵌入性应分为认知嵌入、文化嵌入、结构嵌入和政治嵌入四种类型。其中，文化嵌入反映了共享的集体信念和规则对组织行为范围的设定，政治嵌入强调了权力争夺对企业行为的影响，具有很强的新颖性，受到了格拉诺维特的高度评价。赫斯（Hess，2004）从时空观念着手，提出嵌入性应分为三种类型，即社会嵌入、网络嵌入和地理嵌入，该分析框架在经济地理学的研究中得到了较为广泛的应用。

此外，还有学者分析指出，在对嵌入性进行研究的时候，嵌入关系的具体内容是不应被忽视的。从内容视角对嵌入性进行研究的代表性学者是安德森等（Anderson et al.，2002），他们从嵌入内容的视角出发，构建了业务嵌入与技术嵌入的分类框架，并进行了实证研究。我国学者应洪斌（2011）借鉴了上述三人的划分方法，从内容视角出发，以节点类型和联结类型为依据，从信息和资源两方面对业务嵌入和技术嵌入又做了更加细致地划分。

哈格顿（Hagedoorn，2006）认为经济行为的嵌入关系具有多层嵌套的特点，进而提出了著名的三个层次的嵌入分类，即环境嵌入、组织间嵌入和双边嵌入，反映了国家与产业环境、企业间网络和企业间二元合作关系对企业行为的影响。哈格顿的分析方法体现了嵌入性在宏观、中观和微观三个层次上的结构特性，可以形成对目前学术界关于嵌入性分类研究成果较为全面的概括。本书利用哈格顿搭建的框架对有代表性的嵌入类型进行了归纳，具体内容如表2.3所示。

表2.3 嵌入性的类别划分

学者	年份	分析层次		
		宏观层次	中观层次	微观层次
格拉诺维特	1985、1992		关系嵌入、结构嵌入	
那哈皮特	1998		关系嵌入、结构嵌入	认知嵌入
杰索普	2001	制度嵌入、社会嵌入		人际嵌入
安德森	2002			技术嵌入、业务嵌入
约翰森	2002	制度嵌入	结构嵌入	
赫斯	2004	社会嵌入、地理嵌入	网络嵌入	
福勒	2004		虚拟嵌入	
哈格顿	2006	环境嵌入	组织嵌入	二元嵌入
乔里斯	2008	区域嵌入	组织嵌入	
赵蓓	2004	经济嵌入、制度嵌入和社会嵌入		

资料来源：作者根据相关文献整理。

按照哈格顿的观点，宏观的国家环境和微观的行业差异都会对企业行为与绩效产生影响。由于本书的研究是在产业集群这一中观层次的环境背景下展开的，而产业集群自身就是一个复杂的社会网络体系，因此仅考虑对产业集群的环境嵌入和格拉诺维特所提出的网络嵌入在概念和范围上是基本重合的。后续学者普遍接受格拉诺维特关于网络嵌入是由结构嵌入与关系嵌入二者构成的观点，如莫兰（Moran，2005）指出在网络中结构嵌入的益处是指企业通过担当中间人或协调者在控制方面得到的好处，而关系嵌入强调的是企业与其他组织间紧密的关系会为其带来信任与承诺。因为本书的研究对象是新创企业，自身实力和业内影响力都不强，因此很难在网络中居于核心位置；新创企业很可能会与包括上下游企业在内的各方建立亲密的联系，进而获得关系嵌入的益处。由此，后面将对关系嵌入的相关研究进行总结和归纳。

2.2.3 关系嵌入的概念与维度

1. 关系嵌入的概念界定

当前对组织嵌入的研究大多是在网络层面上进行的，可以说，关系嵌入是理解社会网络影响企业经济行为与绩效的主要着眼点。很多学者从不同角度对关系嵌入的内涵进行了阐释，其中有代表性的观点参见表 2.4。

表 2.4　　关系嵌入的代表性定义

学者	年份	定义
格拉诺维特	1992	经济活动的参与者基于信任和承诺形成的二元交易关系
乌西	1997	合作伙伴间非常亲密和特别的关系，如信任、信息分享等
那哈皮特	1998	个体在与他人互动中感受到的尊敬、友谊等
格拉特	1999	持续合作使网络成员间产生的凝聚联结效用
安德森	2002	企业与客户、供应商等伙伴间形成的非正式化的个人网络
希姆塞克	2003	企业考虑自身目标与需求的同时兼顾对方的利益
张嘉雯	2006	企业间长期而紧密的合作关系
杨斌、王学东	2009	社会网络中的个体间关系影响经济活动的程度
张利斌	2012	行动者之间说明特定行为与过程的社会黏着关系
刘群慧、李丽	2013	一种特定的企业的认知范围和认知程度的关系场

资料来源：笔者根据相关文献整理。

由表 2.4 可以发现学者们对关系嵌入的内涵达成了一定的共识。首先，嵌入的主体可以是组织整体也可以是组织内部的业务单元，嵌入的客体则是具体的网络环境。其次，关系嵌入指的是组织间在互动过程中基于信任与互惠而形成的特殊而密切的关系，这种关系与纯粹的市场交易关系有着显著的不同，它能够对合作双方的最终行为及合作绩效产生重要的影响。

2. 关系嵌入的维度划分

作为网络领域中的重要概念，关系嵌入的构成维度一直是学者们关注的重点问题，并利用反映关系嵌入表现形式的特征指标界定法和反映关系嵌入最终效果的效应指标界定法进行了研究。尽管尚未形成统一，但学者们对关系嵌入维度的划分大多是借鉴格拉诺维特和乌西的方法。

格拉诺维特（1973）在研究求职问题时，最早就关系嵌入维度进行了划分，他认为关系嵌入应包括维系时间、情感强度、亲密程度和互惠服务四个要素。之后组织研究领域的学者将格拉诺维特的划分方式进行了调整，并应用于组织层面的关系嵌入研究中。其中比较典型的是哈纳瑞（Dhanaraj，2004）等学者，在探讨关系嵌入对跨国公司的经营绩效时，利用联系强度和共享范围来表征关系嵌入，这一方法也得到了普遍的认可。

乌西（1997）在对纽约制衣企业的研究中，从组织学习的角度提出关系嵌入表现为企业之间的信任、信息分享和共同解决问题，其中信任是关系嵌入的治理机制和首要特征，它促使主体进行资源的交换。此外，有学者将满意、规范和承诺视为关系嵌入的构成要素，三者集中反映了商业交换中的权力与依赖。满意体现嵌入各方对关系的评价，规范是指嵌入各方对各种潜在或显现的制度的遵守，而承诺反映行为者对关系的认同度及乐于维持关系的程度，三者之间相互依存和影响。

我国学者大都强调关系嵌入具有信任、关系强度与维系时间和信息交换等方面的特征。李永强等（2012）在研究企业家社会资本的负面效应时，指出连带强度、关系信任和认知相似性体现了关系嵌入的特征。姚山季（2013）就关系嵌入对新产品开发绩效之间的影响进行了研究，并将关系嵌入归纳为共享活动、共同解决问题、联系强度和相互依赖性四个维度。表2.5对现有关系嵌入维度划分的主要观点进行了汇总。

表2.5　关系嵌入性的构成维度

学者	年份	构成维度
格拉诺维特	1973	维系时间、情感强度、亲密程度、互惠服务
乌西	1997	信任、信息共享、共同解决问题

续表

学者	年份	构成维度
古拉蒂、加尔朱洛	1999	共同行动、信任、信息交换的质量与范围
麦克维利、查希尔	1999	交往频率、共享范围
瑞德福熙、摩尔曼	2001	信任、共享范围
乌西、吉莱斯皮	2002	关系持久度、共享范围
希姆塞克	2003	信任、规范、承诺
哈纳瑞	2004	信任、联系强度、共享程序及价值观
莫兰	2005	连带数量、关系亲密程度、信任
古拉蒂	2005	共同行为、信任、信息交换的质量和范围
辛格	2008	信任、承诺、满意
常宽池	2011	关系亲密度、互动频率、关系深度和广度、付款优惠度
潘松挺、蔡宁	2010	接触时间、投入资源、合作交流范围和互惠性
李永强	2012	连带强度、关系信任、认知相似性
辛琳	2011	关系强度、关系稳定性
姚山季、王永贵	2013	共享活动、共同解决问题、联系强度、相互依赖性
马晓芸、何红光	2015	网络联结程度、成员间信任、信息共享

资料来源：作者根据相关文献整理。

2.2.4 关系嵌入的测量

对于关系嵌入的程度，学者们认为关系强度是关系双方联系的紧密性程度，因而可以用来衡量关系嵌入。由于关系强度是由一些抽象且不容易量化的概念组成，如信任和亲密性等，因此只是依据接触频率的多寡将关系强度分为强关系和弱关系显得不够全面。由此，社会关系的互惠程度、关系的重复性、持续时间、投入资源等指标被学者们在社会网络的研究中提炼出来，并被用来测量关系强度即关系嵌入的程度。国外学者在测量组织间关系强度时，大多遵循了格拉诺维特和卡拉克哈特的研究方法，如哈纳瑞和埃尔斯（Dhanaraj &

Alyles，2004）在测量合资子公司和集团母公司间的关系嵌入程度时，是以双方联接强度（包括管理实践和情感支持等）、信任（包括相互理解和不互相损坏利益等）和共享信息三个方面的情况为依据的。卡帕尔多（Capaldo，2007）指出关系嵌入是由时间维、资源维和社会维组成，因此更多的互动时间、更高的资源承诺、更为亲密的员工感情和互相信任的组织关系代表着更强的关系嵌入程度。常（2011）在测量企业与供应商间的关系嵌入程度时，认为以下5个方面应予以重视并加以利用，即高管间熟悉度、联系频率、关系深度、关系广度和付款优惠程度。拉维（Lavie，2012）等学者在测量联盟内企业间的二元关系强度时，以双方员工合作的领域和合作机会的数量和有利于合作的私人关系的强度作为指标。

我国学者借鉴了国外学者的方法，并结合我国企业的情况和各自的研究需要，开发出不同的量表对关系嵌入性进行测量。其中被学者们引用比较多的如潘松挺和蔡宁（2010）的成果，二位学者利用访谈和预备性研究确定了13个题项，并在因子分析的基础上提炼出用以测量创新网络中关系强度的四个指标，分别是接触时间、投入资源、合作交流范围和互惠性。此外，杨震宁等（2013）就网络关系嵌入过度对创业过程的影响进行了研究，他们识别出信任、理性承诺和关系紧密这三个构念，并以此为依据对关系嵌入进行测量。魏江和郑小勇（2010）借鉴了格拉诺维特的观点，设计题项考察企业间互动频率、感情强度、互惠和信任四个测量的情况，并以各测量指标的平均得分为依据对关系嵌入强度加以判断。张培等（2016）运用多案例方法展开探索性研究，就服务外部关系强度对治理机制选择的影响进行了分析，在测量双方关系强度时，作者们结合服务外部的特点，将双方合作时间和认识时间的长短、合作频次与交流范围及互惠程度作为标准。

2.2.5 关系嵌入对企业合法性的影响

关系嵌入作为网络嵌入的核心概念，表征着企业在网络联系中的重要属性，影响着企业能够接触、聚集和利用的资源数量，进而决定了企业的行为和成败。合法性是由外部利益相关者根据企业的行为给出的评价，体现着企业被外界认知和认可的程度。与所处网络内其他嵌入主体的良好关系是否有助于新创企业的合法性的提升，这个问题引起了学者们的兴趣，并从企业在网络中构建的政治关系和商业关系两方面展开了研究。

1. 商业关系嵌入对企业合法性的影响

现有研究从战略联盟角度就商业关系对新创企业合法性的影响进行了研究。齐莫曼和蔡茨（2002）的研究表明，联盟战略实施的基础是双方的互信，通过这一战略可以影响或塑造外界对于新创企业的合法性感知。达辛（2007）基于制度视角指出，新创企业通过与客户、供应商等商业伙伴缔结战略联盟不但能够拓展资源获取边界，更重要的是能够借助具有较高业内影响力的合作伙伴扩大自身的知名度。此外，林和方（Lin & Fang，2009）从技术创新扩散的角度发现，借助与商业公会中其他成员的信息交流和分享，台湾的新创企业能够使自身创新性产品为业内所了解、接受甚至模仿，这种情况的出现赋予了企业合法性地位。杰卡拉（Jalkala，2010）从社会交换理论出发，提出获得关系利益的既有客户出于互惠的考虑，会向其朋友推荐新创企业的产品和技术，从而帮助其获取潜在客户的关注，并降低潜在客户的顾虑和不确定性感知。而罗科莱宁（Ruokolainen，2008）以新创软件科技公司的客户推荐方式为研究对象，他指出，客户与企业间彼此的信任及高管间融洽的私人关系会使客户产生对企业的商业感情，做出向朋友推荐企业的产业和服务的举动，协助企业扩大影响。

综合而言，国外学者从不同角度就商业关系对企业合法性的影响进行了研究，并产生了丰硕的研究成果，且基本肯定前者对后者的积极作用，但成果大多数以定性研究为主，进行实证的文献比较少见。

近年来，我国学者在该研究领域的成果不断涌现。作为较早研究合法性问题的学者，杜运周（2009）通过梳理国外相关文献，明确了行业内联系与新企业合法性之间的关系，并强调与知名企业的合作所带来的合法性溢出有助于新企业知名度的提升。进而他通过对我国转型背景下大样本数据的统计分析，提出作为良好顾客关系的体现，顾客授权有利于减轻新创企业的合法性压力。彭伟等（2013）对珠三角地区新创企业样本数据进行了实证检验，提出新创企业在联盟内的关系强度越高，越有利于在联盟伙伴心中树立良好的声誉与形象，为未来的合作打下坚实的认知基础。张化尧等（2018）基于跨国战略联盟的混合研究，指出跨国战略联盟是缺乏资源和经验的企业获取新进入环境合法性的有效途径。王玲玲等（2017）将西安高新创业园内新创企业为样本，利用信号理论和制度理论对新创企业网络关系强度对其合法性的影响进行了实证研究，结果表明，与客户、供应商和投资方等商业组织间的关系强度越高，越有利于形成对彼此的信任和承诺。

2. 政治关系嵌入对企业合法性的影响

学者们的研究成果显示，新创企业与政府间的关系对其合法性有着直接和间接的影响。齐莫曼等（2002）的定性研究显示，新创企业会尝试各种方法克服合法性障碍，以实现生存、发展和壮大，与政府部门及官员的建立紧密的联系会提高企业在业内的声誉水平，从而带来合法性的提升。帕克和罗（Park & Luo，2001）指出，中国企业在市场活动中往往倾向于同各方（包括政府）建立相互信任的强联系，并形成有强度的关系网络，以此满足自身的合法性需求。姚和劳（Yiu & Lau，2008）指出由于政府具有评判企业行为是否具有合法性的法定权力，因此良好的政治关系有利于企业获取政府对其战略行为的态度，进而做出及时的调整以提高其行为的“合意性”以增强政府对企业的理解和支持。

此外，与政府官员的持续互动还有利于企业准确解读政策规定，获得政府对其商业行为的重视与“背书”。有学者认为，新创企业与政府及国有金融机构间的密切联系不仅能够提高自身在上述部门心中的印象分，还能够向外界传递企业质量为政府认可的信号，这对其合法性的建立打下了良好的基础。托尔尼科斯基（2007）等将政治关系为企业带来的好处分为三个方面，其中之一是为企业带来政府的独家支持和优惠待遇，这会改善企业的政治合法性。

和国外学者的观点相似，我国学者也认为政治关系嵌入对企业合法性具有积极的影响。李雪灵等（2011）利用418份中国新创企业的调查问卷所得数据，指出政治关系的构建可以帮助新创企业扭转利益相关者的认知偏见，提高自身的市场信誉。因此，主动的战略行为能够带来合法性的维持和提升。眭文娟和张慧玉（2014）在合法性视角下对创业导向的影响进行了探索，对1027个新创企业样本数据进行实证分析，结果显示加入政府、工商联和行业协会等组织，获取政治身份和协会会员身份是新创企业获取信任的有效手段。除了直接效应，政治关系嵌入还能为企业合法性带来间接的影响。罗党论和应千伟（2012）以我国上市公司的制造企业为样本，对官员视察对企业影响进行了实证分析。结果显示，官员视察、题字等活动会被外界解读为企业可控资源数量和政府支持力度的提升，进而增强关键利益相关者对企业资源的供应意愿。俞园园（2015）以产业集群为研究背景，提出良好的政企关系能够为新创企业带来在行业相关会议上做演讲或报告的机会，借此可以介绍宣传自己的产品和服务，从而迅速提升行业知名度。

综合以上研究成果可以发现，学者们普遍认为关系嵌入作为一种渠道，通过它新创企业能够熟悉、掌握和遵守当地的法律法规、社会习俗和商业文化，在利益相关者心目中形成可信、可靠的印象，弥补合法性缺口。但是，在肯定网络嵌入正面作用的同时，也不能忽视其潜在的负面影响。通过梳理相关文献，我们同时发现有一些学者并不认为关系嵌入与企业合法性之间只是简单的线性关系。如奥德和权（Alder & Kwon，2002）指出强联系的维系固然可以带来信息优势，但它需要在人力物力方面投入大量的支出，这样的投入会相应压缩企业用于营销渠道建设、广告宣传的费用，从而对企业形象的确立产生消极影响。李永强（2012）的研究表明对现有社会网络的过度嵌入会减少企业同网络外部成员交流与合作的机会，造成企业的影响力被局限于固有区域，不利于其知名度的进一步提升。还有学者从渠道冲突的角度分析了关系嵌入过高给企业声誉带来的负面效应。李德辉等（2017）学者的研究尽管不是围绕网络嵌入对企业合法性的影响展开的，但他们提出过度的嵌入会造成企业成本支出上升和生产效率下降的问题，而合法性的基础实际上还是企业的实力与效率。

尽管对关系嵌入只是简单正向影响企业合法性的观点持怀疑态度的学者不多，且阐述方式多以理论推理为主，但仍然需要引起我们的重视。应该说，引起学者们分歧的原因可能是多方面的。首先，嵌入对象不同。不同的学者以战略联盟、产业集群及创新网络为嵌入对象加以研究，而在不同的合作网络中主体间的合作方式及相互影响的差异会导致关系嵌入的表现形式与作用效果产生差别；其次，嵌入主体不同可能是造成关系嵌入效果差异的原因。大型企业和新创中小企业在实力与影响力方面差异造成了它们掌握和运用关系资源能力的差距，这也可能是形成关系嵌入对企业合法性影响差异的原因。因此，明确关系嵌入的主体和对象，是正确认识关系嵌入对企业合法性影响的前提。

2.2.6 产业集群关系网络的嵌入机理和类型划分

随着嵌入理论的发展和完善，其应用范围不断拓展，学者们开始利用该理论来解释产业集群内的创业问题。杨勇指出，相比非集群企业，产业集群内的企业表现出更加明显的嵌入特征，嵌入性已经成为衡量和判别产业集群内集聚特性的依据。可以说，嵌入理论为研究产业集群与创业间的关系提供了有效的理论工具。基于嵌入视角，学者们在新创企业在产业集群关系嵌入的形成机理和类型两方面展开了研究。

1. 产业集群关系网络的嵌入机理

产业集群理论的代表人物波特（1998）强调了集群作为一种经济组织的社会性，他认为在产业集群这一由厂商、政府、顾客、研究机构和协会等组成的网络体系中，各主体之间关系的紧密程度远高于集群外的经济组织，而且这种关系对企业行为和绩效具有深刻的影响。斯廷奇库姆（Stinchcombe，1968）对新创企业面临的短缺进行了归纳，他提出资源、信息、技术和市场等方面的不足是新创弱性形成的原因。由于尚未完全融入市场，再加上转型经济体中市场功能效率低下，新创企业很难依靠市场交易的方式来克服这种先天的不足，这就使其更加依赖网络及其提供的多样化资源。产业集群内积累的相互交织且充满活力的网络关系为满足新创企业的需求提供了可能。守和陈（Shou & Chen，2014）从资源依赖的视角提出产业集群关系中的社会资本为新创企业带来了丰富而独特的资源和信息，缩短了其适应环境的过程，因此与关键资源提供者间良好的关系是组织生存、发展和壮大的关键。因为关系嵌入的基础是信任与互惠，作为网络的新进入一方，新创企业往往会采取专用性投资、谋求战略联盟、积极加入行业协会等方式，使相关各方感受到本方真诚的态度和内在的实力，获取对方的信任与进一步合作的机会，由此实现对关系网络的有效嵌入。此外，哈瓦图拉（Bhagavatula，2010）使用社会网络的方法，从地理边界的角度提出产业集群内企业和机构间存在着彼此间理解、帮持和竞争，这强化了新创企业尽快融入网络的动机，也为其构建与各方关系提供了便利的条件。

我国学者郑建壮和靳雨涵（2015）通过对新塘羽绒产业集群内24家企业的深度访谈，指出出于弥补知识势差的考虑，新创企业（徒弟企业）对成熟企业（师傅企业）行为会采取感知、模仿和跟随的方式；二者间的正式联系（如战略联盟、合资和技术授权）和非正式联系（如行业座谈、人员流动）能够提高彼此间的关系强度。李新春等（2010）以1728家新创企业为样本，通过实证研究发现不同企业高管层间的友谊对企业间形成互惠和信任的嵌入性关系大有帮助，因此新创企业更倾向于利用个人关系网络来克服制度与资源的约束。

2. 产业集群关系网络的类型划分

产业集群作为一个蕴藏丰富创业资源的网络系统，其内部比一般区域包含着更多的网络关系。这里所说的关系不仅局限于企业间的商业联系，还涵盖了企业与其他社会经济组织或机构间的关系。集群内的网络关系对创业活动的顺利开展具有深刻的影响，如果说企业在社会网络中的位置规定了其能够获得资源的范围和程度，那么与网络内各主体间的关系强度就决定了此种潜在利益被实现的可能性。目前有一些学者就新创企业在产业集群内的关系嵌入类别进行了划分，并产生了一些比较有代表性的研究成果。彭和罗（2000）将转型经济背景下集群企业的网络关系分为客户、供应商、党政领导等7个类别。杨艳和胡蓓（2012）研究产业集群嵌入对创业绩效的影响过程，指出产业集群的影响力来源于其内部的政治系统和商业系统中的组织网络，前者是指新创企业与集群内政府管理部门间的关系网络，后者是指新创企业与其他企业、行业协会、科研机构间的关系网络。与之相似的，戴维奇和林巧（2013）也将集群内网络分为政治网络和商业网络，只是他认为政治网络中除了党政领导，还包含行业主管部门和国有银行，而商业网络仅指集群企业与客户、供应商和同行间的网络关系。可以看出，两位学者在政治网络和商业网络的覆盖范围上有一些观点的不同。向永胜和魏江（2013）从社会资本角度出发，重点分析了商业网络（与客户、供应商、同行、设备供应商等的连接）和技术网络（与大学、科研机构和公共研究服务机构等的联系）这两种集群网络对集群企业成长的作用。

综上所述，学者们以集群企业为研究对象，采用关系嵌入的视角，以不同网络关系的特点和作用为出发点，对产业集群内关系网络的种类进行了归纳，不仅开拓了关系嵌入研究的视角，更丰富了产业集群创业的研究领域。鉴于政府、行业协会以及商业伙伴都是可以赋予和影响新创企业合法性水平的主体，因此在借鉴上述研究成果的基础上，结合自身的研究情境和研究目的，本书将新创企业产业集群关系嵌入网络分为商业网络和政治网络两种。商业网络是指新创企业与集群内供应商、客户、同行、商业银行间的互动和联系；政治网络是指新创企业与政府部门、行业主管部门和半官方的行业协会之间的连接。据此，可以将新创企业在产业集群内的关系嵌入分为商业关系嵌入和政治关系嵌入两种。商业关系嵌入是指新创企业同集群内的供应商、客户、渠道商及同行业者之间基于交流互动与合作而形成的相互信任的商业联结，政治关系嵌入则是指新创企业与政府部门及行业协会间建立的互信、互谅、互助的政企关系。

2.3 创业学习研究

创业是一个不间断的学习过程，学习理论为创业研究的深化提供了有力的支持，使创业理论与创业实践实现了有机的融合。通过对现有创业学习研究文献的搜集和整理，深入分析学者们对创业学习内涵的理解和维度的划分，并对创业学习的前因变量及其对企业的影响进行归纳总结，不仅可以奠定本书的理论基础，而且为下一步研究提供了切入点。

2.3.1 创业学习理论的演化脉络

1. 创业学习理论的产生背景

伴随创业理论的演进与发展，不同学科的研究者逐渐意识到学习在创业活动中的地位与作用，并以不同理论为依据展开了研究，由此创业学习理论逐步产生和建立起来。因此，明确创业学习理论在创业理论中所处的位置对我们准确理解其产生的原因十分重要。

创业理论始于经济学研究，卡兰德（Carland，1984）秉承经济学理论的基本假设，将创业者设定为不存在个体差异的理性经济人，他可以识别由外界提供的创新机会并打破原有的市场均衡，并由此获得经济利润。尽管该理论在创业研究中长时间占主导地位，但由于其存在着明显的研究局限，即夸大了人的理性程度，同时却过分强调创业活动的环境驱动属性而弱化了创业者的主观能动性。针对该理论的局限性，有学者基于心理学理论，从创业者共同具有的特征来解释创业现象，并形成了特质论。卡奥（Koh，1996）指出正是由于具有常人不具备的特点，如较高的不确定性偏好、高自信心、高行动力等，创业者才会积极大胆地从事风险很高的创业行为，并取得成功。由于特质论偏重于从静态角度揭示创业现象的成因，忽略了创业活动中的复杂性和动态性，且包含着创业者特质具有稳定和持续且不随企业变化的假定，因此受到了学界的普遍质疑。

鉴于企业发展所需要的胜任力与其自身资质之间始终存在差距，莫罗和欣德尔（Moroz & Hindle，2012）等学者从提升能力的角度出发，提出创业企业的发展与壮大就是不断进行学习以缩短能力差距的过程。因此，创业研究需要从学习视角解释新创企业的成长过程，创业学习理论逐步得以形成。创业学习理论的理论贡献主要体现在如下几个方面：一是摒弃了理性经济人假设，主张企业的决策受创业者先前经验及外部不确定因素的影响；二是提出诸如内部管理、市场扩张等方面的企业能力是动态变化的，只有通过“做中学”“模仿学习”等方式才能加以提升；三是主张创业过程并非仅局限于企业的创立时期，而是包括从识别创业机会到克服市场新进入缺陷两个关键阶段。可以说，创业学习理论重点关注在复杂多变的情境中新创企业如何获取知识资源以提升创业绩效的问题，对创业理论的研究领域和研究视角的拓展起到了积极的作用。

2. 创业学习的构思模型

在戴维（David，2005）看来，创业者与他们创立的企业间有着十分复杂、密切和动态的联系，二者都需要进行创业学习。关于创业者和企业的学习过程与模式，学术界尚未形成统一的认识，目前有代表性的创业学习的模型有如下几种。

学者波利蒂斯（2005）提出了经验学习模型，他认为创业者在先前工作中积累的创业经验、管理经验和行业经验能够通过创业学习转化为创业知识，而具体的转化模式如探索和开发会受到创业者主导逻辑和职业取向的影响。科普（2005）以失败经历作为切入点研究创业学习问题，他认为创业失败会带给创业者宝贵的经验，创业者除了应该尽快走出失败阴影，更应该对失败原因进行批判性反思，全面而准确地认识自身的优势与劣势，熟悉、掌握和管理关系网络，提高在特定情境中建立和经营新创企业的能力。

作为认知模型的创建者和代表人物，霍尔库姆（2009）认为利用亲身体验和观察模仿等学习方式获得创业知识，创业者可以改善创业决策并指导创业行动，最终收获理想的创业成果；同时行动成果还会对直接经验学习和间接观察学习提供信息反馈，形成一个闭路的循环体系。此外，他还指出直观推断起着推动创业学习和决定学习成效的作用。

基于广义达尔文进化理论，布雷斯林和琼斯（Breslin & Jones，2012）构建了创业学习的演化模型，他们指出创业学习是创业者与新创企业员工交互学习的集体行为，创业知识经过企业内部的变异、选择和保留，从创业者转移给没有经验的企业成员并形成团队惯例，并应用在未来与环境的交互活动中；新创企业通过自身的学习行为能够适当地改变环境，缩短适应新角色的过程。

基于社会学习理论，雷和卡斯维尔（Rae & Carwell，2000）采用访谈、叙事和社会建构的方法，构建了一个创业社会学习模型。他们避开认知的角度，强调学习的社会化属性，提出创业学习是一个创业者学习重新定位自身角色、在具体情境中“干中学”和在协办企业过程中进行集体学习的过程。由于学习者所处的由客户、供应商、投资者和专家学者组成的关系网络为创业学习提供了关键的学习资源，因此有选择地发展和利用社会关系对创业学习的顺利开展是至关重要的。

科比特（Corbett，2005）构建了创业学习动态模型，在此模型中他把创业学习的过程分为转化式、吸纳式、发散式和调整式四个步骤，揭示和还原了创业学习过程的动态本质。

综上所述，学者们提出的构思模型从不同的视角对创业学习的内涵、过程和影响做出了较为全面的阐述和介绍，为创业学习理论的进一步发展提供了理论框架。尤其是为解决学习的来源问题，学者们将社会建构理论引入创业学习研究中，为创业学习理论的深化和拓展提出了新的研究视角。

2.3.2 创业学习的概念界定和维度划分

1. 创业学习的概念界定

创业学习概念来源于创业理论与组织学习理论的融合，但创业学习与组织学习在学习主体、学习目标、学习过程等方面都有着很大的不同，因此，创业学习研究应形成自己的构念和体系，不能将创业学习简单地理解为新创企业的组织学习。不同领域的国内外学者根据自身的理解对创业学习做出了界定和描述，且彼此之间存在着一定的分歧。通过对其中有代表性的观点进行总结归纳，有利于分析它们之间的区别与联系。具体内容见表2.6。

表 2.6　　创业学习的代表性定义

学者	年份	定义	学习主体
迪金斯	1998	利用吸收经验、反思失误、吸收新成员等方式进行学习	创业者个体
雷	2000	创建、组织和管理企业来识别和开发创业机会的学习	
波利蒂斯	2005	创业者已有的就业经验转化为创立和管理新创企业所需知识的连续过程	
寇普	2005	创业者获得创建企业的知识和技能，并伴随企业的成长而学习逐步适应新角色的动态过程	
霍尔库姆	2009	个体将通过直接体验及观察模仿得到的新知识与既有知识结构相融合的过程	
曼	2012	结合不同的创业行为将创业者的创业任务、创业经验转化为创业结果的循环过程	
陈彪	2014	创业者通过总结经验、观察他人和亲身实践等方式获取或创造创业知识的过程	
陈燕妮	2015	创业者通过多种社会互动方式来解决创业问题的过程	
明尼蒂	2001	创业组织通过对外部信息的加工和不断的尝试从而更新决策模式以适应外部环境的过程	组织
哈里森	2005	创业背景下的组织学习，包括探索式学习和利用式学习	
钱德勒	2009	创业组织的集体学习行为，即将组织成员分享外部经验以及通过吸收新成员加入以丰富组织知识的过程	
汉密尔顿	2011	获取和开发有关创建新企业或推动新企业成长的知识、技术和能力的学习行为	
陈文婷	2010	新企业通过探索、反思、共享和试验以获取知识进而把握创业机会的过程	
刘井建	2011	新企业在创立和发展阶段对经验知识的积累和创造	
陈文沛	2016	新企业获取、转移、共享和利用知识资源的过程	

资料来源：根据相关文献整理并补充。

通过表 2.6 能够看出学者们对创业学习的认识尚存分歧，但通过深入探究可以发现他们在一些方面取得了相近的观点。

（1）从学习主体上看，有些学者从个体角度展开研究，有些则是基于组织的角度。由于创业是整个创业组织在复杂动态的环境下挖掘、利用潜在机会而实现价值的过程，因此后期的研究者普遍认为创业学习的研究重点应是组织层面的活动，即创业学习是组织的集体学习而并非仅限于创业者个人的学习。

（2）关于创业学习的渠道，很多学者认为学习主体自身和他人在创业实践中积累的成功经验和失败教训为学习提供了很好的来源，而且，学习活动被所处社会环境所左右，特别是受到关系网络的影响。

（3）多数学者认为，创业学习能够使学习主体凭借在创业活动中获取和积累的创业知识提高人力资本水平和正确决策的概率，进而有效解决创业问题，适应创业环境，改善创业绩效。

（4）由于创业是一种动态的社会行为，因此创业学习是一个具有自我强化、前后联系、循序渐进等特征的过程。

在总结归纳学者们对创业学习概念界定的基础上，结合具体的研究情境，本书赞同明尼蒂（2001）和汉密尔顿（2011）等的观点，认为创业学习是新创企业把通过外部网络获得的知识和信息在组织内部整合及分享和应用从而提高其适应外部环境能力的动态过程。

2. 创业学习的维度划分解析

创业学习的维度划分一直是相关学者关心的问题。雷（2000）较早地针对创业学习的维度提出了自己的看法，他在构建社会学习模型的过程中提出，创业学习应分为经验学习、认知学习和网络学习三种具体的方式。这个经典的划分为后续学者所承认和采用，并根据各自的研究需要进行了适当地修正。霍尔库姆（2009）认为创业学习应分为体验学习和替代学习两部分，其中替代学习的含义与前文中的认知学习相近。波利蒂斯（2005）借用组织学习理论，提出探索学习和利用学习这两种不同的学习方式可以将经验转化为知识。除了上述文献，国外学者对此问题的研究还得出了一些有代表性的成果：曼（2012）提出经验学习、认知学习和情境学习有助于获取创业的技能和知识；钱德勒（2009）主张创业学习应该包括初始学习、经验学习、模仿学习、搜寻和顿悟学习与嫁接学习五种主要方式。马丁和麦克纳利（Martin & McNally, 2013）认为创业学习涵盖了知识学习与技能学习两种不同的学习方式。

我国学者对于创业学习维度划分研究的主要成果有：陈文婷（2010）对第二代家族企业的创业学习方式进行了深入考察，提出创业学习包含正式与非正式学习、自我体验学习与观察学习等学习方式的互动。丁桂凤（2012）认为创业学习是一个多维构念，包括资源搜寻、经验反思、创新思考和信息共享等内容。单标安等（2015）在梳理创业知识获取途径的过程中，提出创业学习的维度包含经验学习、认知学习和实践学习三方面。

目前对创业学习维度进行划分的代表学者及其研究成果如表 2.7 所示。

表 2.7 创业学习的构成维度

学者	年份	构成维度
雷	2000	经验学习、认知学习、网络学习
波利蒂斯	2005	探索学习、利用学习
霍尔库姆	2009	体验学习、替代学习
钱德勒	2009	初始学习、经验学习、模仿学习、搜寻学习、嫁接学习
汉密尔顿	2011	认知学习、实践学习
曼	2012	经验学习、认知学习、情境学习
马丁	2013	知识学习、技能学习
王	2014	群体学习、直觉学习、感知学习
陈文婷	2010	正式与非正式学习、体验学习、观察学习
丁桂凤	2012	资源搜寻、经验反思、创新思考、信息共享
赵文红	2013	应用学习、探索学习
谢雅萍	2014	模仿学习、交流学习、指导学习
张克兢	2014	经验学习、认知学习、实践学习、初识学习、无意识学习
单标安	2015	经验学习、认知学习、实践学习
张红	2016	经验学习、模仿学习、行动学习

资料来源：根据相关文献整理并补充。

由于学者们基于不同的研究视角对创业学习维度进行了划分，因此对该问题的认识尚未实现统一。通过借鉴国内外最新的研究成果，秉承创业学习的经典概念界定与特性，依据具体的研究背景，本书对创业学习维度的划分有如下观点：

（1）经验学习和认知学习（也被称为观察学习或是模仿学习）被普遍认为是创业学习中运用最多的学习方式，二者的区别在于前者指的是学习主体自身在先前工作或创业中积累的直接经验在组织内外部相对稳定的情境中的应用；而后者强调的是通过观察和模仿其他组织行为得到的间接经验在复杂动态的创业情境中的运用。鉴于本书的研究对象为处于产业集群中的新创企业，自身特点决定了其非常缺乏企业管理、市场营销等方面的经验，即直接经验几乎为零。但产业集群内部形成的复杂多变的关系网络能够为新创企业提供了大量可供观察、借鉴、模仿的对象，即新创企业能够以较少的时间和成本得到大量的间接知识和经验。因此本书舍弃了经验学习，而保留更加适合的认知学习作为创业学习的构成维度加以研究。

（2）具体的学习方式，如诸如参观学习、参加行业会议等决定了认知学习有助于企业复制和借鉴其他组织的显性知识（如操作手册、产品说明书等），但对于难以清晰表述和有效转移的隐性知识的获取却帮助不大。为了以更加快捷和经济的方式获取隐性知识，企业会采取“聘中学”的办法，即聘请外部具有丰富工作经验的高层管理者和熟练的技术工人来充实自身的知识库，这种学习方式就是近年来逐渐引起学者们研究兴趣的嫁接学习。尽管目前的研究成果偏少，但学者们普遍认为人才流动带给企业的异质性知识对其创业优势的建立具有积极的推动作用。劳森和马夏雷利（Laursen & Masciarelli, 2012）指出，引入新成员是产业集群内新创企业进行学习的主要途径之一，通过团队成员间的互动与合作不但可将新成员的隐性知识显性化，还有助于新知识的创造。因此本书将嫁接学习视为创业学习的维度之一加以研究。

（3）认知学习和嫁接学习能够使新创企业便捷和迅速地获取创业相关知识与经验，但这类知识基本是在原有环境中形成的，因此可能会使接受方陷入路径依赖的境地。此外，创业活动和创业环境都具有高度的不确定性和动态性，这是认知学习和嫁接学习所不能完全应对的。由此，学者们将实践学习视为创业学习的一个重要维度。实践学习，也有学者称为行动学习或是情境学习，强调创业实践中反思和实验的重要性，通过在创业活动中不断摸索和实践，新创企业能够加深对相关知识的理解和感悟，甚至更新和丰富已有知识体系，使企业的行动更加规范与合理，从而适应环境的变化。可以看出，实践学习和经济增长理论中的“干中学”在概念和影响上是非常接近的，它有助于弥补认知学习和嫁接学习的不足。

综上所述，通过借鉴经典文献和最新研究成果对创业学习维度的划分方式，本书认为创业学习是由认知学习、嫁接学习和实践学习三个维度构成的多维构念。通过前面的分析可知，在时间顺序上，由于实践学习需要以经验和认知为基础，认知学习和嫁接学习是进行实践学习的必要条件，因此认知学习和嫁接学习往往先于实践学习，三者形成了一种递进的关系。新创企业必须有机地运用这三种学习方式，才能更好地发挥创业学习的作用。创业学习的构成维度如图 2. 2 所示。

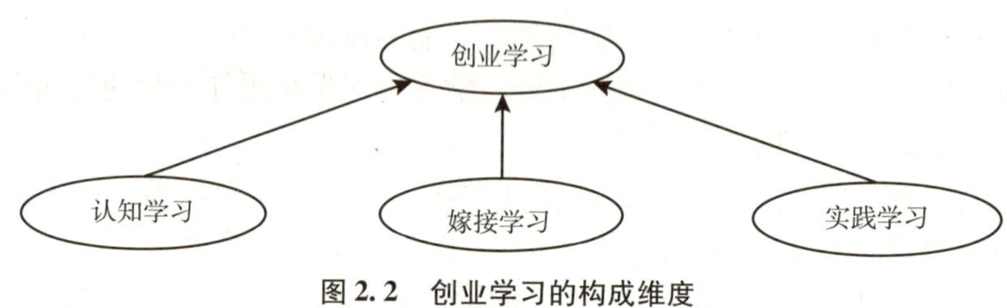

图 2. 2　创业学习的构成维度

2. 3. 3　创业学习的前因和后果

1. 创业学习的前因分析

关于究竟是何种因素推动着创业学习的开展目前是创业学习研究领域的焦点之一。对此问题，陈燕妮指出可以从组织内部与外部环境两个方面加以分析。在组织内部视角下探讨创业学习驱动因素的文献较为分散，归纳起来集中在以下几个方面：第一，企业的组织结构，寇普（2005）指出相比于集中和单一的组织结构，有机而分散的组织结构能够加快新知识在企业中的同化和组合的过程；第二，企业文化，丁桂凤（2012）认为推崇学习、思考和创新的学习型组织的建立，对创业组织的团队学习和自我完善有很大的推动作用；第三，创业导向，较强的创业导向会提升企业对创业知识的关注程度和学习强度，并改善创业学习的效果；第四，企业创立者自身的能力和素质，如反思能力、批判性思维和多种形式的经验都会使其提高对创业学习的重视程度，并愿意承担学习的成本。创业学习的前置因素如图 2. 3 所示。

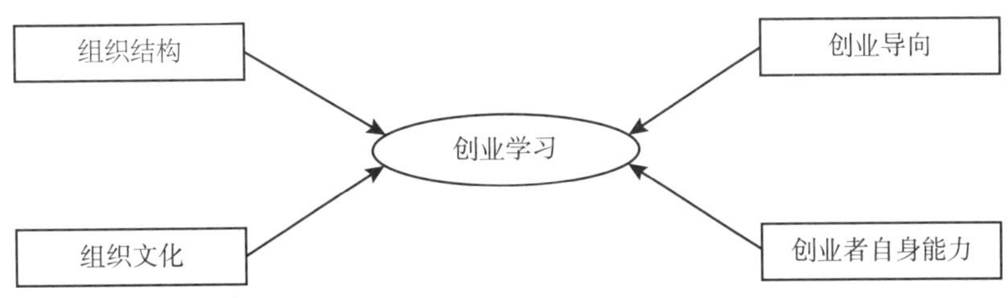

图 2.3 创业学习的内部驱动因素

尽管传统的有关创业学习的研究中强调的是学习内容来源于创业者早期积累的经验，认为经验在新创企业中的扩散和应用是推动创业学习的源动力。但随着经济全球化、市场竞争激烈程度的加剧和新技术生命周期的缩短，企业逐渐意识到社会网络对创业学习的重要性。这一点从不断出现的企业联盟与合作、企业的集群、校企政企合作等现象中凸显出来。相应地，在理论上学者们也开始从网络视角对创业学习的前置因素展开了探讨，并取得了较为丰富的成果。

通过对相关文献的归纳分析，可以发现这些研究显示出一些明显的特点。首先，学者们大多倾向于将企业的外部关系网络分为商业网络和政治网络；其次，关注外部关系网络对创业学习不同维度的影响；最后，对于外部网络与创业学习之间关系的结论存在着一定的分歧。下面本书就将对这些特点进行总结。

首先，现有的关系网络对创业学习的研究中，有研究将关系网络视为一个整体来进行研究，如张和汉密尔顿（Zhang & Hamilton，2010）认为社会网络是介于企业和市场的一种资源配置方式，对新创企业资源边界的拓展有着重要的作用，对知识学习和传播具有市场所不可比拟的优越性。类似的如我国学者彭华涛和王敏（2012）运用群体案例研究的方法对创业企业的社会网络演化进行了研究，他们认为高密度社会网络有助于在网络成员间形成和维系信任关系，为创业企业提供了非常好的学习机会。但相比而言，中外学者们更倾向于根据新创企业的关系对象，将其关系网络分为商业网络和政治网络，并探讨其对创业学习的作用。如泽姆劳和沃纳（Semrau & Werner，2014）、苏利文和福特（Sullivan & Ford，2014）均采用了这样的分类方法，他们认为基于信任和互助的商业联结能够有效降低合作中的矛盾和误解，有利于理解和共识的达成，使新创企业获得更广阔的学习渠道，而紧密的政企互动会使新创企业对政策信息的掌握和解读有很大的帮助。我国学者单标安等（2015）通过实证研究发现创业网络是创业学习的重要前因，其中商业关系和政治关系对于新创企业市场信息、技术信息和政策信息的获取有积极的影响。此外，杨隽萍等（2013）也进行了相似的研究。

其次，关于社会网络对创业学习的影响研究中，有些学者将创业学习分为不同维度加以研究。如钱德勒和莱恩（2009）认为创业学习包含着初始学习、经验学习、模仿学习、搜寻学习和嫁接学习这五个方面，而新创企业社会关系成员越多、关系类型越丰富对有利于模仿学习、搜寻学习和嫁接学习。霍尔库姆（2009）将创业学习分为体验学习和认知学习，并指出社会网络是构成了创业学习的重要平台，新创企业对社会网络关系嵌入的程度对认知学习具有积极的正面作用。我国学者在借鉴国外研究成果的基础上，结合我国转型经济的特点，也进行了相关研究。谢雅萍和黄美娇（2014）构建了社会网络、创业学习与创业能力关系的理论模型，提出基于社会网络的创业学习包含模仿、交流、指导三种主要学习方式，指出较强的网络关系能够促进这三个方面的学习。陈文沛（2016）对创业学习类型的划分与前者不同，她在借鉴先前学者观点的基础上，将创业学习分为经验学习、认知学习和实践学习，经结构方程建模分析发现这三者都受到关系网络的影响，关系网络质量越好，创业学习就能进行得更高效。

除此之外，还有学者对社会网络对创业学习某个维度的影响加以单独研究。就嫁接学习来说，罗森克夫和阿尔梅达（Rosenkopf & Almeida，2003）指出地理临近性与技术相似性会使企业间形成紧密的互动关系，进而会产生高水平员工的流动，由此带来的异质性知识可以填补新企业知识的空缺。在此基础上，于海云和赵增耀（2013）以 FDI 嵌入型产业集群为研究背景，通过多案例分析，指出共享的商业网络和彼此接近认知有助于内资企业通过员工流动途径获取外资企业先进的技术知识和管理经验。就认知学习来说，魏江和勾丽（2008）认为产业集群内的企业拥有着显著且紧密的区域性社会网络，其内部基于“地缘”“血缘”“亲缘”等关系的社会文化氛围能够在企业间形成对彼此的信任，从而有利于企业以较低的成本找到模仿学习的对象，提高学习的成功率。郑健壮和靳雨涵（2017）通过实证方法对产业集群中师徒企业网络关系强度与师徒企业间认知学习的关系进行了分析，结果显示关系强度的四个维度对认知学习都存在着正相关影响。就实践学习来说，从琴霍尔和科尔麦克（Chenhall & Chermack，2010）对实践学习的介绍可以看出，实践学习的过程具有基于行动、采用社会互动和围绕实际难题的特征，而关系网络为实践学习中的认识、反思、联系和应用提供了重要的平台。我国学者陈燕妮和王重鸣（2015）利用创业学习理论和多案例研究方法对实践学习的概念模型进行了重新构思，研究发现，关系网络中的社会互动对实践学习有一定的促进作用。谢雅萍和王国林（2016）以198个创业家族为调研对象，利用问卷数据对家族性资源、实践学习和创业能力三者关系进行了实证研究，结果显示家族企业在外部网络中的关系强度和信任程度越高，越有利于双方的互动和实践学习的开展。

最后，综观国内外学者对于网络关系与创业学习之间关系的研究，可以发现大部分学者认为较强的网络关系意味着双方的合作时间长、彼此信任和承诺的水平高，这对知识的转移具有明显的正向影响，这在前面已经进行了充分的介绍。但也有一些学者的观点相反，如格拉诺维特（1973）则认为较弱的互动频率和亲密程度更能搭建起企业间的信息桥梁，更有利于初创企业的学习。辛格（Singh，2009）的研究也显示创业者的弱网络关系有助于创业者的模仿学习。我国学者孙国强和石海瑞（2011）对企业网络的负效应进行了研究，他们指出中小企业与核心企业间的学习关系往往是单向知识学习，即小企业过度依赖大企业的知识传输，这会造成小企业对环境适应能力的僵化及过度专业化，因此过强的网络关系并不利于小企业学习效果的提升。

2. 创业学习的后果分析

学者们对创业学习的研究有一个共同关注的问题，那就是强调创业学习的目的，如我国学者蔡莉认为获取资源是创业学习的主要输出变量。当然学术界也有不同的看法，对于创业学习在整个创业过程中所起的作用，学者们从自己的视角进行了阐释。第一，动态能力，乔等（Jiao et al.，2010）等运用实证研究方法证明，通过营造积极和创新的学习气氛，设计完善的学习机制，新创企业能够克服学习障碍并开展高效的创业学习，提升企业市场开发、环境适应和资源利用等方面的动态能力。第二，创业知识和经验，大量研究表明，创业学习的直接结果是认知结构的变化，如新知识的获取和新行动的开展。第三，商业模式，王玲玲等（2018）的研究识别出创业学习是新颖型商业模式设计的前因变量。第四，创业机会，勒克莱和金霍恩（Lecler & Kinghorn，2014）通过对大量文献的梳理，发现创业学习不但有助于技术创新和组织变革，还可以实现对创业机会的识别。第五，创业成功，张秀娥和赵敏慧（2017）从财务绩效和非财务绩效两方面表征创业成功，其构建的模型显示创业学习对创业成功有积极的影响，商业环境和创业坚持在此关系中具有调节作用；第六，合法性。创业学习的后果如图 2.4 所示。

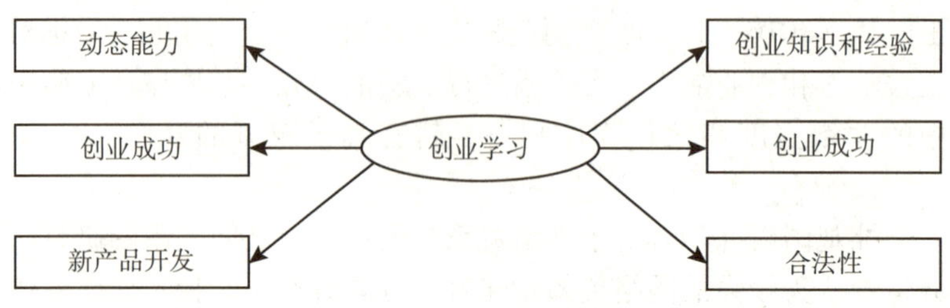

图 2.4 创业学习的后果

本书的一个研究目标就是厘清创业学习对新创企业合法性的关系，因此对相关的研究文献进行梳理，达到对目前研究现状的掌握。由于创业学习的研究尚处于起步阶段，且合法性在管理学中的应用时间也不是很长，因此对二者关系的研究成果比较匮乏。通过对相关及相近的成果进行归纳可以发现，学者们基本认为创业学习对合法性具有积极的影响，如范和崔（Fan & Cui，2016）认为，创业学习会使跨国新创公司掌握东道国的文化、制度和习俗等方面的知识，了解当地公司运营的习惯和规律，使自身的组织结构与操作流程符合当地民众的认知，这有助于合法性资源的获取。塞萨等（Sessa et al.，2011）认为创业学习能够使新企业在组织文化、目标规范和流程等方面采取相应行动以适应组织情境的变化及要求，这对企业形象和竞争优势的确立具有推动作用。

近几年创业学习和合法性理论受到了国内学者的关注，并取得了一定的成果。如我国学者蔡莉（2013）提出对创业学习过程的研究有助于将关系网络、合法性等独特的创业研究问题联结起来，她在其构建的中国情境下创业研究框架中提到，积极的创业学习有助于解决新创企业的合法性困境，但是作者只是进行了规范性的论述，并未做出实证检验。丁娟等（2017）通过案例研究的方法，对新创企业不同发展阶段与创业学习方式及创业知识的匹配进行了探究，研究发现，创业学习中的认知学习对新创企业规制合法性的获取具有积极的影响，但对规范和认知合法性的获取作用不明显。此外，还有学者将创业学习视为组织学习在创业情境下的应用，并将创业学习分为探索式学习和利用式学习。从这个角度出发，周劲波等（2014）将我国的国际新创企业作为研究对象，整合了组织学习理论和制度理论，运用交叉案例研究设计，对组织学习与国际新创企业进入后速度的关系进行了探索，结果显示，组织学习中的探索性学习和利用性学习对国际新创企业化解初始进入海外市场所遭遇的合法性危机具有很大的帮助。

除了上述成果，还有学者就创业学习的某个方面对合法性的影响做出了研究，这方面的成果主要集中在认知学习的作用上。弗恩海贝尔和李（Fernhaber & Li，2010）结合新制度理论和组织学习理论，对国际新创企业初次进入他国市场中的战略进行了研究，他们提出，观察和模仿他人的做法，尽量回避失败的行为，能够获取合法性和减少失败的风险。陈等（Chen et al.，2011）指出企业在面临合法性压力时，倾向于以其他企业作为参照，即模仿其他企业的做法。例如为了符合国家的环保要求，企业会参考其他企业的行为来决定自己是否采用绿色信息技术。此外，还有学者指出增加媒体对企业正面报道的数量，提高公众对企业的认可度，从而增强企业的合法性地位。尽管大多数学者认为创业学习对新创企业的形象确立和企业发展具有显著的正向影响，但也有一些学者通过实证研究发现，创业学习与创业成功之间并不存在显著关系或呈弱相关关系。如帕里延多（Priyanto，2005）以印度尼西亚 247 家新创中小企业为问卷调查对象，并利用结构方程模型进行了数据分析，结果显示创业学习对企业成长并没有显著的正向影响。赵等（Zhao et al.，2011）证明了创业学习中利用式学习与企业绩效间存在显著的正相关关系，但探索式学习与企业绩效间只存在弱相关关系。虽然上述学者的研究并非针对创业学习与合法性的关系，但有学者认为组织绩效和组织发展可被视为组织合法性获取之后的表现形式，因此创业学习与合法性之间的关系尚未形成共识，还需要结合具体的研究情境加以具体地分析。

2.4 环境动态性研究

根据权变理论，战略管理的实施是一个与环境变量动态匹配的过程。战略决策是在具体的环境下制定的，因而决策的效果必然受到环境特性的影响和制约。在当今中国情境下，创业活动所处的创业环境的重要特征就是高度的动态性，这种动态性来自既有市场竞争和技术水平的快速变革，也受制度层面的政策频繁变动影响。这导致新创企业进行创业活动时需要持续的学习以应对动态的环境带来的各种挑战，因此本书将对环境动态性对于新创企业创业学习影响合法性过程的作用展开讨论。为实现这一研究目标，本节对涉及环境动态性的概念界定、维度划分及其调节效应的相关文献进行归纳和梳理，以便为理论框架的构建打下基础。

2.4.1 环境动态性的概念

环境动态性作为外部环境因素，在管理学研究领域的应用十分广泛。米勒（Miller，1983）较早对其含义进行了说明，他认为环境动态性是指技术创新、产业变动、竞争程度及顾客行为的难以预测性。唐（Tang，2005）认为环境动态性体现了环境变化的动荡性与不确定性。在理查德（Richard，2007）看来，高环境动态性表现为行业中新技术涌现速度快、产品市场偏好难以预测、竞争对手的行为策略频繁变化等。吴松强等（2017）指出，环境动态性是指环境因素在特定时间内的变化程度、变化速度和变化幅度以及其无法预见的程度，这些变化可能是由政府政策及制度的变迁、同行业者的增多、科技进步及传播、公司规模的扩张等因素引起的。

除了上述观点，还有很多国内外的学者基于不同研究视角，根据自身的理解对环境动态性做出了界定与描述，表 2.8 对其中具有代表性的观点进行了汇总。

表 2.8　环境动态性的代表性定义

学者	年份	定义
米勒	1983	技术创新、产业变动、竞争程度及顾客行为的难以预测性
戴斯	1984	企业所在环境动荡变化的频率和幅度与不可预测的程度
贾沃斯基	1993	环境变化不可预测的程度以及环境要素变化的速率
普里姆	1995	环境要素变化的频率高幅度大，要素的延续性及可预测性弱
扎赫拉	2000	产业环境中变化频率及不可预测性很高，尤其体现在外部市场方面
伦普金	2001	行业环境中的技术创新速度与变化速率，也包含竞争对手活动与消费者偏好的不可预测性

续表

学者	年份	定义
鲍姆	2003	企业所处环境在不可预测性与变动频率等方面的特征，环境中不稳定且变化的因素为企业运营带来的不确定程度
简森	2009	技术的变革或衰退、顾客喜好的变化、产品需求和原材料供给的波动是环境动态性的主要特征
杭	2013	市场需求变化的不稳定和不确定程度，体现为产业边界的持续突破和顾客结构与爱好的改变
张映红	2008	企业环境中政治、经济、文化、技术、竞争格局等方面不可预测的变化，或可以察觉的不稳定性
李俊	2011	行业中相关因素变化的速度，以及这些变化为企业行为带来的不可预测程度
陈国权	2012	企业利益相关者的行为或需求的变化程度，以及产品与服务类型、行业趋势、技术创新的变化程度
刘刚	2013	外部环境不断变化且这种变化不可预测的一种状态
束义明	2015	作为开放系统的企业所处外部环境的变化速度与不确定程度，是影响组织行为与绩效关系的关键情境变量
闫婧	2016	市场环境要素变动的程度与技术、产品更新的速度，是影响组织经营活动与绩效的重要权变因素

资料来源：笔者根据相关文献整理并补充。

综上所述，学者们普遍认为环境动态性是表征企业外部环境的重要指标，反映环境变化的模糊性和难以预测性。本书秉承主流观点，认为环境动态性是指企业外部环境条件变化的程度，体现了在特定时间内，外部环境中竞争因素不断变化或是维持相对稳定的程度。

2.4.2　环境动态性的维度

目前学者们普遍认为环境动态性是一个复杂的多维构念，并对环境动态性维度构成提出了自己的观点。通过对现有文献的梳理可以发现，尽管学者们从不同角度提出了多种环境动态性维度的划分方式，但总体来说是围绕环境动态性的特征与要素两个方面展开的。

1. 环境动态性的特征视角

关于动态环境的特征，学者们普遍认可的有不可预测性、模糊性、无规律性、动荡性等。如切尔德（Child，1972）指出，变化的波动性和不可预测性构成了环境动态性的两个维度。戴斯和彼尔德（Dess & Beard，1984）认为对环境动态性的理解可以从不可预测性、模式多样性和无规律性三个方面来进行，这种划分方式对后续的研究影响较大。沃尔博德和卢因（Volberda & Lewin，2003）提出环境动态性表征了环境因素随时间演化而发生变化的程度，包括变化强度与变化频率两个维度。扎赫拉等（Zahra et al.，2006）指出环境动态性主要强调市场条件的改变，按照这个思路，他将环境动态性划分为竞争性、异质性和丰富性三个维度。布干扎等（Buganza et al.，2009）认为从环境变化速度和变化的无规律性两个方面对环境动态性加以分析对理解环境动态性的战略意义有重要的帮助。

受国外研究的启发，我国学者依据环境变化的特征对环境动态性的维度提出了自己的划分方式。张映红（2008）将环境动态性划分为变化速率与不可预测两个方面，基于我国转型经济背景，提出并检验了动态环境在公司战略倾向与绩效间关系的调节效应。刘井建（2011）以产品寿命、顾客需求和竞争程度作为环境要素的代表，将环境动态性归为这三个方面变化的频率和不稳定性。闫婧等（2016）认为环境动态性包含技术变革速度与市场动荡程度两个维度，并指出技术的迅猛发展和顾客需求的不断变化增加了企业创业成功的难度，需要企业强化创业导向加以应对。束义明和郝振省（2015）结合资源依赖的观点，将环境动态性归纳为环境要素变化的速度和不确定程度。

2. 环境动态性的要素视角

在基于环境要素对环境动态性进行划分的研究中，学者们的观点和方法比较接近，大多倾向于从市场与技术两方面着手进行分析。如科利和佳沃奇（Kohli & Jaworki，1993）指出，环境动态性包含三个维度：市场波动（顾客构成与偏好的变化）、竞争强度（市场竞争的激烈程度）、技术动荡（技术更新与突破）。摩尔曼和迈纳（2001）将环境动态性归结为市场需求与技术发展两个方面，其市场需求维度的含义与科利提出的市场波动相近，技术发展描绘的是行业主导技术与核心技术变迁与突破的速率。扎赫拉和博格纳（2000）将环境动态性分为四个维度：成长机会的多寡、行业技术的更新、产品和服务的创新、研发活动的兴衰。凯斯勒和别雷（Kessler & Biely，2002）认为技术发展和人口统计学动态性是构成环境动态性的两个方面，而根据其所下定义，后者实质上指市场需求的动态性。瓦宾格和范（Wijbenga & Van，2007）侧重于从市场方面理解环境动态性，他认为环境动态性包含消费者偏好改变的程度和产品变化的速率。简森（2009）等认为环境动态性的特征包括技术水平的演变、顾客偏好的变更、产品需求或原材料供给等。

国内学者在这个研究领域也做出了贡献。王莉（2008）在归纳和借鉴国内外相关文献的基础上，提出环境动态性应分为市场需求的动态性、技术发展的动态性和信息提供的动态性三个维度。杨波和张卫国（2009）认为环境动态性应从法律法规、科学技术、市场供求三个方面的变化幅度与速度加以考察。冯军政（2013）着眼于制度环境和产业环境，提出由技术变革与进步造成的技术动态性和客户需求持续变化导致的市场动态性是环境动态性的两个维度。刘刚和刘静（2013）将环境动态性视为多种力量同时作用的结果，因而除了市场动态性和技术动态性，他们还把政策法律社会动态性也作为环境动态性的一个维度加以研究。闫婧（2016）以消费者需求快速变化形成的市场动态性和技术剧烈变革带来的技术动态性衡量环境动态性。

综合来看，基于要素视角对环境动态性维度进行划分是目前的主流方法。本书认为产业集群内新创企业面临的环境动态性包含两个方面，即技术动态性和市场动态性。技术动态性是指新创企业所处产业中主流技术的升级、更新、变迁与突破的速度。引起技术动态性的原因主要包括前沿科学的发展、新技术的研发周期与存续时间、新技术的市场反应和实施效果等方面的无规则性和难以预测性。市场动态性是指集群中新创企业的顾客类别构成和顾客需求偏好的不稳定和不确定程度，导致市场动态性的原因主要包括技术模仿和相近产品的急速出现、顾客的顾虑及好奇以及创新扩散带来的市场容量难以预测等。

2.4.3 环境动态性的调节作用

长期以来，环境被看作组织理论和战略管理的关键调节变量，相关研究成果涉及多个主题和领域。现有研究表明，创业学习是一个新创企业对知识和经验的获取、吸收消化和应用的过程，与特定的创业环境息息相关，呈现出高度情景化的特征。但是，由于创业学习是一个新兴的研究范畴，目前关于环境动态性是如何作用于创业学习对企业成长影响的研究十分匮乏，鉴于有学者认为创业学习就是组织学习在创业情境下的应用，并就环境动态性对组织学习与新企业成长之间关系的影响进行了探讨，因此本书将相关研究囊括进来，以实现对学者们相关观点尽可能全面而准确地把握。

对于环境动态性如何影响新创企业创业学习与合法性的关系，有学者进行了积极的探索。扎赫拉等（2006）的研究指出环境的动态性使新创企业面临的市场需求和技术水平方面发生着剧烈的变化，社会中的规制、规范和人们的认知也发生相应的改变，这对新创企业提出了更高的要求，企业必须通过更加努力和持续的学习更新现有的知识和组织结构，以提高环境对自身的认可度。伊萨克（Isaak，2009）也对环境变动对创业学习效果的影响进行了探究。作者认为不同于稳定的环境，动态变化的环境条件使高科技新创企业面临着更大的生存压力，只有加强对外部信息尤其是无形知识的获取，才能提升适应环境的能力，为进一步的学习奠定基础。而这种螺旋式的学习有利于企业在生产流程、运输条件、企业文化等方面做出更大的改进，从而贴近当地政府和人们的认知和要求。曼（Man，2006）对创业环境与创业学习间关系也进行了研究，他指出当企业处于高度动态及模糊的创业环境中，面临着技术、能力、市场和资源等诸多方面的限制时，它们应该通过积极的学习来提高组织的灵活性和适应性，以满足高度动态变化的环境对企业提出的各种要求。我国学者也在这个方面进行了相应的研究。苏晓华等（2015）探究了探索式学习与利用式学习两个维度上的新创企业的组织学习与合法性之间的关系，并对环境动态性对上述关系的影响进行了研究。经过实证检验，作者们发现环境动态性对利用式学习、探索式学习与合法性之间关系的影响是不同的，具体来说是利用式学习对合法性具有负向调节的作用，探索式学习对合法性具有正向调节的作用。

从要素视角出发，环境动态性可分为技术动态性与市场动态性，关于技术动态性与市场动态性对新创企业与合法性关系的影响也是学者们关注的焦点。

首先，科学技术的迅猛发展及其难以预测性可能会使新创企业在生产、安装和配送方面的知识和技能变得过时，甚至无法满足政府的规定和客户的期望，导致其能力及合法性受到质疑。对此，阿茨和多姆斯（Aerts & Dooms，2017）指出面临这样的问题时，企业会倾向通过新员工的引进（如雇佣业内知名工程师和技术人员）来实现技术知识的引进，并将外部异质性知识不断内化和惯例化，以保证本企业技术水平始终处于行业中上游水平。张和怀特（Zhang & White，2016）则指出，技术的快速发展使技术方面的人才流动现象更为常见，因为员工（尤其是高管团队）的知识和专业水平不仅决定了企业产品服务质量，而且代表了企业形象，这对降低合法性门槛起着重要作用。也有学者指出技术动态性直接影响行业主导设计或行业标准的更替，随着技术动态性增强，新创企业会更加关注同行对于新技术的应用，并力图将其“复制”到本企业，以提高企业能力，并树立专业性强的企业形象。其次，当市场条件出现较大的变动时，新的营销方式会涌现，顾客的偏好也会发生较大的改变，此时雇佣掌握最新营销知识和优秀市场业绩的营销经理对于企业的市场合法性的提升具有更大的作用。市场变化的不连续性和不可预测性会使认知学习的作用更加明显，在霍尔库姆（2009）看来，通过对外部环境中具有示范性效应企业行为的观察、模仿和复制，会使企业在更短的时间内以更经济的方式掌握应对市场变化的办法，也更容易为同行和客户所接受。

总体来说，尽管已有研究关于环境动态性对企业战略与企业发展间关系影响的成果已经很多，但是就环境动态性在创业学习影响企业合法性过程中的作用受到的关注较少，而且创业学习领域的学者也呼吁展开关于外部环境对创业学习影响的相关研究，因此本书将环境动态性作为一个调节变量纳入模型分析之中。

2.5 内部社会资本研究

权变理论指出，环境变量包括外部环境和内部环境，前者涵盖了政治法律、经济社会、自然与技术等方面，后者则主要是指企业文化、组织架构、资源条件与核心能力等因素。创业学习理论的发展使人们的研究视角集中于企业外部，强调外部网络和环境对创业学习的影响，但学习活动终究是在企业内部展开的，企业内部环境的优劣无疑会对学习的效率和效果产生巨大的影响。企业内部社会资本体现了组织内的信任、承诺、共同愿景和规范，能够有效表征企业的内部环境，是企业竞争优势的重要来源，被认为对组织学习、信息知识获取及技术管理创新有着显著的作用。由此本书将就内部社会资本对于新创企业创业学习影响合法性过程的作用展开讨论。为实现这一研究目标，本节对涉及内部社会资本的概念内涵、维度、测量及其功效的相关文献进行归纳和梳理，以便为后续进行案例研究和构建理论框架打下基础。

2.5.1 内部社会资本的概念

社会资本的概念源于20世纪60年代社会学的研究，被用来描述人与人之间联系的紧密程度，是可以促进个人发展的关系资源。90年代以来，社会资本理论在管理学、经济学和心理学等诸多领域得到了广泛应用，形成了跨学科的研究热潮。诸多从各自的角度对社会资本进行了界定，这固然丰富了社会资本的内涵，但表述上的差异也造成了概念的混乱。奥德和权（2002）对这些概念做出了归纳和分析，指出导致社会资本概念出现分歧的原因很可能是由外部及内部视角的差异造成的。外部视角基于研究主体与外部网络成员的联系探讨社会资本的内涵和产生，秉承了桥接的观点（bridging view）；内部视角则从组织内部网络关系出发，认为社会资本体现了组织的集体特点，强调内部成员团结对组织价值的贡献。从这两个视角出发，结合企业组织的特点，社会资本可以分为外部社会资本和内部社会资本两种。由于后者是本书的研究对象，因此在这里对国内外学者对其所下的定义进行梳理。

总体来看，学者们对内部社会资本的内涵主要从资源观和能力观两个视角进行界定的，且前者占主导地位。其中那哈皮特和高沙儿（1998）的观点被后续学者广泛认同和引用，他们认为，内部社会资本是企业内部各部门及员工间在互信和互助基础上形成的关系网络所能够为企业提供的实际和潜在的资源总和。莉娜和万（Leana & Van，1999）等将内部社会资本定义为一种可以为企业带来竞争优势的资源，这种资源是员工间共享价值观、荣誉感和集体目标的结果。科斯托瓦和罗斯（Kostova & Roth，2003）从心理学的角度对内部社会资本进行了探究，他们认为这一构念是由组织成员关系塑造的且可以向组织提供潜在价值的员工的心理状态、感知、信念和期望。高水平的内部社会资本反映了员工间互惠、互信、互助的程度较高，能够为员工带来较为舒适的心理感受。卡莎（Kaasa，2009）提出企业层次的社会资本是在员工个体网络、信任和规范基础上形成的一种资源，它不受个体或组织单独一方的控制，具有公共物品的属性。基于能力视角进行研究的学者如希皮洛夫和丹尼斯（Shipilov & Danis，2006），他们认为内部社会资本体现了企业成员将通过外部网络获取的信息和资源在企业内部网络中进行交换和分享的效率与能力，属于集体层面的社会资本。奥德和权（2002）指出内部社会资本是一种能够使企业形成信任、合作及共同愿景进而适应外部环境变化的能力。综合来看，国外学者普遍认为内部社会资本是嵌入在企业内部网络关系中的，它可以提高企业对外部资源和信息获取数量和质量，以及对这些资源和信息的利用能力。

国外学者对内部社会资本内涵的界定加深了人们对这一概念的认识，受其影响，国内学者结合自身的研究情境对内部社会资本的概念进行了研究。如柯江林等指出内部社会资本是镶嵌在组织成员内部社会关系网络中能够帮助成员进行资源分享的有价值的资源或能力。谢洪明等（2007）将内部社会资本界定为可以协调企业内各部门关系并有效减少资源搜寻成本的能力，这一能力是在员工共同价值观和共同愿景的基础上得以形成的。张红娟等（2015）的研究视角较为独特，将跨国公司内部由于股权、合作、信息共享而形成的内部网络为海外子公司带来的信息传递和资源共享称之为内部社会资本。由于高管团队对企业发展的影响巨大，因此古家军和王行思（2015）认为内部社会资本是指高管团队成员在建立及维护相互联系的内部社会关系网络方面的投入以及利用该网络进行资源交换的机会、意愿和能力。

综合国内外学者对内部社会资本概念的界定，可以发现企业内部社会资本蕴涵于企业内部所构建的组织关系网络与结构中，其核心因素和形成的前提条件是员工间的信任，产生的原因是企业成员对各自利益的追求及对整体利益的维护。结合先前研究的成果，本书认为企业内部社会资本诠释了组织内部成员间关系的内容与特征，包含着信任、承诺和共同愿景等内容，是企业进行知识转移、吸收和利用的能力体现。

2.5.2 内部社会资本的维度与测量

维度划分与测量方法是内部社会资本的重点，根据学者们的研究习惯，本书在梳理相关文献的基础上，将这两部分结合在一起进行阐释。关于内部社会资本维度划分的方式，哈皮特和高沙儿（1998）的观点影响最为广泛，结合企业社会资本的特点，将其划分为结构、关系和认知三个基本维度。结构维度关注企业中网络联系的强弱与相对位置，关系维度主要指员工间相互信任、认同和喜欢的程度，认知维度包括文化习惯、共同语言和愿景等，三个维度间存在着十分明显的相关性。尽管作者并未做出进一步的实证检验，但为后续的研究提供了很好的依据。莉娜和皮尔（Leana & Pil，2006）借鉴了此分类方式，设计了问卷来获取相关信息，以信息共享衡量结构维度，以信任衡量关系维度，以共享愿景衡量认知维度，问卷由高管和普通员工共同完成。伊利南柯等（Yli - Renko et al.，2002）将内部社会资本视为企业内部员工间和部门间关系强度与质量的体现，并设计了4个题项对其进行测量，分别是不同部门间合作的持续时间、团队工作的重要程度、员工工作的职责构成、员工在各部门的轮岗情况。蔡和高沙尔（Tsai & Ghoshal，1998）的研究强调结构和关系两个维度，通过内部互动和基于情感的信任这两个变量对这两个维度进行测量。

我国学者在国外研究的基础上，也进行了相关研究，并取得了一定的成果。如陈建勋等（2008）借鉴了先前学者的观点和方法，分别用社会互动、信任与规范和共同愿景三个变量表征结构、关系和认知三个维度，并设计了10个问题对这三个变量进行测度。古家军和王行思（2015）同样是遵循了三维度的划分方法，共设计了16个题项，利用团队内部网络密度和互动强度、团队整体信任感及共享价值观四个要素来测量内部社会资本的三个维度。戴勇等（2011）利用部门及部门内部成员间联系的频度、深度和时间测量结构维度，利用合作中的真诚、守信和利己程度测量关系维度，利用共同语言和集体目标的具备程度衡量认知维度。孙善林等（2017）利用14个题项从内部互动强度、网络密度、彼此信任、共同语言和愿景五个维度对内部社会资本进行了测量，但认真观察可以发现这五个维度其实可以归纳为结构、关系和认知三个维度。上述学者的测量方法比较相似，比较而言有的学者的方法比较独特。如陈怀超和范建红（2015）根据内部社会资本可从沟通角度进行定义的观点，采用董事会年度会议频率表征沟通程度，以此实现对董事会内部社会资本的测量。

总体来说，基于结构、关系和认知三个维度采用替代变量对内部社会资本进行测量已成为中外学者普遍采用的方法，但也有学者如谢洪明（2007）基于信任和共同愿景两个维度设计了测量量表，其依据是结构维度对知识创造的作用是间接的，量表的信度和效度均较高。由此看来，具体的量表设计还要和研究情境相结合。

2.5.3 内部社会资本的效能

内部社会资本作为一种相对独立和稳定的组织现象，对组织行为持续产生着工具性和情境性的作用。自那哈皮特和高沙儿（1998）在企业层面探讨内部社会资本的效能开始，学者们针对内部社会资本与知识共享、竞争优势、技术管理创新等的关系及机制进行了大量的研究。安娜等（Ana et al.，2011）将西班牙的制造企业和服务公司作为研究对象，经过实证检验发现内部社会资本有助于外部知识在企业内部的分享及新知识的创造，进而促进了企业的组织创新。希皮洛夫和丹尼斯（2006）认为内部社会资本有助于促使团队成员将个人目标融入集体目标，提高信任水平和沟通效率，实现信息与资源的共享，进而提升团队决策的效果。安东尼奥等（Antonio et al.，2010）的实证结果表明，内部资本中的关系维和结构维可以丰富员工获取的知识和信息，提高员工的努力程度，二者对知识创新都具有显著的积极作用，其中关系维的作用更大。桀里科和萨尔瓦托（Chirico & Salvato，2016）指出，内部社会资本有利于家族企业内部凝聚力的提升，可以更有效地利用通过外部社会资本获得的各种资源，对产品开发具有显著的影响。除了正面影响，还有学者对内部社会资本可能的消极作用进行了研究。如奥德和权（2002）指出，企业内部两个员工间联系过强会削弱双方与其他员工的联系，团结的副作用则是会排斥新的成员与新的想法。

国内学者对内部社会资本的效能也进行了相应的研究，其中产生了一些有影响力的成果。如戴勇等（2011）以广东省技术中心企业为研究对象，经过实证分析指出企业内部社会资本对知识流动具有积极的作用，并且与技术创新绩效正相关。谢洪明等（2008）将社会资本、组织学习与组织创新纳入一个分析框架，经实证研究，发现内部社会资本对组织学习具有显著的直接影响，且通过组织学习和技术创新对管理创新具有显著的间接影响。仇中宁和陈传明（2013）基于知识转移视角对内部社会资本影响组织绩效的机制进行了研究，实证结果表明，内部社会资本通过市场知识转移对组织绩效产生间接的正向影响，其认知维度对组织绩效有直接的影响。张红娟等（2015）提出跨国公司的内部社会资本有利于其海外子公司获得合法性。总体来说，大部分学者们在研究中倾向于将内部社会资本作为自变量，探讨其对企业绩效及创新等变量的直接或是间接影响。但也有一些学者将其作为调节变量，对其在不同经济模型中可能起到的调节效应加以分析和验证。如尹惠斌等（2014）在厘清相关概念的基础上，提出和验证了内部社会资本在团队知识冲突与组织学习间关系中的调节效应。戴万亮等（2016）对内部社会资本不同维度在知识螺旋与创新创意关系中所起的调节效应进行了实证研究，结果表明，认知维度和关系维度均具有显著的正向调节效应。

从以上对相关研究成果的归纳可以发现，内部社会资本能够作为自变量和调节变量对企业的创新和绩效产生不同的影响，这也体现出学者们不同的研究视角，但其中也存在着共同点，即学者们大都认为内部社会资本与知识获取及组织学习有着密切的关系。鉴于创业学习被认为是组织学习在创业情境下的应用，新创企业内部的企业文化与学习氛围会对创业学习的进程与效果产生重要的作用，由此本书将对内部社会资本在创业学习与合法性之间的调节作用进行理论推演与实证分析。

2.6 文献述评

前面综述了本书相关研究领域的研究成果，这为本书的写作奠定了扎实的理论基础，并提供了研究的思路和框架。同时，通过对相关文献的整理，发现目前的研究尚存在以下方面的不足和进一步的研究空间。

1. 产业集群关系嵌入对新创企业合法性的影响机制尚待厘清

如前面所述，近年来已有学者着手利用关系嵌入理论来分析和解释新创企业合法性的路径，并得出了一些有意义的研究结论。尽管主流观点认为关系嵌入对企业合法性的提升具有积极的影响，但也有少数学者在分析关系嵌入消极影响的基础上，认为关系嵌入对企业合法性并非只有正面作用。应该说，学者们观点上的分歧为本书的研究提供了切入点。此外，上述研究中较少以产业集群为研究背景，忽视了集群内多种关系对企业合法性产生的影响。产业集群是一个天然的创业网络，坐落于其中的新创企业必然会与利益相关者产生诸多联系，这种直接或间接的联系会影响外界对新创企业的评价与认知，但对其影响机制的探讨还尚显不足。

由于产业集群为新创企业的创业学习提供了丰富的知识来源，而创业学习又为新创企业能力的提升与形象的塑造大有帮助，因此本书将创业学习作为中介变量引入产业集群关系嵌入与新创企业合法性的关系间，对商业与政治关系嵌入对新创企业合法性的内在作用机制进行剖析，这不但有助于打开集群关系嵌入与企业合法性之间的“黑箱”，而且对集群内新创企业合法性的提升具有一定的指导意义。

2. 创业学习的构成维度与测量量表的研究成果相对匮乏

由于创业学习属于一个很新的研究领域，对其概念和内涵的认识尚未实现统一，导致许多学者借用组织学习的理论研究新创企业的学习现象，将创业学习分为探索型和利用型两种类型，并沿用相关的测量量表。但创业学习产生于创业理论与组织学习理论的边界，与组织学习存在很大的区别，简单地将组织学习的研究成果应用在创业学习领域是不恰当的。在维度划分与量表开发方面的不足在一定程度上阻碍了创业学习实证研究的进展，缺乏对创业学习前因和后果的探究，创业学习理论尚未形成完善的体系。

鉴于创业学习总是在特定的社会情境中进行，因此本书结合产业集群的特点，在厘清创业学习概念的基础上，使用案例研究和内容分析方法，将质性研究与定量方法相结合，归纳集群内新创企业创业学习的构成维度。通过借鉴国内外相关的较为成熟的量表，选择适合我国国情的题项，并经因子分析以开发出创业学习的测量量表。

3. 对影响创业学习效果的环境变量的分析不够充分

创业学习必须与环境相匹配才能发挥应有的效果。具体来说，代表外部环境的环境动态性和代表内部环境的企业内部社会资本都对创业学习产生影响。尽管环境动态性常被学者作为调节变量使用，但对其维度的划分及各维度测量量表的采用还存在着一定的差异，环境动态性在创业学习和企业合法性关系间所起作用仍然没有得到揭示。而内部社会资本的维度划分尚不统一，测量总体上仍处于不成熟阶段，且经常被学者们用作自变量，其调节作用没有得到充分的探讨。基于上述分析，本书将结合已有文献成果，重点对环境动态性和内部社会资本的维度划分进行逻辑分析和总结归纳，并就二者在创业学习与企业合法性之间的调节作用做出理论推演和实证分析。

总体来说，本章通过文献综述，发现了新创企业产业集群关系嵌入与合法性间关系研究中存在的不足与缺陷，为导入创业学习这一中介变量提供了切入点。阐明了构建“产业集群关系嵌入—创业学习—合法性”这一研究框架的理论机制与实践意义。进而对环境动态性与内部社会资本的概念界定、维度划分及其在企业发展中所起的作用进行了介绍，阐释了将二者作为创业学习与合法性关系间的调节变量的原因，以完善上述的研究框架，增强其对现实的解释力。

第3章

探索性案例研究

本书是在创业学习的视角下，以社会网络关系嵌入理论为出发点，探究关系嵌入、创业学习与新创企业合法性的相互关系及理论建构。由于目前国内外关于创业学习与合法性的研究尚处于起步阶段，以产业集群为制度背景，尤其是结合中国转型经济特点的研究成果更是匮乏。而大量研究表明，案例研究适合对理论研究尚不充分的研究领域做出进一步地发现、补充和完善，能够回答“为什么”和“怎么样”的问题。因此，本章拟通过案例研究方法建立初步的理论模型。

3.1 案例研究方法与设计

3.1.1 案例研究目的及方法

作为一种在管理学和社会学领域被广泛应用的实证研究方法，案例研究被认为是适于解释和探索构念深层机制的途径。根据案例数量的不同，案例研究可以分为单案例研究和多案例研究，其中多案例研究包括两个阶段：案例内分析（with-in case analysis）和案例间分析（cross-case analysis）。鉴于本书研究涉及多个研究变量之间的关系及影响机制，采用多案例研究方法较为适宜。利用这一方法提出和探讨变量间的理论假设，可以为后续大样本问卷调查和统计分析做好前期准备。

进行探索性案例研究首先应对相关文献进行归纳和整理，以此为基础提出分析思路和理论预设，之后结合具体案例进行探索性分析与总结，最终基于案例的发现形成理论的凝练和提升。根据这一思路，本书首先构建一个初始理论框架，之后在各案例调查后撰写案例内分析报告，对案例企业的表现做出评判，并以此为依据进行跨案例分析，实现证据的重复和详细的比较，细化理论预设，构建产业集群关系嵌入、创业学习与新创企业合法性的研究框架，概括初始假设命题，为后续研究打好基础。

3.1.2 理论背景和理论预设

合法性作为制度理论的核心概念，体现着环境对企业的接受程度，对企业的生存与发展至关重要。网络关系嵌入理论为企业获取和提升合法性提供了一个更为广阔的视角，创立于产业集群内的新创企业同各方建立的紧密关系实质上为企业提供了丰富的知识源，如何充分利用这种资源以促进创业学习的有效开展，进而克服新创企业的合法性缺陷，无疑具有重大的理论和现实意义。

网络关系可以减轻新进入缺陷，是获得合法性的重要渠道。在商业关系嵌入方面，与集群内既有成熟企业的合作关系能够带来合法性的溢出效应，有利于新创企业知名度的提升，从而提高合法性水平。产业集群内往往会形成产业协会和商业公会，加入其中的新创企业必然会与其他成员进行频繁的信息交流和知识分享，这对新创企业产品和服务知名度的提升很有帮助。在政治关系嵌入方面，和集群内各级政府的关联本身就是一种无法替代的广告效应，可从根本上提升利益相关者对新创企业的信任水平。因此，本书预设产业集群关系嵌入对新创企业合法性有显著影响。

从社会网络中学习愈发被认为是创业学习的关键。在诱发创业学习上，网络关系比其他传统的组织间关系具有更为独特的优势，其原因就在于网络是建立在长期信任和委托的基础之上。集群企业之间容易在企业文化、价值观、组织运营等方面形成彼此认同，这种认同感叠加亲情、乡情和友情，更易于促进新创企业学习动机的形成，进而开展创业学习。因此，本书预设产业集群关系嵌入对创业学习有显著影响。

创业学习不单单是为了实现对外部世界的理解与认知，还包括学习主体积极投身实践，完成与周围环境相匹配的身份建构的过程。有学者指出，新创企业通过创业学习，实现从个体学习者到社会实践参与者的转变，这个过程被称为“合法化边缘参与”。产业集群内的新创企业通过近距离的观察模仿和改进成熟企业的各种规章制度与运营惯例，能够向外界传递专业性强的信息，有利于自身合法性身份的树立。因此，本书预设创业学习对新创企业合法性有显著影响。

尽管已有研究为关系嵌入、创业学习、合法性两两之间的关系提供了理论支撑，但未实现将三者作为一个整体来加以研究，因而缺少对中间机理的深度剖析和解读。同时，缺少针对产业集群内新创企业的研究。因此，本书以产业集群内新创企业为研究对象，从关系嵌入角度切入，围绕“新创企业如何利用关系嵌入提升合法性水平”为核心问题展开研究，并将创业学习作为中介变量，研究新创企业在产业集群中的关系嵌入如何通过作用于创业学习进而影响合法性水平。本书的预设模型如图3.1所示。

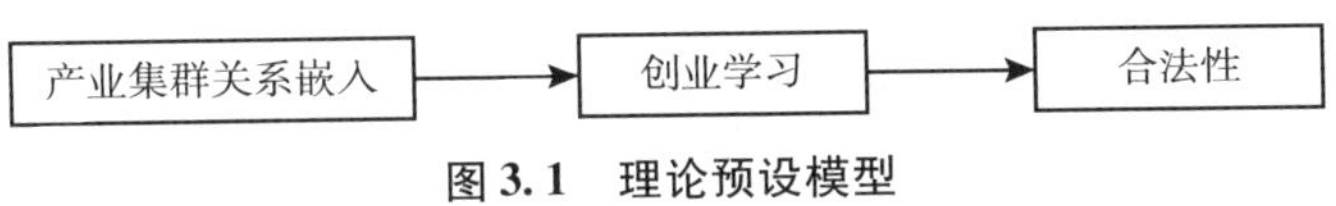

图3.1　理论预设模型

由于这一理论预设模型还需要进一步细化，根据关系嵌入对象的不同以及创业学习方式的差异，本书拟进一步探索以下两方面的问题：第一，新创企业在合法化的过程中需要与哪些集群内的外部组织展开交流与合作；第二，创业学习的不同维度如何影响新创企业的合法性水平。

总的来说，合法性是由利益相关者依据新创企业对网络内规制、规则和文化的依从程度而做出的。对于产业集群内的新创企业来说，与商业伙伴和政府部门较为紧密的关系具有显著的声誉或信号显示作用，可以提高集群内利益相关者对新创企业的熟悉程度，帮助新创企业与各方建立信任关系，传播具有合法性形式的企业信息。因此，从组织战略角度出发，我们将新创企业产业集群关系嵌入分为商业关系嵌入和政治关系嵌入两类，探索二者对企业合法性的作用。此外，新创企业往往会观察模仿成熟组织的做法，引进高水平的管理和技术人才，并在实践中逐步完善自身，通过这样的学习方式来实现自身能力的提高和对周围环境的融入。结合第2章中创业学习影响合法性的理论研究，我们将理论预设做进一步细化，图3.2是细化之后的理论预设。案例分析在其指导下展开，将分析过程中获得的数据与理论模型进行对比，进而形成本书的研究假设。

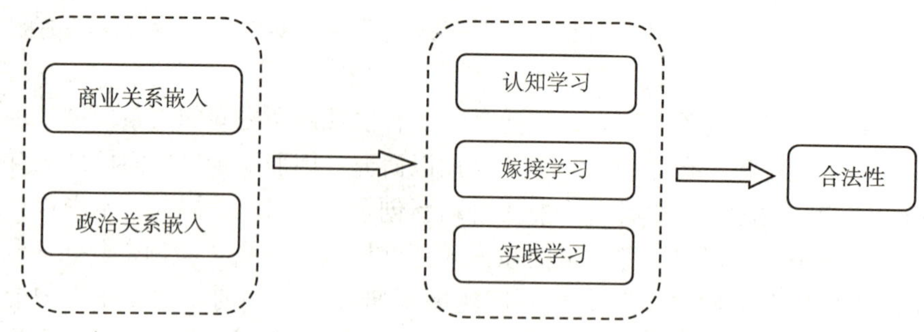

图 3.2 产业集群关系嵌入对合法性的作用机制

3.1.3 案例选择

相比于个案研究，多案例研究中每个案例都可用来探索和强化研究的发现，能够形成完整的逻辑链，因而其结论具有更高的普适性和可推广性。本书试图构建包含多个变量的理论框架，因此更适合使用多案例研究方法。学者们普遍认为多案例研究中案例数量以 4～10 个为宜，4 个案例已经可以满足理论建构的基本要求。依据具体的研究目的和探索性案例研究的惯例，从企业特征、存续时间以及信息可获得性三个方面选择案例企业。经慎重的权衡，本书最终选择了 4 家成立时间在 1 年以上 8 年以下且具有代表性的产业集群内的新创企业作为案例分析对象。这 4 家企业均为本土制造企业，涵盖了汽车配件、电动自行车、装备制造和新材料等行业，具有一定的行业分散度。为实现多重验证的目的，所选取的案例企业的变量表现有一定的差异，兼顾了领先企业与落后企业。

3.1.4 数据收集

结合探索性案例的要求和学者们的研究惯例，本书采取如下方法对数据进行收集。

第一，通过企业网站、媒体报道、行业资讯和各类学术期刊网等多种渠道搜集和整理企业发展的二手资料，在企业调研期间，尽可能全面地了解和掌握案例企业的相关信息；然后与企业内部高层管理者进行半结构化的深度访谈（访谈提纲见附录 A），访谈围绕企业成立以来与外界不同类型组织合作关系情况、内部学习的开展以及企业所获荣誉及在业内影响等方面展开。

第二，建立案例研究资料库对所获取的资料进行规范化的整理和归档，以保证研究信度。在获得访谈对象允许的情况下，对谈话内容进行录音和笔录，并在访谈结束后24小时内，将访谈记录做出整理和归类。当出现二手资料信息与访谈信息存在偏差的情况时，本书的处理原则是以一手资料和企业网站公开的资料为准，如还有疑问向案例企业做进一步核实。

第三，利用案例资料构建证据链，并注意在引用有关证据时注明证据的来源和程序，力争以案例资料将所研究的问题与结论逻辑清晰地串联起来。

3.2　案例企业简介

本书四家样本企业的基本情况如下，遵循国内外案例研究的惯例，本书隐去了案例企业的名称，而以字母代码和主营业务所属行业代替。

3.2.1　A汽车配件企业

A企业于2012年成立，注册资金3000万元，位于当地汽车产业集聚区内。依托一汽丰田、长城汽车和华泰汽车等龙头整车企业，该产业集群在中高级乘用车、特色专用车、节能和新能源汽车等整车，以及发动机模块、变速器总成、铝合金车轮、汽车车身制造、汽车用绝缘成型件等核心零部件上形成了龙头企业和配套企业空间聚集、分工明确、产业链条完善、协同发展效应显著的生产格局。A企业以为主机厂供应汽车用减震降噪产品为主营业务，包含空腔密封、防水密封和阻尼类产品等。企业成立以来发展迅速，基于产量与研发的需要于2014年和2015年分别成立了芜湖分公司和上海研发中心，合作的客户除了集群内的一汽丰田、一汽大众、长城汽车等，还包括东风标致、比亚迪、奇瑞等十多家知名车企。A企业每年将营收的20%投入产品研发和科技创新，目前与中国汽车技术研究中心和青岛科技大学等多家高校和科研机构建立了合作关系，并于2014年获得国家级高新技术企业认定。

3.2.2　B新材料企业

B企业创立于2010年，注册资金1亿元，占地面积53.8万平方米，位于本地高新技术开发区内，目前已是新能源新材料产业集群中的中坚力量。该产业集群在化工新材料、金属新材料等领域汇集了力神、海赛纳米、一阳磁材等多家新材料生产企业，形成了以龙头企业为主导、配套企业为基础、专业化分工为纽带的产业格局。

B 企业主营高性能塑料研发、生产和销售，在高分子材料加工领域可为客户提供从设备设计、材料选型到成型应用一体化的深度定制方案。企业自主研发的塑料合金、生物降解材料、功能母粒等多系列多品牌产品被广泛应用于家电、建筑、高铁和航天领域，并获得省市级名牌产品和科技进步奖等多项荣誉，目前与中国世界500强企业在内的客户建立了长期合作关系，包括大众、福特、索尼、格力等知名企业。

3.2.3 C 装备制造企业

C 企业成立于2014 年，是一家以机器人技术为核心、提供数字化智能制造装备的高新技术企业，隶属于当地高端装备制造产业集群。该产业集群位于国家新型工业化产业示范基地内，形成了包括航空航天、海洋工程设备、高档机床制造、数字印刷装备及机器人整机和配套零件等领域的产业优势。2016 年共有企业 300 余家，总产值 1800 亿元，骨干企业承担多项国家和省部级课题。基地内企业孵化、技术支持与转让、金融服务、人才招聘等各类第三方服务齐全，主导企业和配套企业联系紧密，专业化分工高。

C 企业的研发团队成员主要以高校的教授和教师为主，团队在机器人领域耕耘多年，专业技术分工完整。企业有两家下属公司，其自主研发的轻型协作机器人和特种机器人，具有本体重量轻，规格齐全，定位精度高等优势，在航天、机械、军工等领域应用广泛，并获得了联想、西门子等知名客户的好评。

3.2.4 D 电动自行车企业

D 企业成立于2013 年，是一家集研发、生产、销售于一体的专业电动车企业，隶属于当地自行车产业集群。该产业集群聚集了拥有“中国驰名商标”“天津市著名商标”“天津市科技型中小企业”等荣誉称号的 100 多家整车企业和 200 余家零部件企业，2016 年自行车产量达 1300 余万辆，实现产值 39.2 亿元。D 企业占地 100 余亩，拥有 600 平方米的技术研发中心和 10 余条国际标准的全自动生产线，年产 20 万辆电动自行车和电动三轮车。其独创的“三速电动车”等多项产品获得实用新型专利和外观设计专利，填补了多项行业技术空白。

3.3 案例内分析

3.3.1 产业集群关系嵌入

关系嵌入指的是组织间在互动过程中基于信任与互惠而形成的特殊而密切的关系，这种关系与纯粹的市场交易关系有着显著的不同，它能够对合作双方的最终行为及合作绩效产生重要的影响。借鉴彭（2000）、戴维奇（2010）等的研究成果，根据与不同主体的关系，本书将新创企业集群关系嵌入划分为商业关系嵌入和政治关系嵌入。其中商业关系嵌入是指新创企业同集群内的供应商、客户、渠道商及同行业者之间基于交流互动与合作而形成的相互信任的商业联结，政治关系嵌入则是指新创企业与集群内政府部门及行业协会间建立的互信互助的政企关系。同时遵循哈纳瑞和埃尔斯（2004）、魏江和郑小勇（2010）等的方法与结论，以信任和共同解决问题来表征关系嵌入的程度。以下是各案例企业产业集群关系嵌入的表现。

1. A汽车配件企业

A企业在成立之初就积极开拓本地市场，并尝试与丰田、大众等区域内知名车企建立业务合作关系。考虑到自身实力和行业影响力的现实问题，会在安装调试、交货期限和货款折扣等方面做出一定程度的让步，以此表明自己的态度，通过利益的让渡以维系长期合作关系。同时，积极参与主要客户的新产品开发工作，并进行专用性投资，在特殊生产设备的采购及相关技术团队的组建方面做出倾斜，提高双方合作的适配程度。A企业的努力也得到了回报，目前已经成为一汽丰田和长城汽车的战略合作伙伴，企业高层间也会有定期的互访和会餐，就合作中出现的各种情况进行交流。出于对企业产品和服务的信任，一位客户高管将A企业的减震胶和车门防水膜推荐给了自己的朋友，帮助A企业挖掘了潜在的客户。除了重视建立与维系同客户的关系，A企业与集群内上游供应商和渠道商建立了良好的合作关系和交流机制，积极邀请其参观本企业的厂房和设备，并详细介绍和说明自身产品的性状和对原材料的要求。在每年年底的公司年会上都会对优秀的供应商和渠道商进行宣传和感谢，以加深双方的感情与合作。由此可以认为，A企业在集群内的商业关系嵌入强度很好。

在我国转型经济环境中，政治网络是一种独特的资源渠道。除了各级政府，大部分行业协会和工商联合会作为受政府委托的“法定机构”，也掌握着一定的行政管理的权力。出于发展企业和履行社会责任的考虑，A 企业自创立之初就注重培育同政府部门的关系。由于 A 公司的主要产品，如加油口密封垫及各种增强和阻尼类产品的原料都是橡胶，而橡胶属于易燃类产品，因此消防部门经常定期或不定期检查企业的防火工作。A 公司积极配合其工作，按照要求建立和整改各类规章制度，切实提高员工的防火意识，得到消防部门的好评。此外，协助中国汽车技术研究中心举办汽车橡胶制品技术与市场发展研讨会，企业的总经理除了在会上做了主题发言，还在会后向参会的经信委官员介绍了本企业的发展格局与研发思路。在 2014 年，企业响应区残联的号召，为两位轻度残疾人安排了力所能及的垫圈分拣工作，在减轻社会压力的同时彰显了企业的社会责任感。2015 年，市科委主任带领园区相关领导到 A 企业调研指导，听取了企业项目进展和发展战略的汇报，并介绍了企业可以对接的科委项目，这种信息对企业的发展壮大有很大的帮助作用。由此可以认为，A 企业与集群内政府部门互动良好，政治关系嵌入强度很好。

2. B 新材料企业

B 企业在发展过程中始终坚持与本地上下游企业保持良好互信的合作关系。企业创立初期的主要产品是塑料合金，其大客户是韩国三星电子。为更好地满足用户的生产需要，B 企业委派专人长期驻场进行服务和指导，并现场解决生产中问题，提高了客户的满意度。双方合作的深入，彼此的信任感和默契度不断增强，在后期阻燃聚丙烯新材料和碳纤维及其复合材料的项目合作中，合同和协议已不是维系关系的主要手段，代之以双方积极沟通和友好协商。为提升产品到货完整率和原料质量水平，B 企业召开货物的物流商培训交流会，并受到了合作商的重视。在会上，企业高层对供应商和物流商过去的支持表示感谢，与会人员就工作中存在的问题和难点进行了热烈深入的讨论，加深了彼此间的感情和理解。B 企业为推广其生物降解材料的系列产品，举办了一系列新品发布会和产品展示会，邀请参会的对象不但包括格力、联想等老客户和潜在客户，还包括一些集群内没有直接竞争关系的同行业者，不但实现了产品宣传的目的，而且为彼此间关系的联结和传递打下了基础。经圈内友商介绍，2017 年年中，B 企业总经理带队对当地某大学的材料科学与工程学院进行了访问，并与学院领导进行了座谈。双方以新材料发展趋势和人才培养为切入点，初步达成了共建学生实习和实践基地的合作意向。由此可以认为，B 企业在集群内的商业关系嵌入强度较好。

B 企业充分利用隶属于国内某知名大型新材料股份有限公司这一有利条件，积极与企业所属产业园区的政府部门和政府官员建立较为紧密的关系，以获取各种资源和信息。在企业的开业庆典上，邀请了当地行政领导出席和致辞。企业成立了党支部，总经理担任党支部书记，定期召开党支部会议，并举行了重走长征路等一系列活动。2017 年 6 月，市委组织部副部长会同区工委书记对 B 企业党建工作开展情况考察。企业高层除介绍党建工作外，还就企业的发展历程、技术研发和发展规划进行了全面汇报，并获得了相关领导的高度评价。B 企业的副总经理被选为市政协委员，并在政协会议上提交了关于发展非公经济的议案。企业响应慈善协会的倡议与号召，向其开展的“慈爱伴你成长——困难儿童救助项目”捐资 20 万元，帮助低保边缘户家庭儿童、大病儿童及孤儿成长，履行企业的社会责任，并获得慈善协会颁发的荣誉证书。此外，B 企业还接待国家新材料产业发展战略咨询委员会的调研活动，双方就国家行业政策和企业发展等问题深入交换了意见。由此可以认为，B 企业与集群内政府部门互动良好，政治关系嵌入强度很好。

3. C 装备制造企业

C 企业成立时间较短，产品技术含量高，包含软件编程、电液系统调试、机械组装等诸多工序，需要和上下游企业紧密协作才能完成。因此，C 企业注重与所在智能装备制造产业集群中的客户企业和合作供应商一起攻克设计、生产中的难题。如 2016 年企业主要客户西门子公司提出设计应用在变频器自动包装生产线上工业机器人的产品要求，C 企业在预付款没有到账的情况下，出于对客户的信任迅速组织研发，及时向集群内上游供应商采购相关零部件。出样后，客户立即进行调试并反馈信息，提出改进建议。经三方密切协作，很短时间内就完成了从研发设计到合格样品的全部工作。C 企业还会邀请大客户和当地科研机构参与新产品开发，体验、试用新产品并提供意见和建议。相关各方出于对 C 企业的信任，也愿意与其进行信息共享。为掌握行业内技术发展前沿动态和加强与相关专家学者的交流，C 企业还携手配套厂家参加了天津市机器人产业协会年会，企业的技术专家还在会上做了专题报告。为提高研发能力，C 企业还抽调高水平的技术和市场人员组建了两家专门从事工业机器人研发与组装的子公司，子公司除了为母公司提供技术支撑外，还能为集群内其他相关企业提供轻型协作机器人的研发、测试与组装等专业性服务。由此可以认为，C企业在集群内的商业关系嵌入强度较好。

C企业在注重构建集群内商业关系的同时，也没有忽视同各级政府关系的建立。自创立以来，到企业视察调研的包括有市科委、区政协、开发区管委会和中国汽车行业协会等政府官员。轻型模块机器人作为企业的拳头产业在定位精度和算法等方面具有很强的竞争优势，受到了来访者的广泛好评，并获得市科委的科研专项基金。C企业加入了高新区政府指导下成立的市“高新技术企业协会”，并在协会成立仪式上做了主题报告。企业的一名高管作为区人大代表，按时出席人大会议，履行人大代表义务。此外，企业还邀请区财政局和高新区管委会的相关人士到公司进行税务和项目申报方面的指导，依法纳税并积极申报各级项目。综合来看，囿于自身资金、能力和经验的不足，C企业与政府联系的频率、范围和层次尚显不足；在维护所在社区人文环境和文化繁荣方面所付出的努力不够，与同行相比，对慈善等社会公益活动的支持力度有所欠缺。由此可以认为，C企业在集群内政治关系嵌入强度一般。

4. D电动自行车企业

D企业的主营业务为电动自行车整车及相关零部件生产，自成立之初就意识到其产品质量和市场销售情况与经销商和供应商的服务息息相关，因此一直在努力与各方保持良好的合作关系。在召开新品发布会时，企业提前和主要经销商取得联系，并在会场显著位置标识经销商的名称。每年都进行经销商满意度调查，征询其对公司产品的意见，对销售中出现的问题予以及时的技术支持。当经销商出现回款困难的时候，出于对对方的信任和长期合作的考虑，会给予延长回款期的优惠。D企业使用的锂电池是由蓝天双环和蓝天高科两家规模较大电源企业供应，而架叉和轮辋则是由规模较小的供应商提供。对于影响较大的供应商，D企业每年都会派出企业高层进行拜访，除了沟通感情和参观对方厂房设备之外，还交流了解同行业者在技术要求和产品规格等方面的信息。面对较小的供应商，D企业并未歧视，还委派人员协助对方进行生产设备的升级与维护。此外，针对行业内人员流动频繁的问题，D企业高层会利用各种研讨会和年会与当地同行业者进行交流和沟通，并在镇工会的协调下，与众多整车和零部件企业一起建立和完善了行业性工资集体协商机制，避免了行业内的恶性人才竞争。尽管D电动自行车企业为构建与商业伙伴良好关系付出了很多努力，但囿于自身资金和技术方面的不足，与商业伙伴间的互信互谅和共同解决问题方面还有待加深。由此可以认为，D 企业在集群内商业关系嵌入强度一般。

电动自行车的生产应符合国家颁布的《电动自行车通用技术条件》，D 企业严格遵守这一国家标准，并积极配合当地质检部门的检查工作。D 企业还牢牢抓住所在地区大力发展电动自行车产业的契机，积极靠拢当地政府产业发展的思路和布局，跟随当地工商联自行车电动车业商会入驻当地政府新兴建的自行车产业园区，并邀请自行车协会理事长到本企业调研和考察，并借机展示自身产品在智能控制及智能防盗方面取得的成绩。作为本地区自行车（电动车）协会理事单位，D 企业积极参与关于促进本行业发展，建立高端电动车产业联盟的报告，递交后收到上级主管部门领导的批复。此外，D 企业尽可能参加科技局和税务局等政府部门组织的讲座，一方面获取科技项目和税务方面的知识和信息，另一方面与主办方建立关系。虽然 D 企业在搭建政府关系方面做出了努力，但受到自身资源和能力制约，因此双方的关系和了解还有待进一步深入。由此可以认为，D 企业在集群内政治关系嵌入强度一般。

3.3.2　创业学习

对于新创企业来说，认知学习能够帮助其降低创业初期既有资产和能力的制约，通过对其他企业经验的获取和行为的模仿，新创企业能扩大自身视野，改善决策制定流程，降低死亡风险。嫁接学习不仅可以丰富新创企业的视角和观点，从而做出高水平和富有创造力的决策，还能够优化企业惯例，实现组织惯例对于环境的适应性改善。实践学习强调在创业中进行反思的重要性，从而在实践中实现丰富创业知识，提高行为特征与创业环境的匹配度。本书以认知学习、嫁接学习和实践学习三个特征维度来表征新创企业的创业学习。以下是案例企业开展创业学习的情况。

1. A 汽车配件企业

A 企业密切关注本领域及相关领域的技术、管理和市场的知识与信息，并充分利用一切机会加以学习和掌握。自 A 企业创立之初，一汽丰田就是其大客户，双方合作关系良好，A 企业借此邀请丰田公司的技术和管理人员就丰田的生产方式、生产管理和物流管理等方面的制度与经验对企业人员进行指导和培训。尽管初期很不适应，但经过 4 年的坚持，精益生产思想深入人心，企业空腔密封等主要产品的作业基本能够实现“目视管理”和“拉动生产”。此外，为防止供应商行贿和员工腐败，A 企业通过借鉴某知名汽车厂商的《廉洁体系制度》和《阳光协议》，制定了本企业的相关管理规定，并指派专人进行严格的内部督查。为掌握国内外相关领域科学技术前沿发展动态，A 企业订阅《橡胶参考资料》《中国橡胶》等多种优秀行业期刊，制定技术人员学习方案，并在月末进行考试评分以检验学习情况。在集群内 A 企业一家主要竞争对手的一款车身胶产品黏合度和防噪效果很好，但无法通过正式的购买许可和非正式观察获取其配方和生产工艺，A 企业高层利用与友商的关系获得样品，组织本方技术人员并邀请本地橡胶工业研究所的技术人员进行了多次试验，最终在该产品的基础上研发出性能优良的同类产品。还有，A 企业高层注意到一家同类厂商参加了工业和信息化部组织的关于橡胶行业生产标准的讨论，于是要求企业相关人员密切关注类似信息，力争参与行业标准的制定工作。综上可以发现，A 企业认知学习开展情况很好。

A 企业的创始人原为当地一家国有汽车公司设备科的科长。由于 A 企业创立初期的产品以技术含量较低汽车门板塑料件为主，技术含量和利润均较低。为提升研发能力和技术创新能力，企业领导邀请原单位的生产部长和技术骨干加入自身，还从集群内几家外资企业招聘了多名具有汽车用橡胶塑料制品领域专业知识和工作经验的员工，此外，还聘请了两位本地技术研究所的两位退休研究院作为本企业的技术顾问，组建了一支兼具活力和经验的技术队伍。A 企业重视外脑的行为还体现为邀请青岛某大学橡胶专业的教授不定期到本企业介绍行业技术前沿动态和市场应用情况，并通过本地行业协会的关系与一名国家“千人计划”专家取得了联系，并达成了初步的合作意向。为加快消化和吸收隐性知识，企业规定，新引进人才应就原单位的企业文化、制度传承和企业实践方面的内容进行总结并成文，发表在企业的内部刊物上。每周定期召开技术和管理会议，新老员工要一起就产品研发和市场运营过程中出现的问题进行讨论，并拿出解决对策。综上可以发现，A 企业积极利用各种关系引进急需的各种人才，实现了对技术知识和管理经验的获取和吸收，由此可以认为，A 企业嫁接学习开展情况很好。

通过认知学习和嫁接学习获得的行业经验固然重要，但相关经验可能会与企业特有的情境不吻合，也有可能使企业陷入路径依赖的境地，而实践学习最大的作用在于引发反思，纠正先前经验与现实情境的偏差。A 企业在开始推行丰田管理模式的初期，员工很不适应，抵触情绪十分严重。经企业组织的多次现场会讨论，考虑到企业的实际情况，决定建立两条生产线，一条是适合空腔密封类产品生产的完全标准化生产范式的生产线，另一条则是适合多规格阻尼类产品的非标准化生产线。如此将丰田模式与本企业的实际情况有机结合，既保证了企业内部的执行力，还加快了生产流程速度。此外，A企业每年都举行“企业管理合理化建议”活动，请员工列举企业在人力资源、安全生产、质量监控等方面不合理的制度规定，并提出自己的改进建议，员工踊跃参与，且其中不乏有价值的观点。对于此类建议，企业不仅会采纳，而且会对建议者予以物质奖励。企业创立以来采纳的相关建议已经有200余条，对企业各项制度的改进和完善起到了很好的推动作用。由此可以认为，A企业实践学习开展情况很好。

2. B新材料企业

B企业成立之初，其应用于汽车和电子工具的碳纤维增强系列产品的市场销售情况很不理想。通过与既有客户的交流，企业高层意识到自身营销策略上还存在改进的余地。通过借鉴部分同行的成熟做法，B企业以优惠的价格折扣和充分的信息共享等作为奖励邀请既有客户推荐自身的产品和服务，并且将自身与客户成功合作的案例及领导视察调研等信息以文字和视频等形式呈现在企业主页上，以增强潜在客户对自身的了解，降低其不确定感知。其企业党支部建立也是受到集群内同类企业做法的启发，通过基层党支部的建立和党员活动的开展，不仅提高了企业员工的凝聚力和创造力，还有利于获得上级党组织的支持和指导。B企业进行认知学习还体现在对新员工的培训方面，企业与业内知名的拓展培训公司取得联系，每年组织新入职的员工进行拓展训练，并选派其中的优秀者去知名高等院校进修学习，以此增强企业的技术储备。此外，企业实行的暑期实习生招聘和在知名大学设立奖学金的举措也是在受到同行行为启发下进行的。综上可以认为，B新材料企业认知学习开展情况很好。

由于B企业已经与宝马、大众、长城等汽车主机厂商建立了合作关系，因此其生产行为必须符合国际标准化组织颁布的汽车业质量管理体系即TS16949的要求，但企业内部缺少了解这一体系的员工。为解决这一难题，企业通过当地猎头公司从北京某汽车零部件有限公司聘请了一位熟悉该体系的人士作总经理助理，在企业内建立了34个生产管理流程，实现了全员质量管理，有效地推动了该体系在本企业的实施。鉴于集群内FDI企业的员工大都掌握一定的专业技术知识和管理技能，蕴含较高的人力资本，对企业价值较大，因此B企业从知名新材料公司等企业高薪聘请了包括设计、研发、工艺与营销等多领域的人才组成新产品开发团队，并邀请这类人才在企业开展的“师徒制”活动中承担师傅的角色，对企业原有员工进行技能示范和解惑答疑，这一活动使新员工和具有发展潜力的老员工间建立起支持性的培训关系，加快了新员工对企业的融入和知识转移的速度。此外，企业还定期组织乒乓球赛、扑克牌比赛和旅游活动，促进各种非正式团队的形成，为员工提供充分的交流机会，以消化和吸收不同渠道的知识和信息。综上可以认为，B 新材料企业嫁接学习开展情况很好。

经所在区工商联介绍，B 企业与本地一家较为知名的企业管理咨询公司合作，对企业内部的管理制度进行诊断。依据咨询公司的建议，结合企业自身情况，企业将原集权式管理结构改为扁平式的分权管理结构，从而实现管理效率的提升。尽管 B 企业建立之初就制作了企业的网站，但并未给予充分的重视，造成了栏目规划不合理、导航系统不完善、内容更新不及时的问题。通过邀请专业公司协助，并在企业员工集思广益的基础上，企业加大了相关硬件和软件的投资，对网站进行了重新的设计与规划，增加了功能，并指派专人进行维护，突出宣传企业的新产品和联系方式，并取得了很好的效果。B 企业进行实践学习还体现在伴随其实力和认知力的增强，企业逐步意识到政府在信息获取和组织学习上的作用，积极参与政府组织的法律咨询、税收优惠、项目申报方面的会议，并丰富了劳资关系和撰写项目申报书等方面的经验。综上可以认为，B 新材料企业实践学习开展情况较好。

3. C 装备制造企业

C 企业十分注重外部信息与知识的获取，鼓励员工参与机器人制造行业内新品展示和技术交流的活动，并要求参会人员将心得体会制作 PPT 进行汇报，企业应用在智能监控系统杆体自动焊接生产线的复合机器人的轨迹设定就是受到同行启发并在技术人员不断摸索下逐步确定的。C 企业还利用专利购买、合作研发、管理培训等方式加强对业内知名企业的学习，在观察和模仿的基础上进一步改进，形成企业自身的特色产品。如 C 企业 6 自由度台式机器人的关节采用了模块化结构设计思想，具有操作空间大和动作灵活的优势，而这一研发思路就借鉴了其战略合作伙伴川崎机器人有限公司产品设计思想，并在其技术人员提供的后期技术支持逐步完善的。注意到同行业某上市公司的产品不但包括工业机器人，还有教学实训机器人，后者在高校和技术学院具有较为广阔的市场前景，于是 C 企业结合自身技术特点与客户资源，着手研发单控多控积木式串联机器人，并已在产品中试阶段取得了成功。此外，受同行企业的启发，C 企业还开通了企业微信公众号，根据自身特色设置了相应板块，提升了在业内的知名度。综上所述，可以认为 C 科技企业认知学习开展情况较好。

产业集群内聚集着大量的上下游企业和科研院所，共享商业网络和劳动力市场，这为 C 企业这类新创企业引进人才提供了很大的便利条件。C 企业为加强自动控制和多传感器信息融合方面的技术力量，不惜重金聘请了当地机器人研究所的一位教授作技术顾问，利用周末为企业技术人员做培训。此外，C 企业还采取活动推介、以才引才和中介推荐等方式，邀请外部智库或是同行企业的技术及管理专家加盟，以促进自身技术研发、制度设计、管理创新方面水平的提高。企业从一家老国企聘请的人事部部长不但在部门内起到了传帮带的作用，还完善了薪酬规划和绩效考核制度，加强了对新入职员工的培训与引导，降低了新老员工间存在的矛盾与分歧，加快了新员工身上隐性知识的输出速度。综上所述，可以认为 C 科技企业嫁接学习开展情况较好。

创立初期，C 企业员工离职率较高，人才流失现象时有发生。企业领导会同人事部门经过同员工代表进行座谈，发现离职原因在于绩效考核不够细致且稍显苛刻，企业福利水平也偏低。针对这一问题，C 企业一方面更精细化员工奖惩制度，另一方面紧跟业界风向，举办固定蔬菜日活动，每月固定日期向员工免费发放有机蔬菜和水果，还通过可穿戴设备促进员工锻炼身体，并将每位员工每天的运动量上传到企业的服务器进行排名，形成了企业轻松愉快的工作氛围。为提高客户满意度和自身服务水平，C 企业还规定每位高管定期与客户面对面交流，倾听客户意见，并进行反思。根据客户提出本企业设计的用于汽车覆盖件磨具加工打磨的混合并联机器人控制器功能不够丰富且稳定性稍差的情况，C 企业成立科技委员会会同奥地利厂家技术人员开发控制器功能，并设立专门售后服务小组，及时回应解决客户在使用中出现的各种问题。针对目前国产伺服系统和电机水平仍然偏弱的现状，C 企业选拔技术人员和市场人员到国外研究院和先进企业进行访问学习，以实现技术提升、合作及引进的目的。综上所述，C 企业在实践中努力学习以完善自身，但受到自身资源和能力制约，在学习制度和组织方面尚待完善。由此可以认为，C 科技企业实践学习开展情况一般。

4. D 电动自行车企业

D 企业以业内先进企业为标准，从品牌塑造、质量标准、产品开发等方面进行对标管理，通过借鉴先进企业的成熟经验来完善自己。D 企业设立检测中心，从日本购进先进的检测设备和计量器具，安排经验丰富责任心强的专职检验人员，依照国家抽样标准 GB2828 对入库零部件和出厂整车进行检验，并参照同行企业的做法，邀请具有合法资质和能力的第三方检测机构对本方产品进行委托检验。此外，D 企业吸取了同行业优秀企业的经验，积极协办或参与当地电动车及零配件展览会和一些外地展会，并在展台布置、人员配备等方面向先进者看齐，以充分展示自身实力，并及时掌握市场动态。D 企业 2014 年开发出一款适合老年人使用的可以自动保持平衡的电动自行车，而该产品最初的设计思路就是在一次展会上受同行产品启发而产生的。综上可以看出，D 企业通过观察、模仿、移植和改进，不断加强对客户、同行及供应商的学习，因此可以认为 D 企业认知学习开展情况较好。

D 企业成立之初产品研发和市场营销团队力量均比较薄弱，因此十分注重对外部人才的引进。为提高力矩传感器技术和集成电路控制器在本企业产品上的应用水平，D 企业从当地特种电机研究所引进两位研究员专门负责此项工作，并且为二人配备了助手，以加强对自身技术骨干的培养。D 企业品质保障部和销售部的部长也是通过猎头公司引入的，他们的价值不仅体现在帮助企业获取 ISO9001 认证和构建扁平化销售渠道上，更重要的是在部门内部的知识分享和团队成员培训方面所发挥的作用。当然，在利用外部人才方面 D 企业也走过弯路。如曾从家电业聘请过一位高管，尽管他十分熟悉原行业的规模运作与政策规定，但对电动车的前沿技术及营销特点不甚了解，最后双方只能友好解约。综上所述，尽管 D 企业在延揽外部人才方面做出了较多努力，但受困于自身实力和薪酬、培训等方面制度的不健全，新员工离职率较高，由此可以认为 D 电动自行车企业嫁接学习开展情况一般。

D 企业能够在实践中进行总结和反思，根据市场变化和技术发展的情况，对营销策略、产品研发、部门分工做出调整。例如，D 企业最初的销售渠道模式是通过总经销商铺货到二级和三级经销商及零售店，但这种多层次的销售网络不仅削弱了厂家对销售终端的控制力，而且经常引发严重的渠道冲突。意识到这一问题后，D 企业逐步建立起自控的专卖店，实现了品牌的提升和对价格的控制。再如，D 企业经过市场调研，发现南北方消费者对电动自行车需求的差异较大，针对南方多山和丘陵的特点，企业除保持豪华型产品外，还积极研制简易的轻型电动车，弥补了自身的短板。尽管 D 企业努力在干中学，但由于基础薄弱，对自身的诊察能力和纠错能力较弱。因此可以认为，D 企业实践学习开展情况一般。

3.3.3 合法性

本书中的合法性主要是指外部环境对组织理解、认可和支持的程度。参考斯科特（1995）的观点，本书从规制、规范和认知三个方面采用政府支持（如宣传介绍、财政补贴、项目批注、提供场所等）、专业认证（联盟会员、质量管理体系认证、高新技术企业认证等）和公众熟悉（知名度、业内口碑、客户推荐等）多个指标来衡量企业的合法性。

1. A汽车配件企业

自创立至今，A企业共获得发明专利15项，实用新型专利28项，2014年获得国家高新技术企业认定和市百优科技型中小企业认定，并荣获市科技小巨人荣誉称号。2015年接待市领导和市科委主任的走访调研，并接受了电视台和报纸媒介的专访报道。企业申请并通过了ISO9001、ISO/TS16949、ISO14001等质量体系认证，技术标准和产品品质稳步提升，被两家知名汽车厂家认定为核心供应商。分别与当地两所知名大学建立实习实训科研基地和产学研合作基地，双方在技术攻关、人员培训、学生实习等方面合作良好。企业发展态势良好，客户群不断扩大，目前产品已被一汽丰田、天津一汽、众泰汽车等厂家使用，销售额从2012年的700万元攀升为2016年的2500万元。由此可以认为，A企业的合法性很高。

2. B新材料企业

自成立以来，B企业先后被认定为国家高新技术企业和国家火炬计划重点高新技术企业。2012年，B企业通过ISO/TS16949体系认证。2013年自主研发的阻燃高抗冲聚苯乙烯和“新型免喷涂耐划伤高光ABS”荣获市名牌产品和市撒手锏产品荣誉称号。2014年，企业实验室被认定为市级企业重点实验室。企业现有博士3名、硕士40余名，申请发明专利60余项，参与国家、行业标准制定4项。B企业党支部于2013年被评为先进基层党支部，企业的副总经理作为市政协委员，积极参加政协会议，在业内具有较高的知名度。企业积极参与当地慈善协会举办的慈善捐款活动，并获得慈善协会颁发的荣誉证书。企业的产品应用在家电、高铁、汽车等多个行业领域，先后获得联想、佳能、宝马等知名客户的审核认证，业内口碑良好。由此可以认为，B企业的合法性很高。

3. C 装备制造企业

C 企业是市机器人产业协会副会长单位，企业的 CEO 担任该协会副秘书长，同时兼任市工艺协会副会长。企业先后通过 ISO9001 质量管理体系认证、GB/T24001 环境管理体系认证及职业健康安全管理体系认证。企业申请发明专利 10 余项，2016 年承接了市科技重大专项与工程项目，获市政府专项资金支持。C 企业是天津大学机械学院研究生实习基地和 2017 年国家智能制造专项的承担单位，客户包括宝马、西门子、国家天文台、中海油等知名单位，目前已完成 Pre－A 轮 5000 万元融资，由联想创投领投，金沙江资本与银杏谷资本跟投。综上可以认为，C 企业的合法性较高。

4. D 电动自行车企业

D 企业是市自行车行业协会理事单位，拥有 4 条高标准自动化生产线及盐雾实验箱、双震源架叉疲劳试验机等多种先进检测设备，获得自动储能系统和智能自动挡电机等多项发明专利和实用新型专利。2015 年企业的双动力电动车获市撒手锏产品称号，2016 年被评为全国产品和服务质量诚信标杆企业，产品深受用户好评。总体来说，由于成立时间相对较短，受资金、能力与经验等因素的制约，D 企业在业内的影响力相对于高水平同行而言还有一定的差距，品牌知名度不高，获得的荣誉及专利较少，被新闻媒体报道的次数也不多。由此可以认为，D 企业合法性水平一般。

3.4 多案例比较研究

3.4.1 案例信息解码

在案例内分析中，本书从关系嵌入、创业学习、合法性三个方面对案例企业的表现做出了较为详细的描述，为便于不同案例企业间的对比，本书对上述三个变量分别进行评判打分，并请受访人员及相关专家进行审核与修正，以更为清晰地描述企业在各方面的表现，其中对案例企业各项指标的水平采用很好、较好、一般、较差、很差五个等级来衡量，编码结果如表 3.1 所示。本节将依次对案例企业的各组变量做出对比分析，进而归纳关系嵌入、创业学习与合法性等变量间的相互关系，并借此提出初始的研究假设命题。

表 3.1 新创企业关系嵌入、创业学习与合法性的汇总与编码

变量		A 汽车配件	B 新材料	C 装备制造	D 电动自行车
关系嵌入	商业关系嵌入	很好	较好	较好	一般
	政治关系嵌入	很好	很好	一般	一般
创业学习	认知学习	很好	很好	较好	较好
	嫁接学习	很好	很好	较好	一般
	实践学习	很好	较好	一般	一般
合法性		很好	很好	较好	一般

3.4.2 关系嵌入与合法性

如图 3.3 所示，本书提出新创企业在产业集群中的关系嵌入对其合法性有显著的正向影响，在此利用探索性案例研究支持和细化相应的理论预设。

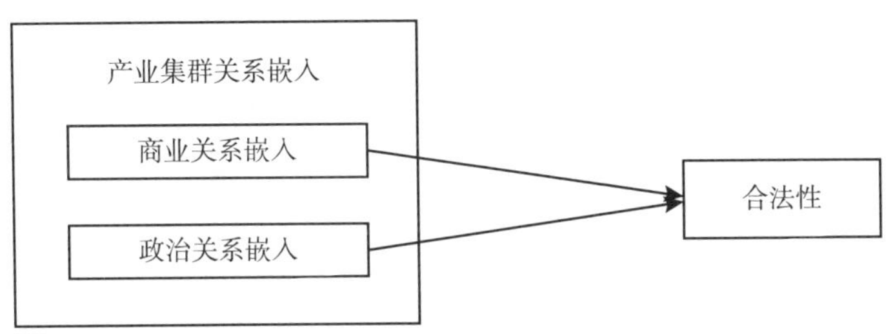

图 3.3 产业集群关系嵌入与合法性关系

新创企业在产业集群内的商业关系嵌入与政治关系嵌入都同合法性呈现正向相关关系。例如，A 企业积极参与丰田汽车与长城汽车等大客户的新产品开发，在生产设备采购和配套技术团队方面进行专用性投资，而客户也会在技术支持、项目回款等方面给予回馈，良好的合作关系使企业受邀参加了 2016 年丰田与长城公司的供应商大会，并获得了“优秀供应商”称号。C 企业与供应商在轻型模块机器人领域展开合作创新，其合作项目入选天津市科技重大专项与工程项目名单，并获得市政府30万元的专项资金资助。此外，当选市机器人产业协会副会长单位也是C企业业内影响力和口碑的具体体现。这些都说明新创企业的商业关系嵌入对合法性存在正向影响效应。

B企业利用市委组织部及区工委书记考察企业党支部工作的机会，介绍了企业技术研发及党建工作的情况，获得了领导的高度评价，企业的党支部于2015年获得园区先进党支部荣誉称号。D企业响应第十三届全运会组委会的号召，携手同行厂家举行绿色骑行活动，宣传环保理念，并获得北方网新闻60分的报道。此外，D企业还积极参加区慈善协会举办的活动，为孤寡老人捐款捐物，并获得“爱心企业”的荣誉称号。这些可以说明新创企业的政治关系嵌入对合法性存在正向影响效应。

由此，本书提出以下初始假设命题：

命题1：新创企业商业关系嵌入对其合法性具有正向影响；

命题2：新创企业政治关系嵌入对其合法性具有正向影响。

3.4.3 关系嵌入与创业学习

如图3.4所示，本书提出新创企业在产业集群中的关系嵌入对创业学习有显著的正向影响，在此利用探索性案例研究支持和细化相应的理论预设。

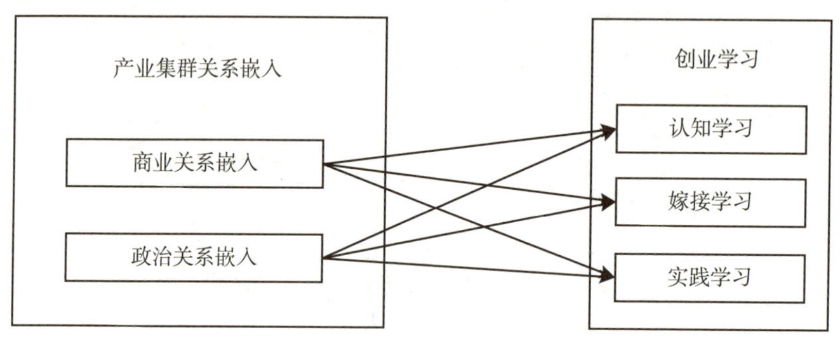

图3.4 产业集群关系嵌入与创业学习关系

首先，新创企业的商业关系嵌入与创业学习的三个维度都呈现正向相关关系。例如，A企业借助与丰田汽车良好的合作关系，邀请其技术和管理人员对本方人员进行指导培训，并积极参加丰田组织的倡导知识分享的供应商协会，类似活动的举办和参与不但有利于A企业与客户及其他供应商之间形成更加稳固和彼此信任的良好关系，更重要的是使A企业拥有了一个很好的学习模板和渠道，从而初步掌握了看板生产及标准化作业等生产模式，并在人力资源的培训理念和方法上也得到了较大的提高。此外，为防止供应商行贿和员工腐败，A企业在合作中受其客户长城汽车的启发，通过效仿和借鉴其制定的《廉洁体系制度》，结合企业自身的特点，建立了本企业的管理规定。由此可见商业关系嵌入对企业的认知学习具有正向影响效应。

由于产业集群内专业人才市场的存在和相对狭小的地域带来的人才信息的迅速传播，降低了企业延揽人才的搜寻成本。B企业利用乡情和友情并借助于猎头公司的协助，从一家同行国企聘请了一位熟悉TS16949管理认证体系的人士作总经理助理，在企业内建立了生产管理流程，实现了全员质量管理，有效地推动了该体系在本企业的实施。此外，通过与供应商的交流，B企业高管得知某家外商独资企业经营不善，但其研发团队中的一些员工具有较高的能力。于是B企业人力部门迅速拟定方案，成功邀请了该企业包括设计、研发与工艺方面的员工加盟，并请其在企业开展的“师徒制”活动中承担师傅的角色，对企业原有员工进行技能示范和解惑答疑，从而加快了新员工对企业的融入和隐性知识转移的速度。由此可见商业关系嵌入对企业的嫁接学习具有正向影响效应。

通过企业高管定期拜访客户，C企业加深了与客户间的感情，并了解到自身产品控制器在实际应用中出现的问题，除立即联合供应商展开会诊并给出解决方案外，C企业还选派技术人员去高水平研究院和先进企业进修学习，并在学习之后向企业员工汇报学习所得的知识和信息，提升企业整体技术水平以降低类似问题出现可能。由此可见商业关系嵌入对企业的实践学习具有正向影响效应。

由此，本书提出以下初始假设命题：

命题3：新创企业商业关系嵌入对认知学习具有正向影响；

命题4：新创企业商业关系嵌入对嫁接学习具有正向影响；

命题5：新创企业商业关系嵌入对实践学习具有正向影响。

其次，新创企业的政治关系嵌入与创业学习的三个维度都呈现正向相关关系。在现代经济社会，政府是政策法规的制定者和经济发展的调控者，因而成了经济生活的重要信息中心和决策中心。与政府（官员）关系的建立和保持，能够为企业带来关键、丰富和独特的信息与资源，从而推动新创企业创业学习进程的进行。例如，B企业在党支部的建设过程中，认真听取上次党组织的意见和建议，不断建立和完善党员组织关系与人事关系的联动机制，通过严格的组织生活制度增强党员的党性意识和纪律观念，在招收新员工中坚持党员优先，这样的举措不但丰富了企业党建的经验，而且增强了自身的凝聚力。C企业诚恳接受园区工商、税务、消防、公安等政府管理部门的管理与监督，在日常的工作中不断熟悉政府工作流程与运作规则，并在园区政府牵头组织的企业家沙龙和行业协会中，通过学习与交流，逐步掌握高新技术企业、专利权和国家项目的申报程序与方法，最终成功获得一项市重点科技项目，并获得资金支持。由此可见，政治关系嵌入对企业的认知学习具有正向影响效应。

A企业利用当地政府的电子人才服务平台，定期发布人才需求信息，吸引本企业紧缺的橡胶塑料领域的技术人才加盟。A企业还积极参加所在产业园联合区政府共同举办的人才专场招聘会，并在政府的组织和推动下联合大学及科研院所联合申报产学研项目，通过这样的活动，企业在产品研制与安装方面的人才缺口得到了有效的弥补，提高了企业的整体技术水平。B企业拥有市级企业重点实验室，因此有资格进入市人才引进计划并获资金支持。借助这一契机，企业积极参加该计划的人才专场招聘会，并已经与一位高层次人才达成了初步的聘用协议。由此可见，政治关系嵌入对企业的嫁接学习具有正向影响效应。

经所在区工商联介绍，B企业与本地一家较为知名的企业管理咨询公司合作，对企业内部的管理制度进行诊断。企业高管经过与管理专家的交流与学习，了解和掌握了较为先进的管理理念和方法，并对自身组织架构、运营模式和客户关系管理等方面进行了调整，使之更加适应企业发展的需要。D企业在本地区自行车（电动车）协会的组织下，对江苏、浙江等地区的同行企业进行了参观学习，在座谈的过程中对南方消费者的心理需求产生了更加深入的了解，此外，同行企业的一些生产设备的巧妙设计也给了D企业人员很大的启发。由此可见，政治关系嵌入对企业的实践学习具有正向影响效应。

由此，本书提出以下初始假设命题：

命题6：新创企业政治关系嵌入对认知学习具有正向影响；

命题7：新创企业政治关系嵌入对嫁接学习具有正向影响；

命题8：新创企业政治关系嵌入对实践学习具有正向影响。

3.4.4 创业学习与合法性

如图3.5所示，本书提出新创企业创业学习对其合法性有显著的正向影响，在此利用探索性案例研究支持和细化相应的理论预设。

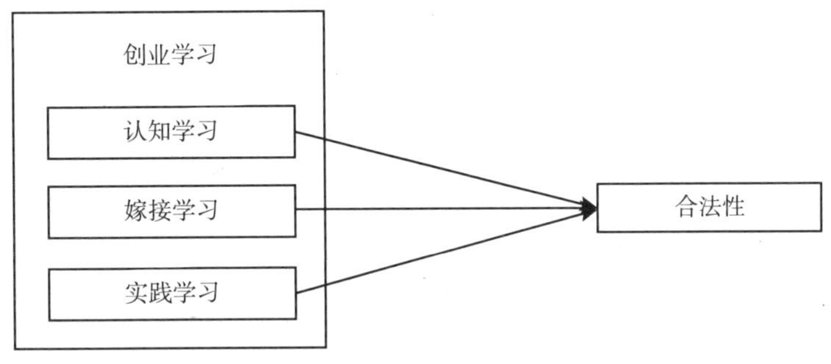

图3.5 创业学习与合法性关系

新创企业创业学习的三个维度都与合法性呈现正向相关关系。例如，A企业以丰田汽车为学习模板，充分借鉴其生产模式与管理方法，经过丰田技术专家培训和供应商间交流，从而初步掌握了看板生产及标准化作业等生产模式，技术水平和管理体系不断提高和完善，申请并通过了ISO9001、ISO/TS16949、ISO14001等质量体系认证，并被长城汽车和丰田汽车认定为核心供应商。B企业在筹建“党员之家”及举办各种特色党日活动中充分借鉴了某大型民营企业的成功经验，其党支部也被上级党组织授予了“先进基层党支部”称号。由此可见，认知学习对合法性具有正向影响效应。

C企业对各方面人才的引进，不但有效提升了技术与管理水平，还大大提高了本企业业内的知名度。例如，企业从某知名大学聘请了一位教授作技术顾问，不但带来了自动控制和多传感器信息融合方面技术水平的提高，而且协助企业建立了研究生实习基地，对企业形象的树立大有帮助。此外，企业从知名外企聘请的财务高管不仅在部门内扮演了导师的角色，而且其丰富的财务知识对企业顺利获得风险投资也起到了一定的作用。由此可见，嫁接学习对合法性具有正向影响效应。

在发展的过程中D电动车企业逐步意识到政治关联对企业社会声誉的影响，并将各种渠道获取的与政府部门交往的知识与经验付诸实践，如积极靠拢当地政府产业发展的思路和布局，跟随当地工商联自行车电动车业商会入驻政府新兴建的自行车产业园区，邀请地区自行车协会理事长到本企业调研和考察，积极参与撰写促进本行业的发展报告等，类似的行为增强了政府相关部门对企业的了解和支持，间接提升了潜在客户对其产品和服务的信任水平。由此可见，实践学习对合法性具有正向影响效应。

由此，本书提出以下初始假设命题：

命题 9：新创企业认知学习对合法性具有正向影响；

命题 10：新创企业嫁接学习对合法性具有正向影响；

命题 11：新创企业实践学习对合法性具有正向影响。

3.5 本章小结

本章首先阐释了案例选择的依据和数据收集的途径，并介绍了案例企业的基本情况，提出了理论预设。以 4 家我国产业集群内新创企业为探索性案例的对象，通过案例内分析与案例间分析支持和细化了理论预设，探索了新创企业在产业集群关系嵌入对其合法性的影响机制，提出了初始命题，为理论模型构建和假设提出奠定了基础。

第4章

模型构建与研究假设

尽管已有研究提出新创企业产业集群关系嵌入对其合法性具有正向影响，但对于这一影响的机理与过程的探究依然不够完善和充分。本章在案例分析的基础上，通过文献梳理和理论推导，重点分析产业集群关系嵌入、创业学习、合法性三者之间的关系，并引入环境动态性与内部社会资本两个调节变量，深入剖析产业集群关系嵌入对新创企业合法性的影响机理，构建本书的概念模型，并提出具体的研究假设。

4.1 产业集群关系嵌入对新创企业合法性影响的理论假设

根据制度理论学者的观点，合法性的缺乏是制约新创企业生存与发展的重要因素，而合法性是由利益相关者依据新创企业与相关规制、规则和文化相符合的程度而赋予的。对于产业集群内的新创企业来说，商业关系和政治关系具有十分显著的声誉或信号显示作用，可以提高集群内利益相关者对新创企业的熟悉程度，帮助新创企业与各方建立信任关系，传播具有合法性形式的企业信息，从而在较短的时间内得到制度层面和市场层面的认可。

4.1.1 产业集群商业关系嵌入对合法性的影响

产业集群商业关系嵌入是指新创企业同集群内的供应商、客户、渠道商及同行业者之间基于交流与合作而形成的商业联结。作为一个小型的社会系统，产业集群内部形成了共享的价值观、商业规则和文化观念，新创企业作为一个新进入者，在与商业伙伴的合作中会加深对集群特有的商业行为与习俗的理解，并努力采纳集群内大部分企业的习惯做法，提高自身与所处环境的一致性。而且，新创企业与集群内其他个体的频繁交流也会加深彼此间的感情，这种基于信任的感情会加大新创企业履行承诺的动力和压力，而不会轻易做出损害他人的行为，这种习惯会向外界传递新创企业诚实守信的商业信誉，从而有助于新创企业集体身份的建构。

新创企业在产业集群内的商业关系嵌入对其合法性的影响可以通过以下几个方面来具体说明。第一，出于获取信息及扩大知名度等方面的考虑，新创企业会积极参与同集群内供应商、客户和同行业者间各种形式的专业交流。类似于产业联盟、专业协会、产品展示会等活动的不断参与，会使企业产品和服务的特点和优势为公众所熟悉。如林和方（2009）从技术创新扩散的角度发现，借助与商业公会中其他成员的信息交流和分享，台湾的新创企业能够使自身创新性产品为业内所了解、接受甚至模仿，这种情况的出现赋予了其“理所当然”的地位，提升了其合法性水平。第二，建立商业联盟也是新创企业产业集群商业关系的主要表现形式，齐莫曼和蔡茨（2002）指出，联盟关系的建立源于双方对彼此的信任，这一战略的作用一方面在于新创企业资源获取边界的拓展，另一方面是如果联盟伙伴具有较高的社会地位，就会为新创企业带来有利的声望与符号价值。而且，新创企业在联盟内与各方关系强度越高，越有利于在联盟伙伴心中树立良好的声誉与形象，从而为未来的合作打下坚实的认知基础。第三，很多新创企业主动参与客户（即成熟制造商）的新产品研发，以强化彼此的合作关系。由于成熟制造商在产业集群内中往往处于中心位置，具有较强的影响力和话语权，出于对自身实力的匹配，对供应商的要求与评价标准非常严格，能够参与其新产品研发的新创企业由此拥有了一个价值很高的声誉来源，可以清晰地向外界传递其产品和服务优质性的信号，提升自身的声誉水平，而一个企业在其历史早期形成的声誉对其后来的发展轨迹起着决定性的影响。第四，当新创企业与其客户形成较为紧密的关系时，出于认同、忠诚及互助互惠等方面的原因，客户企业会向其朋友推荐新创企业的产品和技术，帮助其获取潜在客户的关注，扩大在产业集群内的影响。第五，新创企业嵌入在集群内的商业关系强度在很大程度上影响着其获得外部资本可能性的大小，凯布尔（Cable，2003）的研究结果表明，现实中机构投资者往往会选择与其具有强联结的创业者作为投资对象，而获得风险投资往往会被人们解读为该企业具有较大的发展潜力。综上可以认为，新创企业在产业集群内的商业关系嵌入对其合法性水平的提升有着积极的影响。

由此，本书提出如下假设：

假设 H1a：新创企业产业集群商业关系嵌入对合法性具有正向影响。

4.1.2 产业集群政治关系嵌入对合法性的影响

政治关系嵌入是指新创企业与政府部门及行业协会间建立的互信互助的政企关系。在我国制度转型背景下，政府作为经济政策的制定者，不仅掌控重要稀缺资源（如财政补贴、项目用地、地区保护等）的分配，还具有判定企业是否具有正当性与合法性的强话语权。建立并保持与政府的关联不仅可以体现新创企业的发展潜力与社会资本，还是迅速获得正式制度认可的有效途径。政府机构和行业协会等出具的资质认证、鉴定或委托，往往被视为企业具有合法性的重要表征。眭文娟和张慧玉（2014）通过对1027个新创企业数据的实证分析，发现加入政协、工商联和行业协会等组织，获取政治身份和协会会员身份是新创企业获取信任的有效手段。

产业集群内的新创企业多数是民营中小企业，由于自身性质与历史原因，缺少与政府的天然联结，因此为了发展往往会加强与当地政府部门（及人员）和相关机构的互动频率，通过政治关系嵌入以增强政府部门对企业的认可。现实中新创企业常常会以承办会议、举办典礼等为契机邀请政府官员进行走访、调研与视察，并争取官员的题字或是合影。在官员来访过程中企业会重点展示已有成绩与发展规划，强调自身推动地区经济发展的作用与意愿，以提高政府对企业的了解、认可和支持。由于产业集群地域相对狭小，新创企业与政府官员密切互动的信息很快就会被利益相关者获得，并被解读为新创企业自身实力、公关能力和政治权利的提升，从而改变对于新创企业能力与经验不足的观点，形成正面印象。学者们发现，具有较高政治关联的企业更容易获取风险投资和IPO机会，也容易获得商业性贷款，且贷款额度和利率比一般企业更为优惠。

产业集群政治关系嵌入对新创企业产品创新、服务理念和生产工艺等方面信息的传播也有一定的促进作用。在我国，除了各级政府，大部分行业协会和工商联合会作为受政府委托的“法定机构”，也掌握着一定的行政管理的权力。产业集群内的行业协会等机构会定期召开行业会议，新创企业利用平时与其建立的良好关系，会获得在会议上演讲和发言的机会，可以借此重点介绍自身的产品特点与优势，从而迅速提升在集群内的市场地位和社会声誉。此外，在行业协会出版刊物或是举行同行企业参观的时候，与行业协会保持频繁互动的新创企业会得到更多的关注和宣传，从而使新创企业的创新活动和企业文化为集群内其他个体所了解和熟悉，并由此获得合法性身份。

综上来看，产业集群政治关系嵌入在某种意义上标志着政府对企业的一种政治承认，对缺乏信任记录的新创企业来说，政治关联无疑是一种十分有价值的资源，它能够有效地帮助新创企业提升合法性水平。

由此，本书提出如下假设：

假设 H1b：新创企业产业集群政治关系嵌入对合法性具有正向影响。

4.2 产业集群关系嵌入对创业学习影响的理论假设

与大中型企业相比，新创企业的突出劣势在于不同类别知识的欠缺，即新创企业对于市场类知识、科学类知识以及关于政治、经济变革的政策类知识的储备都是不足的。而且，这些知识常常以动态形式存在于新创企业外部主体之中，其更新速度和复杂程度不断提升。因此，如何从外界获取、吸收、转化这些不同类型的知识对新创企业而言显得尤其重要。有学者指出，在促进知识和信息的共享与整合方面，相比于传统的组织间关系，社会网络关系拥有独特的优势，其原因在于网络是建立在相互信任和相互依赖的基础之上的。社会网络是进行创业学习的重要平台，新创企业学习内容的获取经常是利用网络关系实现的，网络关系的强弱对学习的具体行为、效率和收益具有重要的影响。

作为边界清晰的组织场域，产业集群为新创企业的生存与发展提供了一个资源丰富的创业网络。与这一网络中各利益相关者如政府部门、客户、供应商、经销商及同行业者关系的建立，有利于新创企业利用根植于网络关系中的信任、友情和彼此间的承诺来促进信息的交换与知识的共享。而且，频繁的互动更容易使集群企业在价值观、企业文化、管理方式等方面形成认同，而这种认同会降低新创企业学习的难度，加快知识转移的速度。这也正是关系作为中国社会中独特的社会资本形式的集中体现。

由此可以得出结论，新创企业在产业集群中的关系嵌入（包括商业关系和政治关系嵌入）对创业学习具有正向影响，结合本书前面对创业学习维度的划分，下面本书将具体阐述新创企业产业集群关系嵌入对认知学习、嫁接学习和实践学习的影响机制。

4.2.1 产业集群关系嵌入对认知学习的影响

认知学习也被称为观察学习或替代学习，它是一种能够提升组织能力的信息化过程，是新创企业将通过观察和借鉴其他组织得到的间接经验应用在复杂动态的创业情境中的行为。从组织学习的层面看，个体学习的主要方式并不是借助于吸取自身行为结果的直接经验来开展，更多的是通过依靠获得间接经验的方法而进行。对于新创企业来说，受资金实力和人力资源的限制，更倾向于通过借鉴和模仿其他组织已经摸索出的行为模式来设计自己的行动方案。

1. 商业关系嵌入与认知学习

社会网络的研究表明，当参照对象与模仿者间具有某种社会纽带和沟通机制时，模仿行为的难度会大大降低。对于新创企业认识学习而言，产业集群商业关系嵌入起到了重要的信息过滤与传递桥梁的作用。首先，较深入的关系嵌入意味着新创企业与合作方建立了较为频繁且紧密的联系，这种联系有利于合作方形成对新创企业的信任和身份认同，降低对新创企业机会主义行为的担忧，进而清除知识传递的障碍。对新创企业来说，集群内嵌入伙伴透明度和公开性的提高会使其获得更多可供参考和借鉴的信息，从而推动认知学习的开展。其次，密切的互动与接触有助于形成信任和稳定的合作关系，有利于新创企业掌握产业集群内各方的业务特长，极大地降低了知识获取过程中的模糊性和未知性，从而树立了认知学习和对标管理的模板，减轻了认知学习过程中的困难程度。再次，新创企业在产业集群中的商业关系嵌入包含着创建战略联盟等具体合作形式，而这往往需要建立跨组织边界的团队，而该团队的组建与运行会使新创企业有机会逐步了解和熟悉合作方的管理模式和操作流程，并尝试将其中先进的经验移植和复制到本企业中，达到完善企业生产运营、薪酬设计和绩效考核等方面规章制度的目标。

2. 政治关系嵌入与认知学习

根据现代企业契约理论，政府与客户、供应商、银行的等主体一样是企业重要的且不可或缺的外部利益相关者，且政府还对其他主体起着统领、组织和协调的。集群内的新创企业与当地政府（官员）政治关系的建立和巩固，能够促进企业与政府部门间的互动和交流，企业可以及时获取丰富和关键的信息与资源。首先，新创企业在接待官员调研视察或是与其座谈时，可以就自身发展面临的重大问题进行咨询，争取官员的评价与建议，也可以借机了解国家政策的变动与调整或是其他优秀企业的做法，丰富对外部信息与经验的掌握。其次，当地政府为发展地区经济，经常会牵头创建供创业者进行交流的平台和渠道，如行业协会组织和企业家沙龙等，以加强集群内新创企业间的互动。与政府关系较好的新创企业受邀参加此类活动的机会往往会比较多，通过与其他企业代表的座谈，新创企业不仅可以接触到其他企业的商业模式、创新思维和营销理念，还能够了解其他新创企业在发展中遇到的“瓶颈”甚至是失败的经验教训，这无疑为新创企业进行认知学习提供了很好的教材。最后，通过与集群管委会、工商和税务等支持性机构的频繁互动交流，新创企业会不断加深对政府运作规则和业务惯例掌握，还有机会参与政府组织的产学研项目及行业报告的撰写工作，这对新创企业吸收高校和科研机构创新成果和获取同行对行业发展态势的观点都会有很大的帮助。

综上来看，在产业集群中的关系嵌入（商业、政治关系嵌入）为新创企业提供了良好的桥梁和通道，使其有条件去了解和借鉴其他组织的成功经验，促进了认知学习的开展。

由此，本书提出如下两个假设：

假设 H2a：新创企业产业集群商业关系嵌入对认知学习具有正向影响。

假设 H3a：新创企业产业集群政治关系嵌入对认知学习具有正向影响。

4.2.2 产业集群关系嵌入对嫁接学习的影响

在产业集群网络中，人才流动形成了知识转移的有效途径。为快速弥补自身技术和管理方面的欠缺，应对不断变化的环境和不同阶段的发展需要，新创企业往往需要聘请具有专业特长的人才加入团队。新成员加入后，会将原有的工作经验和操作技能带入新创企业，通过新老员工间的沟通交流与合作会促进依附于新成员的隐性知识不断显性化和进一步优化，从而加快了团队层面上的知识融合与深化。这种通过人才引入实现组织学习的方式被称为嫁接学习或雇佣学习。

1. 商业关系嵌入与嫁接学习

作为快速有效和低成本的知识获取方式，嫁接学习被越来越多的新创企业采用。对于产业集群内的新创企业来说，它在集群内的商业关系嵌入对其延揽人才开展嫁接学习具有较强的促进作用。首先，集群的空间集聚和强关系所具备的信任特征为新创企业与其商业伙伴创造了当面交流的有利条件。在传递信息、共享知识和交流思想的各种媒介能力比较中，当面交流被视为效率最高的方式。通过这种方式，新创企业能够掌握集群内经理人市场与技术人才市场的相关信息，了解其他企业的薪酬待遇，有利于其识别和发现人才，进而能够以合理的方式吸引其加入本企业。其次，新创企业在集群内嵌入程度越高，越容易理解和遵守集群内既有的商业习俗和交易惯例，其员工的思维观念和行为模式与其他企业相似，新员工进入新创企业不会遇到来自企业文化的抵制，即跳槽后调整和适应的成本相对较低，能够更加快速地适应新的环境，这提高了技术管理等方面的人才选择加入新创企业的意愿。最后，相比于规章制度、会计方法等容易编码、复制和传递的显性知识而言，根植于独特的组织文化与价值等非惯例中的隐性知识的掌握、传递和获取更为困难，而隐性知识的获取也正是新创企业引进新员工的主要目的。在新员工通过技能示范、解惑答疑、合作交流等方式将既有知识与经验转移给企业原有员工的过程中，如果新创企业与集群内商业伙伴的关系较为紧密，就会在员工中建立广泛接受和认同的规则、标准和组织语言，这就会提升新员工身上先前工作经验与特有技能在新创企业中的融入速度，提高嫁接学习的效率。

2. 政治关系嵌入与嫁接学习

除了商业关系嵌入，新创企业在产业集群中的政治关系嵌入也对其嫁接学习有着显著的影响。政府机构由于工作的需要通常与集群内企业与组织间频繁互动，因而形成了庞大且内容丰富的关系网络，可被视为一个区域内信息、知识与资源的仓库。如果新创企业与政府机构关系较为紧密，无疑为其进入网络，寻求专业人才提供了便利。首先，出于促进区域的经济发展及提高技术水平的需要，地方政府通常出台一揽子人才引进政策，在安家、科技、创业、培育、保障等方面予以倾斜，并通过发布人才政策与人才需求目录，举行人才项目需求推介会，安排高层次人才与用人单位对接等方式来实现。与政府关系互动频繁的新创企业会有更多的机会参与政府组织的人才宣讲会，更好地理解政府的用意，更加准确地解读政策文件，提高自身人才需求与政府人才政策的匹配度，更好地利用政府的优惠政策来吸引人才为本企业服务。其次，除了吸引人才，政治关系良好的新创企业还能更充分地利用政府搭建的信息渠道去主动寻找人才。如政府牵头的企业与领军型人才合作创办的高新技术项目不仅丰富了新创企业的知识获取渠道，还使其有更多的机会结识并邀请高层次人才共同创业。再次，不同地区的行业协会间一般会有联系，作为行业协会会员的新创企业可以通过协会推荐的方式寻找工作经验丰富、技术开发能力强的高端人才以充实自身的人才库。最后，在政府退休人员中不乏学识水平和管理能力都十分出色的人才，政府也鼓励这样的人才为创业企业给予指导，而这些人一定会选择相对熟悉、关系紧密的企业。

综上来看，在产业集群中的关系嵌入（商业、政治关系嵌入）为新创企业接触、了解和引入自身所需人才，进而提高技术实力和管理水平起到了很大的推动作用，加速了嫁接学习的进程。

由此，本书提出如下两个假设：

假设 H2b：新创企业产业集群商业关系嵌入对嫁接学习具有正向影响。

假设 H3b：新创企业产业集群政治关系嵌入对嫁接学习具有正向影响。

4.2.3 产业集群关系嵌入对实践学习的影响

由于创业活动所处的外部环境始终处于动态变化中，而且创业活动自身具有高度不确定性，因此，新创企业仅仅依靠通过认知学习和嫁接学习是不够的。蔡莉等（2012）指出，在基于社会网络进行观察模仿和人才嫁接等方式学习的基础上，新创企业还需要不断地摸索和实践，在实践中丰富和更新已有的知识体系，加强对相关知识的理解、掌握和运用，从而适应不断变化的环境条件。实践学习强调在创业行动中进行反思和实验的重要性，而集群创业社会网络无疑为新创企业搭建了一个与其他主体进行互动学习的平台。

1. 商业关系嵌入与实践学习

新创企业与集群内商业伙伴间的信任、感情缩短了彼此交流和沟通的距离，提高了知识传播的深度和宽度，为实践学习的顺利开展提供了良好的氛围。首先，客户作为新创企业产品与服务的最终使用者，会清楚地知道其产品与服务中存在的缺陷，并且掌握着对产品功能的使用需求。与客户形成互信互谅关系的新创企业就可以通过与客户各种形式的交流，了解客户的真实想法和需求信息，将获取的信息应用在产品的改进过程中，提高产品开发和成功的概率。与新创企业有着良好合作关系的客户还会参加新创企业的研发设计或是座谈会，并对新创企业的产品设计和运营状况提出自己的意见想法及改进建议，这些评价和反馈为新创企业总结、反思和改进提供了很好的素材。查特吉和费比诺（Chatterji & Fabrizio，2013）的实证研究表明，与用户的合作有利于获取用户信息，对企业产品完善和根本性创新具有显著的正向影响。此外，产业集群构成了一个柔性的专业化生产系统，新创企业可以吸引供应商参与新产品开发或通过外协方式将非核心业务转发出去，自己专注于核心部分，从而在集群内部搭建了一个本土化的供应商网络。与供应商间积极、建设性的合作关系能够让供应商与新创企业分享最新的技术、选派最得力的员工对接并提供合同以外的支持。供应商往往掌握着大量的关于技术与设备的市场信息，因此与供应商间的深度交流能够使双方分享本行业和其他供应商的最佳实践和经验，帮助新创企业识别产品设计中的潜在问题，更加及时地响应市场需求。最后，一般来说，集群内亲情、乡情和友情会使新创企业与同业者既有竞争关系，也会在产品创新与技术设备引进等方面产生合作关系，以弥补自身能力与资源的局限。瓦纳克和克莱沃特（Vanacker & Collewaert，2013）等学者借助案例分析指出与竞争对手的合作能够企业近距离观摩同行的设备应用，从而改进自身不足，实现更好的技术创新。

2. 政治关系嵌入与实践学习

一般来说，与所在区域地方政府建立的紧密关系为新创企业提供了信誉上的担保，从而使其更容易与智库、孵化器、技术中心等组织建立联系。这些机构在日常工作中接触了大量企业的案例，总结了解决企业问题的诸多经验与方法。在与其合作的过程中，新创企业能够拓展知识搜索的范围，获得在传统行业内难以收获的创意，更全面地分析和总结自身的成长历程及优势劣势，借用不同行业的成功管理经验来弥补和更新诸如会计、法律、技术等创业知识体系的不足。在市场经济尚不完善的国家，政府是驱动企业与高校及科研院所等组织进行合作的重要力量。新创企业经常会在团队磨合、生产技术提升、商业模式调整等方面遇到“瓶颈”，与高校或科研机构形成的正式和非正式联系能够为新创企业带来解决实际运行中问题的知识资源，甚至能够在合作中产生新的“集体知识”，新创企业进而可以将这些知识渗透运用到企业生产运营中，进一步扩大实践学习的效果。贝兰迪（Bellandi，2007）指出，政府会推动其了解和信任的企业与当地高校与研究院所建立合作项目，企业通过与项目组中产学研各方人员的相互渗透与交流，获取技术、生产、管理协调等方面的知识，并将其运用在实践中，最终形成良性循环。

综上来看，在产业集群中的关系嵌入（商业、政治关系嵌入）为新创企业在实践中深入地自查和反思提供了很好的依据和平台，有利于其丰富和更新已有的知识体系，推动了实践学习的开展。

由此，本书提出如下两个假设：

假设 H2c：新创企业产业集群商业关系嵌入对实践学习具有正向影响。

假设 H3c：新创企业产业集群政治关系嵌入对实践学习具有正向影响。

4.3 创业学习中介作用的理论假设

前面已就新创企业产业集群中关系嵌入对其合法性的正向影响效应进行了论述，本节将集中分析创业学习在新创企业产业集群关系嵌入影响合法性机制中所起的中介作用。中介效应分析在社会科学研究中应用广泛，按照温忠麟等（2004）的观点，考虑自变量 X 对因变量 Y 的影响，若 X 通过影响变量 M 来影响 Y，即 M 既是 Y 的原因，又是 X 的结果，在 X 与 Y 之间起着连接作用，则称 M 为中介变量，它解释了 X 和 Y 之间存在关系的原因以及这些关系是如何发生的（关系内部的作用机制）。一般情况下，只有在 X 与 Y 相关显著时才会考虑中介变量。

4.3.1 创业学习与合法性的关系

与成熟企业相比，新创企业的物质资源和管理经验都更为匮乏，且面临着较大的生产经营的不确定性，因此其学习的动机十分强烈。同时由于在组织结构、决策流程和思维模式上具有十足的灵活性，因而新创企业具有独特的学习优势，学习的效果更为明显。由于对创业学习的研究还处于较为原始的阶段，且合法性在管理学中的应用时间也不是很长，因此对二者关系的研究成果比较匮乏。通过对相关成果进行归纳可以发现，学者们基本认为创业学习对合法性具有积极的影响。其中具有代表性的观点有：创业学习不只包含对知识与技能的学习，同时也是一种社会学习。在博根利德（Bogenrieder，2002）看来，社会学习是接受社会规范和道德习俗，并将规范设定内化为自身行为原则的过程。塞萨等（2011）学者认为创业学习能够使新企业在组织文化、目标规范和流程等方面采取相应行动以适应组织情境的变化及要求，这对企业形象和竞争优势的确立具有推动作用。钱德勒和莱恩（2009）指出创业学习有助于获得对充满动态性和不确定性的外部环境的理解和认识，实现与共同体相匹配的身份建构。于晓宇的研究表明，创业学习有助于弥补“新进入缺陷”，推动企业迅速成长。何霞和苏晓华（2016）认为新创企业通过学习可以提高联盟能力和合作伙伴的信任水平，为合法性的实现创造了有利的条件。

结合本书前面对创业学习的维度划分，下面本书将具体阐述认知学习、嫁接学习和实践学习对合法性的影响。

1. 新创企业认知学习与合法性

新制度理论表明，当环境中充满着不确定因素时，组织的行为决策会持续受到社会因素的影响，而环境中其他组织的行为方式构成了社会因素的重要一环。当众多组织采取同一行为时，这种行为的合法性会被大大强化，会被大多数组织视为一种理所当然的选择。在缺乏相关成功经验且面临环境不确定时，通过观察、借鉴和模仿其他多数组织的行为，组织更容易以较低的成本获取政府与公众的认可，提高自身行为的合法性水平，增加生存和成功的概率。

产业集群作为一个由相互关联的厂商、经销商、金融机构及政府、同业公会、第三方机构组成的群体，其内部形成了独特的商业规范与文化、地方惯例与产业范围，对新创企业的行为和认知构成了限制，定义了对组织恰当行为的规范。当新创企业能够与集群内其他个体持有相同的语言和价值观，就会充分融入当地的制度氛围，获得客户、供应商及投资者等关键利益相关者的认同。

新创企业进行认知学习的对象有两种，分别是与自身相似的企业和成功企业。新创企业模仿具有相似特征的同类企业的原因在于，集群内的相似企业组织规模、战略资源和发展方向等方面较为相近，学习起来难度小、见效快，能够在较短的时间内熟悉、掌握和采用集群内各方认同的经营行为，向外界展现自己尊重并遵从集群内通行做法的意愿和能力，从而获得各方对其地位和身份的承认，真正成为产业集群中的一员。由于集群内成功企业的可视性和权威性为其他企业所公认，新创企业通过借鉴和模仿知名度高、技术实力强和企业声誉好的成功企业实践，能够高质量地改善决策制定流程，提高企业能力，有效规避不确定性风险，向外界发送自身具有较大发展潜力的信息，有利于树立新创企业的正面形象，缩短合法化的进程。

应该着重说明的是，新创企业的认知学习更类似于规则学习而非仅是模仿，高效的认知学习可以改变学习者的行为方式、思维模式、情绪反应和价值取向。可以说，认知学习是在陌生环境中的自发行为，不确定性是认知学习的驱动因素，获取合法性也许不是认知学习的全部目的，但一定是非常重要的一个方面。

由此，本书认为：新创企业认知学习对其合法性具有正向影响。

2. 新创企业嫁接学习与合法性

如前面所述，认知学习有助于新创企业复制和借鉴其他组织的成功做法和成熟经验，但依靠这种学习方式获得的知识主要是显性知识，对于难以清晰表述和有效转移的隐性知识的获取却帮助不大。为了以更加快捷和经济的方式获取隐性知识，企业会采取嫁接学习的办法，即从外部聘请具有丰富工作经验和专业知识的高层管理者和熟练技术工人来充实自身的知识库。嫁接学习不仅可以丰富新创企业的视角和观点，从而做出高水平和富有创造力的决策，还能够实现组织惯例对于环境的适应性改善，提高新创企业与外在环境的匹配度。

按照人力资本理论的基本观点，流动的高层管理者和操作工人是技能、经验和知识的“仓库”，这种仓库会伴随人员的跨企业流动而随之进入现任目标企业，从而成为所谓的“移动的人力资本”。通过嫁接学习，新创企业会受益于新成员先前的工作经验和特有技能，深入挖掘现有技术和服务领域，逐步解决产品和市场问题，在确保企业的运营富有效率的同时又符合相关的规章制度与行业标准，在利益相关者心中留下自己是有实力且遵纪守法的“好公民”的印象，从而获取相应的合法性资源。此外，新创企业还可以请新员工将自己在管理、营销或技术等方面的经验总结提炼为显性的程序和流程，通过培训和交流的方式在企业内传播和共享，提高团队的工作效率，改进和完善企业的组织结构、操作流程和激励制度，促进新创企业与集群内企业接轨从而满足自身的合法性需求。

从社会资本的视角来看，新创企业通过嫁接学习获得的不仅是人力资本，还获得了新员工在以往工作中积累的、体现为客户关系和同事关系的社会资本。由于新创企业的合法性水平很大程度上是由自身的综合实力与资本决定，因此团队中有声望的成员越多，人力资本和社会资本越丰富，越容易获得利益相关者的认可和支持。贝克曼等（Beckman et al.，2007）指出风险投资者做出投资决策所参考的依据除了创业企业的经济指标，还有团队成员组成是否具有有效的异质性。如果新员工有在知名企业工作的经历，会带来光环效应，引致外界对新创企业具有发展潜力的判断；而新员工如果与原有客户还有联系，这会扩大新创企业的网络联结，提升其知名度。

综上所述，新创企业通过嫁接学习一方面，可以有效地吸收外部的隐性知识，促进团队层面上知识的整合与深化，这种实力上的提升为合法性的获取打下了坚实的基础；另一方面，新创企业引入的一般都是高水平的专业人才，这会向外界发送象征企业实力与发展潜力的信号，提高外部合作者投入资源的积极性。

由此，本书认为：新创企业嫁接学习对其合法性具有正向影响。

3. 新创企业实践学习与合法性

尽管借助于认知学习和嫁接学习能够使学习者以较为经济和便捷的方式获取创业相关知识与经验，但这类知识基本是在原有环境中形成的，因此可能会使新创企业陷入路径依赖的境地。而实践学习强调创业实践中反思和实验的重要性，依靠不断的摸索和实践，新创企业能够加深对相关知识的理解和感悟，更新和丰富已有知识体系，使企业的行动更加规范与合理，从而获得合法性认知。

由于新创企业对政府、行业协会等制定的规章制度不是很熟悉，因而会导致在生产经营中出现违规现象，并受到处罚。通过参与政府和行业协会组织的宣讲会、联谊会、项目申报等活动，新创企业可以加深对宏观经济政策及地区产业政策的理解，更加清晰地把握企业发展的政治环境，通过积极履行法定义务等方式塑造自身遵守社会规范和法律法规的企业形象，获得正式制度参与者的认同。

组织借助于供应链进行学习引起了越来越多的学者的关注。利用观摩供应商的生产过程、产品协同开发、阅读供应商的货运说明等方式，新创企业可以获得供应商的功能性和技术性知识，在知识整合的基础上提升产品质量、降低生产成本以及提供更优质的服务，而这无疑会降低外界对新创企业实力的不确定感知，在利益相关者心目中建立了值得信赖和可持续发展的印象。除了供应商，新创企业在运行中也需要向客户进行学习。如通过对流失客户的真诚拜访，新创企业可以识别自身存在的问题和弱点，总结客户流失的根本原因，从而做出相应的改善。而聆听现有客户“讲故事”，可以了解客户的抱怨、投诉和赞美，进而有针对性地提升产品和服务水平、完善经营方式和加快组织创新。这不仅奠定了企业进一步发展的基础，而且强化了客户对企业的感情与认同。新创企业还可以聘请高校及科研机构的研究人员提供咨询服务、技术指导，或是参加高校的学术会议，了解前沿科技和生产技术，并结合自身的特点加以消化和吸收。

综上所述，实践学习能够使创业企业加深对经验的理解和感悟，深刻地反思自己的经营行为并采取补救或适应性行动，进而取得各方的支持和认同。

由此，本书认为：新创企业实践学习对其合法性具有正向影响。

4.3.2 创业学习对产业集群关系嵌入与合法性关系的中介作用

前面已经论证了新创企业产业集群关系嵌入对合法性的正向影响效应（X→Y）和新创企业产业集群关系嵌入对创业学习的正向影响效应（X→M），本节论证了新创企业创业学习对合法性的正向影响效应（M→Y），这表明创业学习可能在新创企业产业集群关系嵌入与合法性之间起到了中介作用，即新创企业产业集群关系嵌入对合法性的正向影响可能是通过创业学习来进行传递的（X→M→Y）。由于上述结论（X→Y，X→M，M→Y）可能是学者们在不同的研究情境中，利用不同的研究方法所得出的，因而为保证理论推演的严谨性，下面将结合更加贴近本书情境的文献资料来论证创业学习在新创企业产业集群关系嵌入与合法性关系中所起的中介作用。

从直接的研究成果看，何霞和苏晓华（2016）借助结构方程模型对组织学习在新创企业战略联盟和组织合法性之间的中介作用进行了实证研究，结果显示组织学习起着完全的中介作用，提高了联盟能力和合作伙伴的信任水平，为新创企业合法性的实现创造了条件。刘玉国等（2016）采用多层次回归的方法证明了创业学习在互联网嵌入与资源获取之间起完全的中介作用，而合法性也被认为新创企业的重要资源。从间接的研究成果看，杨隽萍等（2013）认为创业学习决定新创企业解释、转化和运用蕴含在创业网络中隐性知识的效率，对创业网络和新创企业成长之间的关系起中介作用。

根据前面对创业学习的维度划分，本书将分别阐述认知学习、嫁接学习和实践学习在新创企业产业集群关系嵌入与合法性之间所起的中介作用。

1. 认知学习对新创企业产业集群关系嵌入与合法性关系的中介

新创企业在产业集群中较深的关系嵌入意味着与相关各方更频繁、更深入的交流，这会带来更高的信任和情感依赖，愿意向新创企业提供更多关于运营惯例和产品生产方面的知识与信息。这为新创企业信息搜索难度的降低和对标管理模板的树立具有很大的帮助作用，从而推动了认知学习的开展。而模仿性学习对嵌入在约束力很强的制度环境中新创企业来说，是一种明智的策略。通过对关系伙伴组织惯例的模仿和借鉴，新创企业可以快速适应合作伙伴的结构和流程，充分融入外部运营环境，降低“新进入缺陷”的影响，提升自己在市场中的声誉与合法性。

由此，本书提出如下两个假设：

假设H4a：认知学习在新创企业产业集群商业关系嵌入影响合法性机制中起中介作用。

假设H4b：认知学习在新创企业产业集群政治关系嵌入影响合法性机制中起中介作用。

2. 嫁接学习对新创企业产业集群关系嵌入与合法性关系的中介

产业集群作为一种特殊的创业环境，能够为内部的创业企业提供十分丰富的帮助和支持。通过对集群内网络关系的嵌入，新创企业可以了解当地政府引进人才的优惠政策，掌握高级管理和技术工人的信息，从而降低了企业聘请人才的难度。新入职人员往往具有丰富的通用性职能经验和专用性职能经验，这有助新创企业提高团队配合的默契度，并从服务流程改进、交易结构创新的角度识别商机，推出符合市场需求的产品和服务，通过自身实力的提升来获取市场的青睐和同行的认可。

由此，本书提出如下两个假设：

假设H5a：嫁接学习在新创企业产业集群商业关系嵌入影响合法性机制中起中介作用。

假设H5b：嫁接学习在新创企业产业集群政治关系嵌入影响合法性机制中起中介作用。

3. 实践学习对新创企业产业集群关系嵌入与合法性关系的中介

实践学习是基于多种创业情景来修正已有经验和观点的学习方式，可以打破既有的惯例和对经验的依赖。实践学习是在社会实践或社会化互动活动中实现的，因而社会环境中的各种关系都会对实践学习产生影响。通过与商业伙伴的频繁互动，企业可以了解市场需求，政治关系则有助于企业更好地理解和把握政策信息，这都可以使新创企业进行积极实践以更有效地把握外部环境并把握商机。不断地摸索和实践会新创企业能够加深对相关知识的理解和感悟，积极反省和纠正不合理的企业行为，使企业的行动更加规范和高效，从而获得克服新创弱性所必需的合法性认知。

由此，本书提出如下两个假设：

假设H6a：实践学习在新创企业产业集群商业关系嵌入影响合法性机制中起中介作用。

假设 H6b：实践学习在新创企业产业集群政治关系嵌入影响合法性机制中起中介作用。

4.4 环境动态性调节作用的理论假设

本节将集中分析环境动态性在新创企业创业学习与合法性之间的调节作用。如果变量 X 与变量 Y 的关系是变量 M 的函数，则称 M 为调节变量，即 Y 与 X 的关系的方向（正或负）和强弱受到第三个变量 M 的影响，对调节效应进行研究的目的就是要弄清 X 何时影响 Y 或何时对 Y 的影响较大。调节效应的数学表达如公式（4.1）所示。图 4.1 为调节效应的示意图。

$$Y = f(X, M) + e \tag{4.1}$$

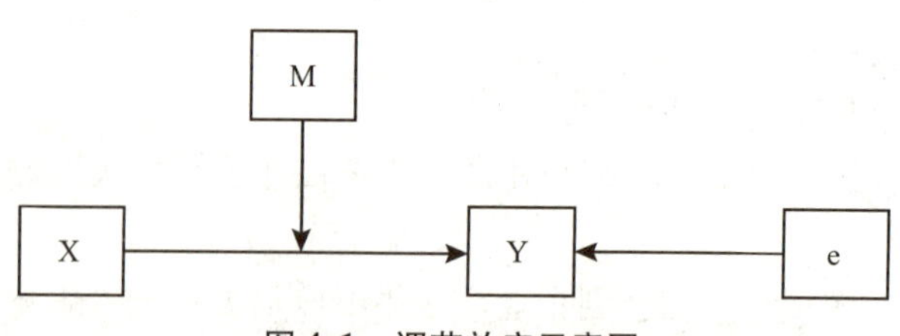

图 4.1 调节效应示意图

资料来源：温忠麟，张雷，侯杰泰等. 调节效应与中介效应的比较和应用［J］. 心理学报，2005，37（2）：268－274.

根据权变理论，战略管理的实施是一个与环境变量动态匹配的过程。战略决策是在具体的环境下制定的，因而决策实施的效果必然受到环境特性的影响和制约。在库珀（Cooper，1993）看来，动态的环境对所有企业都有影响，但它对新创企业的影响更大。在当今中国情境下，创业活动所处的创业环境的重要特征就是高度的动态性，这种动态性即来自既有市场竞争和技术水平的快速变革，也受制度层面的政策频繁变动影响。

根据我国学者苏晓华等（2013）的观点，对于新创企业来说，在动态环境中合法性的获取或创造更具主动性，这种主动性更多地体现为积极的创业学习以适应环境的变化。现有研究表明，创业学习是一个新创企业对知识和经验的获取、吸收消化和应用的过程，与特定的创业环境是息息相关的，呈现出高度情景化的特征，因而创业学习对合法性的影响机制必然会受到环境因素的影响。

一般来说，新创企业所处外部环境中的市场与行业动态性的增强会使社会中规制、规范和人们的认知随之发生相应的变化，这对新创企业提出了更高的要求，必须通过更加努力和持续的学习来更新知识和组织结构，以提高环境对自身的认可度。在动态演化的环境中，创业学习能够使企业获取更为丰富的外部信息尤其是无形知识，并在生产流程、技术创新、管理制度等方面加以应用、改进和完善，符合法律法规的要求和公众的认知。环境要素的动态变化还会使新创企业有机会通过行动和试验创造出与环境相适应的新知识，脱离已有知识和规范的束缚，进而提供更好的客户体验，以获取合法性。

由于创业学习是一个新兴的研究范畴，目前关于环境动态性在创业学习对合法性的影响中所起作用的研究尚显不足。从上述为数不多的相关文献中，可以有这样的推论，即环境动态性在新创企业创业学习与合法性之间存在着调节作用。尽管在探索性案例研究中企业管理者较少从环境因素谈论企业的经营状况，即从探索性案例研究中无法明确地提炼出环境因素调节作用的结论。但我国近年来经济发展速度较为迅速，新创企业所处的宏观经济环境和集群内中微观经济环境都发生着较大变化。为了使本书更加符合新创企业的经营实际，基于已有的研究成果，本书尝试就环境动态性对新创企业的创业学习对合法性之间关系的调节作用加以阐述和讨论。下面将分别就技术动态性和市场动态性在新创企业创业学习对合法性的调节作用进行分析。

4.4.1 技术动态性对创业学习与合法性关系的调节作用

技术动态性是指新创企业所处产业中主流技术的升级、更新、变迁与突破的速度。引起技术动态性的原因主要包括前沿科学的发展、新技术的研发周期与存续时间、新技术的市场反应和实施效果等方面的无规则性和难以预测性。新知识和新技术的涌现可能会使新创企业在生产、安装和配送方面的知识和技能变得过时，甚至无法满足政府的规定和客户的期望，导致其能力及合法性受到质疑，使企业面临生存与发展的危机。

当新创企业面临的技术环境高度变动时，依靠惯例化的环境扫描无法为其提供适应环境变化的知识与信息。要跟上技术创新的步伐，只有进行更加积极的创业学习，及时更新对主导设计和行业标准的认识，扩展员工的知识范围，在对技术环境变动的理解上与客户、供应商和同行业者保持一致。现有研究表明，创业学习与特定的创业环境息息相关，作为一个意义构建和知识与经验累积的过程，创业学习会因为受到多种因素的作用而不可避免地呈现出情景化的特征，即创业学习的效果会受到环境动态变化的左右。技术动态程度较高往往意味着技术的更新与升级是不稳定和难以预测的，要使自身技术实力达到平均水平甚至有所超出以获得相关各方的承认与合作，必须加强对外界知识的搜索、整合、吸收和利用，而这必须依靠创业学习的力量。由此，本书认为，技术动态性在新创企业创业学习与合法性之间具有调节作用。

首先，在新兴技术不断涌现的背景下，新创企业有的经验和知识已经无法满足现在技术环境的要求，会产生技术路线模糊和不知所从的感觉，这就要求新创企业从外部获取多样化的知识来缩小知识差距。通过观察和跟踪集群内其他各方的行为，企业可以有针对性地调整企业自身状况以适应动态环境。集群内核心企业研发能力强，核心技术成果丰富，对技术创新的发展路径有较为清晰和准确的把握。出于压力和紧迫感，新创企业会通过战略联盟、购买专利等方式以更加积极的态度搜索和借鉴集群内知名企业技术成果，鼓励企业技术人员对其吸收和利用，以自身技术水平的提升来应对技术动态性的挑战，从而树立企业的正面形象，跨越合法性门槛。相比稳定的技术环境，技术动态性能使认知学习在提升合法性水平过程中发挥更大的作用。

由此，本书提出假设 H7a：技术动态性在新创企业认知学习与合法性的关系间起正向调节作用。

其次，技术环境的动态性会使既有技术落后于技术创新的步伐，这就要求新创企业及时地了解技术发展趋势，更准确地把握各种新技术的优劣，并提升新技术的实施效果，以防在技术引进中掉入投资型陷阱。要实现这一目标，嫁接学习是十分合适的一种选择。由于难以代码化的隐性知识通过市场交易难度很大，通过从集群内外聘请技术专家和工程师，可以有效获得关于新兴技术发展的隐性知识，降低技术引进和应用成本，缩小甚至领先于产业网络内的主流技术，从而回应客户的技术要求。优秀管理人员的引进为新创企业带来了较为先进的管理体系和管理工具，为技术学习、技术研发与创新提供了稳定的内部环境。可见，在技术动态发展的环境中，新创企业唯有不断加大优秀人才的引进力度，并结合自身的特点对各类知识加以消化和吸收，才能逐步提升技术能力以获取外界对自身技术水平的认可。

由此，本书提出假设 H7b：技术动态性在新创企业嫁接学习与合法性的关系间起正向调节作用。

最后，在技术快速发展变革的环境中，新创企业既有的技术知识体系难以与当前的环境相匹配，而客户、同行甚至行业协会往往会对新创企业的技术水平与能力产生更高的认知标准和要求。要达到这些标准和要求，在相关方心中留下专业性强的印象，新创企业从外界购买专利或是引进先进技术设备只是第一步，更重要的是依靠不断的摸索和实践，抱着学习的态度吸收其优点，对不适合本企业的地方加以改进，不断弥补和更新自身技术知识体系的不足，更准确地理解技术环境结构和变动趋势，结合自己转换成本低和高敏感性的优势，发掘核心竞争力，从而更好地满足政府部门、客户和同业者对新创企业提出的期望和要求。

由此，本书提出假设 H7c：技术动态性在新创企业实践学习与合法性的关系间起正向调节作用。

4.4.2 市场动态性对创业学习与合法性关系的调节作用

市场动态性是指新创企业的顾客类别和顾客需求偏好的不稳定和不确定程度，导致市场动态性的原因主要包括技术模仿和相近产品的急速出现、顾客的顾虑及好奇以及创新扩散带来的市场容量难以预测等。在动态的市场条件下，对竞争对手行为的预测变得更为困难，企业产品难以匹配顾客的动态需求，而政府对企业的认识也会随着企业市场绩效的改变而发生变化，这使新创企业的合法性面临严峻的挑战。在此形势下，创业学习显得尤为重要。创业学习不但有助于技术创新和组织变革，提高新产品开发的成功率，还对创业机会的识别有所帮助。更重要的是，动态市场环境下的合法性获取的前提是新创企业开拓进取共同努力的企业文化，而创业学习中不同部门间不断的交流与合作对这种企业精神的形成十分重要。由此，本书认为，市场动态性在新创企业创业学习与合法性之间具有调节作用。

首先，当市场条件出现较大的变动时，替代性强的新产品不断出现，传统的市场分析与产品开发方法效果急剧降低，这就要求新创企业更加积极地监测、搜索、获取与分析同行业者甚至是供应商在产品研发、投产与市场营销等方面的信息，从中提取能够为己所用的知识与方法，并结合自身的特点与能力进行模仿和借鉴。在高度不确定的市场环境下，认知学习能够更为有效地降低企业的竞争惯性，更加迅速地抓住稍纵即逝的窗口机会开发满足客户期望的产品与服务，从而获得客户的满意与认可。

由此，本书提出假设 H8a：市场动态性在新创企业认知学习与合法性的关系间起正向调节作用。

其次，由于快速变动的市场需求不但缩短了产品的生命周期，而且加大了准确预测市场需求方向的难度，这更加凸显技术人才与营销管理人才的重要性。通过嫁接学习，新创企业受益于新成员先前的工作经验和特有技能，更加及时而准确地把握市场动态，推出适销且符合相关的法律规定与行业标准的产品，实现合法性水平的提升。由此可见，动态的市场环境将迫使新创企业加大人才引进的力度和吸收隐性知识的速度，这无疑也提高了嫁接学习的功效。从本质上看，嫁接学习可被视为新创企业面临动态市场的一种战略选择，市场因素变化越快，这样的选择可能越有价值。

由此，本书提出假设 H8b：市场动态性在新创企业嫁接学习与合法性的关系间起正向调节作用。

最后，当市场中顾客喜好不断变化或是来自其他行业可替代产品出现时，对于新创企业来说，在生产安排、新产品推出、向其他领域的扩展等方面的每一个决定都要异常谨慎，因为任何一个不恰当的行为都会导致自身受损，并引起利益相关者的质疑。随着市场动态性的提高，新创企业会更加注重在实践中进行摸索和总结，从自己和他人的挫折中汲取经验与教训，以更加完备的知识体系来加深对市场的理解。因此，在动态的市场条件下，实践学习能够使企业更加准确地感知市场中蕴藏的风险与机会，采取更加合理的方式应对市场的变化，从而以更加理想的业绩获得政府、投资者和客户的赞许和认同。

由此，本书提出假设 H8c：市场动态性在新创企业实践学习与合法性的关系间起正向调节作用。

4.5 内部社会资本调节作用的理论假设

依照战略权变理论的观点，一项行动策略效果的大小取决于两个方面，一是与周围环境的外部匹配，二是与组织要素的内部匹配。具体而言，创业学习在本质上是对创业知识的处理过程，主要体现为知识的外部搜索与获取和内部开发与运用两种方式，任何一种方式的效果都会受到组织外部环境与内部要素的影响与制约。现有的成果更多地强调外部网络和环境对创业学习的作用，而相对忽视了对企业内部环境的优劣与创业学习效果之间关系的研究。内部社会资本体现了组织内的信任、承诺、共同愿景和规范，能够有效表征企业的内部环境，是企业竞争优势的重要来源，被认为对组织学习、信息知识获取及技术管理创新有着显著的影响，因而创业学习对合法性的影响必然会受到企业内部社会资本的影响。

内部社会资本是一种可以为企业带来竞争优势的资源，这种资源是员工间共享价值观、荣誉感和集体目标的结果。高水平的内部社会资本说明员工间互惠、互信、互助的程度较高，这有助于促使团队成员将个人目标融入集体目标，提升新创企业获取外部知识的能力和知识在企业内部分享的深度和广度，进而使创业学习发挥更大的作用。相反，低水平的内部社会资本意味着新创企业内部信任感和共同愿景缺失，内部交流效率低下，甚至在研发、生产等环节出现推诿和扯皮的现象，这导致新创企业从外部获取知识和内部消化知识效率的极大降低，降低了企业绩效，阻碍了企业良好声誉的建立。

基于以上分析，尽管在探索性案例研究中企业管理者出于各种原因很少涉及企业的文化和氛围等方面，即从探索性案例研究中无法明确地提炼出内部社会资本调节作用的结论。但在实际运营中，每个企业尤其是新创企业都会采取各种措施力图在企业内部塑造和传播核心理念，建设信任、包容、理解和承诺的企业文化。因此，根据新创企业的经营实际，结合已有的研究成果，本书认为内部社会资本在新创企业创业学习与合法性关系间起着的调节作用。

首先，认知学习需要新创企业在产业集群内外全面扫描和搜索可供学习的对象，认真观察成功组织的行为，用心揣摩和总结自己可以模仿和借鉴的地方，采取合适的方式引进、消化和吸收，并通过内在实力的提升和向外界的宣传展示来获取各方对其身份的认同。完成这项任务只靠一个部门是不够的，需要新创企业各部门的通力合作才能实现。内部社会资本可通过信任、规范和共同愿景促使团队成员采取目标一致的集体行动，增强对决策的承诺和执行的效率，推动认知学习更加顺利地开展，使新创企业有更好的机会和更强的能力去复制、模仿和借鉴业内优秀的经营行为或是通行做法，从而为合法性地位提供更有力的保障。

由此，本书提出假设 H9a：内部社会资本在新创企业认知学习与合法性的关系间起正向调节作用。

其次，如前所述，嫁接学习对合法性水平的提升体现在两个方面，一是新员工通过在新创企业内分享自身的通用性职能经验和专用性职能经验，从生产流程改进、交易结构创新的角度识别商机，使产品和服务的质量和标准更加符合政府与客户的要求；二是新员工之前的客户关系和同事关系会使新创企业得到更多的市场机会和知名度。如果在新创企业内充斥着怀疑、自私和排斥，就会使新引入人员心有疑虑，降低其知识传授与关系搭建的意愿，这无疑会使新创企业嫁接学习的效果大打折扣。相反，较高的内部社会资本会在企业成员之间建立起以认同为基础的信任关系，提高了团队的凝聚力和信息共享的程度，控制了成员的机会主义倾向。这有助于打消新员工的顾虑，加强个人目标与集体目标的协调与统一，愿意成为集体目标的理性代理人，并为企业合法性的建立贡献更大的力量。

由此，本书提出假设 H9b：内部社会资本在新创企业嫁接学习与合法性的关系间起正向调节作用。

最后，雷和卡斯维尔（2000）的研究表明，从创业实践中获取的相关知识和经验能够有助于新创企业优化组织惯例，从而更好地适应环境变化。具体而言，实践学习中，新创企业不断反思、修改和发展组织惯例的明示层面和执行层面，使自身行为更加符合政府、行业协会制定的规章制度与公众的认知标准。在这个过程中，必然会触动某些人的利益，如果企业内部社会资本水平较低，意味着这些人会倾向于保护自己的个人利益，控制和隐瞒相关信息，从而对实践学习的效果产生消极影响。与之相反，丰富的内部社会资本起到了团结内黏的作用，有利于培育建设性的冲突模式，降低敌对情绪和关系紧张的程度，加深成员对他人行为的理解和尊重，这无疑会使实践学习更加顺畅和富有成效。

由此，本书提出假设 H9c：内部社会资本在新创企业实践学习与合法性的关系间起正向调节作用。

4.6 本章小结

本章通过文献梳理和理论推演的方式，运用规范性研究方法，从静态视角构建出“新创企业产业集群关系嵌入—创业学习—合法性”的理论模型。在该模型中，产业集群关系嵌入作为自变量对因变量合法性产生正向影响，创业学习作为中介变量在二者关系中发挥中介作用，内部社会资本和环境动态性两个变量在创业学习与合法性关系中起正向调节作用。模型如图 4.2 所示。

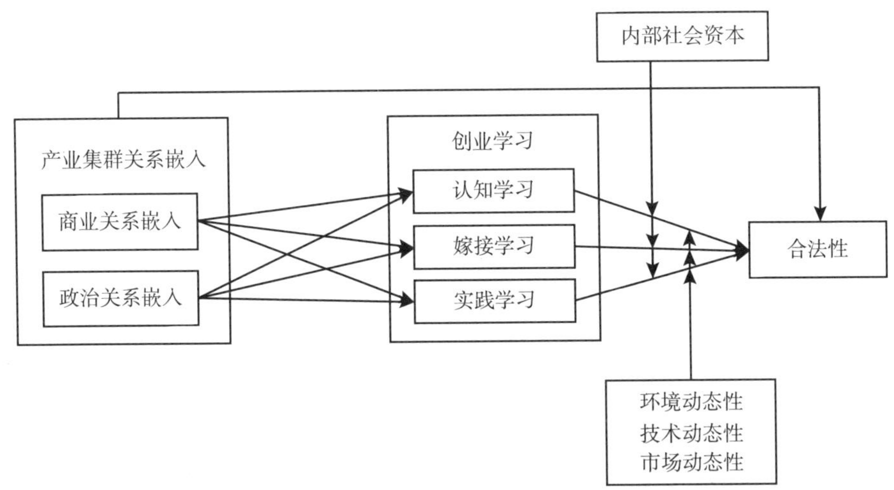

图4.2 新创企业产业集群关系嵌入影响合法性的理论模型

根据理论模型，结合相关文献观点和实践经验，本书提出了相应的研究假设，汇总见表4.1。

表4.1 研究假设汇总

假设序号	假设内容
H1a	新创企业产业集群商业关系嵌入对合法性具有正向影响
H1b	新创企业产业集群政治关系嵌入对合法性具有正向影响
H2a	新创企业产业集群商业关系嵌入对认知学习具有正向影响
H2b	新创企业产业集群商业关系嵌入对嫁接学习具有正向影响
H2c	新创企业产业集群商业关系嵌入对实践学习具有正向影响
H3a	新创企业产业集群政治关系嵌入对认知学习具有正向影响
H3b	新创企业产业集群政治关系嵌入对嫁接学习具有正向影响
H3c	新创企业产业集群政治关系嵌入对实践学习具有正向影响
H4a	认知学习在新创企业产业集群商业关系嵌入影响合法性机制中起中介作用

续表

假设序号	假设内容
H4b	认知学习在新创企业产业集群政治关系嵌入影响合法性机制中起中介作用
H5a	嫁接学习在新创企业产业集群商业关系嵌入影响合法性机制中起中介作用
H5b	嫁接学习在新创企业产业集群政治关系嵌入影响合法性机制中起中介作用
H6a	实践学习在新创企业产业集群商业关系嵌入影响合法性机制中起中介作用
H6b	实践学习在新创企业产业集群政治关系嵌入影响合法性机制中起中介作用
H7a	技术动态性在新创企业认知学习与合法性的关系间起正向调节作用
H7b	技术动态性在新创企业嫁接学习与合法性的关系间起正向调节作用
H7c	技术动态性在新创企业实践学习与合法性的关系间起正向调节作用
H8a	市场动态性在新创企业认知学习与合法性的关系间起正向调节作用
H8b	市场动态性在新创企业嫁接学习与合法性的关系间起正向调节作用
H8c	市场动态性在新创企业实践学习与合法性的关系间起正向调节作用
H9a	内部社会资本在新创企业认知学习与合法性的关系间起正向调节作用
H9b	内部社会资本在新创企业嫁接学习与合法性的关系间起正向调节作用
H9c	内部社会资本在新创企业实践学习与合法性的关系间起正向调节作用

第5章

研究设计与方法

在深入探讨新创企业产业集群关系嵌入对合法性的作用机理并提出概念模型和相关假设之后，为克服探索性案例研究的样本局限，本书通过收集数据和实证研究对假设的成立和关系的显著性进行检验。鉴于本书的研究对象是产业集群内的新创企业，属于微观层面的研究，其中所涉及的产业集群关系嵌入状况、创业学习与合法性等方面的数据大都无法通过公开资料有效获取。因此，本书采用企业问卷调查的方式以收集所需数据并依此开展定量的实证分析。本章将在阐述问卷设计的原则与过程的基础上，介绍文中涉及变量的测量方式，说明数据收集的具体过程，并就预测试的情况和研究采用的分析方法进行具体的阐述。

5.1 问卷设计

问卷的实质是为了收集答题者对某个特定问题的态度、行为、观点或信念等信息而设计的一系列问题。在管理学和社会学等学科中，问卷调查是征询意见与收集信息最为重要的工具之一。要确保问卷调查能够准确而全面地获取符合研究要求的数据，问卷设计的质量是十分关键的。科学而合理的问卷设计是确保实证研究信度与效度的基础。在具体的问卷设计中，问题题项的设定是核心部分，问卷题目的内容和结构安排会依照研究目的与理论依据的不同而有所差异。下面将对本书设计的流程进行阐述。

5.1.1 问卷设计的主要步骤

问卷设计的操作程序是否严格且严谨，直接决定最后的研究成果的有效性。为获取有效、准确的数据以保证研究的科学性与可靠性，应遵循合理的流程来设计调查问卷。参照邱吉尔（Churchill，1979）、马庆国（2006）、徐浩（2014）等学者的研究思路与建议，本书按照以下步骤对问卷进行了设计。

1. 文献研究

首先对涉及关系嵌入、创业学习、合法性、环境动态性和内部社会资本这五个方面的相关文献进行了大量地检索、阅读与整理，充分借鉴国内外学者的构思及被广泛引用的成熟量表，进而形成本问卷主要的测量题项。由于部分变量缺少直接适用的测量题项，因而本书对已有题项进行了适度修改，加入了符合本书情境的关键词。在理论研究的基础上，结合实地访谈的结果，设计出研究变量的测度题项，形成了问卷的初稿。

2. 学术讨论

就本书主要变量间的逻辑关系和测量方式，多次向同领域学者请教。同时，还与笔者所在研究团队的成员就题项的语法、措辞和问卷编排进行了深入的交流与讨论，并依据他们的宝贵建议，对问卷中存在的问题做出了细致的调整与完善，并形成了问卷的第二稿。

3. 调研走访

笔者对数家产业集群中的新创企业进行了走访调研，并与企业中高层管理人员进行了深入交流，针对问卷中三方面主要问题征询意见：一是问卷中的题项是否能够准确反映和涵盖企业当前的经营状况；二是变量间的逻辑关系是否符合企业真实的运营活动；三是题项的陈述和用词是否存在晦涩难懂的专业术语，能否被企业人员所理解和接受。根据被访者的意见和建议对问卷的题项做出了若干删减和补充，使问卷的可理解程度得以提高，并能够更加真实地反映企业的经营状况，降低了答卷者因无法理解问卷内容而带来的数据偏差，形成了问卷的第三稿。

4. 问卷预测试

为尽量提高问卷的可靠性和可信性，笔者选取了天津等地区产业集群的部分新创企业的高级管理者对问卷进行了预测试。根据被测试人员的反馈意见有针对性地对问卷做出了进一步的修正，并就问卷的字体、版面和提示语进行了优化，确定了调查问卷的终稿。

5.1.2 问卷设计的科学性保障

由于答卷者对问题的回答基于其主观评价，因而可能会出现其给出的答案与实际情况不符的偏差问题。弗洛尔（Fowler，2002）认为以下四种原因可能会导致偏差的出现：答卷者不清楚如何回答某问题；答卷者客观上忘记了某问题的具体信息；答卷者对某些问题有抗拒心理；答卷者对某些问题有理解方面的困难。尽管以上原因对问卷质量的影响很难被全面了解和消除，然而采取适当的措施可使这样的负面影响得以有效降低。本书参考和借鉴了许冠南（2008）、范志刚（2010）、勾丽（2010）等学者的研究成果，采取了在学术界使用较为普遍的措施，降低调查结果的偏差，保证研究的科学性。

1. 选择合适的答卷人员

结合本书的研究对象为新创企业这一特点，有针对性地选择在该企业工作一年以上，对企业发展战略和运作情况较为熟悉的高层管理人员来填写问卷，并请答卷者在遇到不清楚的问题时向企业相关人员咨询后再做回答。

2. 限定问题涉及时间

本问卷中的题项均只涉及企业近期情况，基本设定为一年以内，以尽量降低因答卷者记忆模糊所造成的偏差。

3. 明确问卷用途

在调查问卷的首页即阐明问卷所得数据只为学术研究所用，不含有任何商业目的，并会严格保密。为提高答卷者的认真程度与积极性，问卷还承诺将研究成果及时向对方反馈。

4. 调整题项措辞

在问卷设计过程中，笔者广泛征求和听取了本书领域专家学者和企业界高层管理人士的意见和建议，多次对题项的措辞与表达方式进行了调整。此外，通过对问卷的预测试，对出现的问题做出了反复的修改，尽量消除语焉不详或是表达过于理论化的题项。在问卷末尾附有笔者电话、邮箱等联系方式，以方便答卷者在不理解题意的情况下与笔者联系。

5.1.3 问卷的基本内容

进行问卷调查的目的是收集研究内容所需的数据，因此问卷项目的内容和整体结构应依照具体的研究背景、研究目的和理论依据来设计。本书主要是探讨新创企业产业集群关系嵌入对合法性的作用机制以及环境动态性和内部社会资本在创业学习与合法性关系间的调节作用，根据这一研究目的，本书所涉及的调查问卷涵盖了以下几个方面，具体内容参见附录B。第一，问卷对新创企业与产业集群内政府、客户、供应商等各方间关系的紧密程度进行测度，以分析新创企业在集群内的关系嵌入情况；第二，测度新创企业开展创业学习的状况，包括认知学习、嫁接学习和实践学习；第三，选取能够体现新创企业被外界所认可和熟悉的指标来测度企业的合法性；第四，对企业的外部环境和内部环境进行测度，用环境动态性来表征新创企业外部环境的不确定程度，用内部社会资本表征员工间互惠、互信、互助的程度；第五是答卷人的基本情况和企业信息，用以描述和分析企业的整体情况，为实证分析提供可能的控制变量。

5.2 变量测量

由于本书所涉及的变量均为无法直接测量的潜变量，因此对变量的测量采用了主观感知方法。在测量主观感知方面，李克特量表是管理学界应用最为广泛且十分有效的工具。常见的李克特量表主要包括5级和7级两种形式。鉴于5级量表相对简单，更便于答卷者的判断，思考和填写问卷的时间较短，降低了问卷收集和数据获取的难度，因此本书采用李克特5级打分法的量表，数字1~5反映答卷者对问题的态度从完全不同意到完全同意的过程。为保证量表的信度与效度，对变量的操作性定义和测量题项尽量借鉴现有文献中的成熟量表和论述，并结合本书的研究目标和背景进行了适当地精炼与调整，以下将对测量题项做出具体介绍。

5.2.1 产业集群关系嵌入的测量

产业集群关系嵌入是本书的解释变量，依据文献回顾和案例访谈的结果，本书认为新创企业产业集群关系嵌入具体体现为对集群内商业网络的关系嵌入和政治网络的关系嵌入两个方面。关于关系嵌入的程度，学者们在社会网络的研究中提炼出关系的互惠程度、重复性、持续性和信任等指标来加以测量。其中，根据乌西（1997）的研究成果，从组织间信任、信息共享和共同解决问题（共同行动）三个维度对关系嵌入进行测度已成为学者们普遍认同与使用的一种方法。国外的知名学者如麦克艾维和马库斯（McEvily & Marcus）、古拉蒂（1999）和我国的许冠南（2008）分别设计了表达相近的题项，从上述三个维度对关系嵌入的程度做出了测量。我国学者任胜刚等（2011）从关系强度和关系质量两个维度对关系嵌入进行了建构，并设计了十个问题来完成测量工作。

尽管学术界对关系嵌入的内涵和维度的认识还存在一定的分歧，但核心是相同的。在我国，关系网络本质上是信任的延伸，网络主体间关系的友好程度越高，意味着关系距离越近，越有利于信任感的建立、信息的分享和问题的解决。从这点出发，彭和罗（2000）针对转型经济背景下企业关系的类别，设计了7个题项分别测量企业与客户、供应商、同行、银行、党政领导、行业主管部门和工商税务部门之间的关系。采用类似方法的还有辛琳（2013）等学者。

综上所述，依据本书的研究情境，设计了4个题项测量产业集群商业关系嵌入，主要参考和借鉴了彭和罗（2000）的研究成果；设计了5个题项测量产业集群政治关系嵌入，主要参考了彭和罗、杜运周和刘运莲（2012）以及戴维奇（2010）等学者的研究成果。以上学者的测量方法均通过了实证检验，且得到了较高的引用率。在设计问卷时，依据嵌入关系的不同类型（商业关系和政治关系），对相关题项进行了适当的调整，以期能够更加准确地对相关变量加以测度。具体的测量题项如表5.1所示。

表5.1　　新创企业产业集群关系嵌入的测量

维度	测量题项	文献来源
产业集群商业关系嵌入	BR1　本企业与产业集群内客户关系良好	彭和罗（2000）；戴维奇（2011）；俞园园（2015）
	BR2　本企业与产业集群内供应商关系良好	
	BR3　本企业与产业集群内的同行企业关系良好	
	BR4　本企业与产业集群内的科研机构关系良好	

续表

维度	测量题项	文献来源
产业集群政治关系嵌入	PR1 本企业与产业集群内政府部门关系良好	Li（2007）；杜运周和刘运莲（2012）；戴维奇（2010）；俞园园（2015）
	PR2 本企业与产业集群行业主管部门关系良好	
	PR3 本企业与当地工商、税务部门关系良好	
	PR4 本企业与当地园区管委会关系良好	
	PR5 本企业与当地国有银行或其他国有金融机构关系良好	

5.2.2 创业学习的测量

创业学习方式作为本书的中介变量，同时也是最为核心的变量。目前学术界对这一概念的界定仍没有实现统一的认识，对其维度的划分和测量也存在着较大的分歧。如哈里森和利奇（2005）通过对创业学习的深入分析，认为创业学习是创业或新创企业创建背景下的组织学习，因此可以对创业学习的理解可以在组织学习的框架下进行，朱秀梅等（2014）也认为创业学习是组织学习与创业领域的交集。基于这样的理解，苏等（Su et al.，2011）、张文伟和赵文红（2017）、杨隽萍等（2013）将创业学习分为利用式学习和探索式学习两方面，并设计了相近的指标对其进行了测量。

新创企业与成熟企业在思维方式和行为特征方面差别很大，简单地把创业学习理解为新创企业的组织学习并不能真实反映新创企业学习的实际情况。基于这样的认识，陈文婷和李新春综合借鉴了国内外的测量量表，利用本土化的半结构访谈和验证性因子分析，总结出创业学习的五个核心维度及相应的测量题项。单标安等（2013）通过文献梳理和半结构化访谈提炼出创业学习的三个维度，并利用因子分析的方法对其开发的测量量表的信度和效度进行了检验。在广泛借鉴关于创业学习维度划分与测量的研究成果的基础上，结合产业集群内新创企业创业学习特点和案例企业访谈结果，本书分别对认知学习、嫁接学习和实践学习进行测量。具体的测量题项如表 5.2 所示。

表5.2 新创企业创业学习的测量

维度	测量题项	文献来源
认知学习	CL1 本企业经常汲取行业中的各种专业人员的经验	Ozgen（2007）；谢雅萍（2014）
	CL2 本企业注意观察和借鉴相关各方的做法	
	CL3 本企业非常关注同行业中“标杆”企业的行为	
	CL4 本企业重视参与各种正式与非正式的研讨会	
	CL5 本企业经常利用专业书籍中的知识以规范运营	
嫁接学习	GL1 本企业重视引进外部高水平的各类人才	钱德勒（2009）；劳森（2012）
	GL2 本企业积极聘请相关单位的专家为己方做工作指导	
	GL3 本企业重视新员工的看法与建议的应用	
	GL4 本企业鼓励和支持新员工对老员工进行培训和指导	
	GL5 本企业重视选派人才参加各种高水平的培训和交流	
实践学习	AL1 本企业注意总结和利用实际工作中的经验	琼斯（2007）；单标安（2013）
	AL2 本企业重视通过持续实践来反思和纠正原有的做法	
	AL3 本企业注重在实践中提炼知识整合策略并加以运用	
	AL4 本企业重视将实践经验推广到后续工作中	

5.2.3 环境动态性的测量

在实证研究中，学者们对环境动态性的测量大致使用两种方式。一种是采用替代指标的方法，如以产业销售额对时间做回归，并以得到的回归系数的标准误除以行业销售额的平均值作为表征行业不确定性程度的系数。另一种则是相对主观的测量方式，即采用问卷调查的方式测度企业管理人员对外部环境变动的感知，这种方式在战略管理研究领域中的应用较为广泛。

在采用调查问卷测量环境动态性的研究中，贾沃斯基和科利（Jaworski & Kohli，1993）所提出的量表在后续的研究中被大量提及和采用。后续的学者们依据研究的需要选择全部或是部分维度，并对具体题项进行适度修改以测量环境动态性。参考帕夫罗（Pavlou，2011）、利兹坦赛尔（Lichtenthaler，

2009）、刘雪峰（2007）、康健（2015）等的研究，本书设计了测量题项，对技术动态性和市场动态性分别使用 4 个题项进行测量。具体的测量题项如表 5.3 所示。

表 5.3 环境动态性的测量

维度	测量题项	文献来源
技术动态性	TD1 本企业所处领域的技术变化速度很快	贾沃斯基（1993）；帕夫罗（2011）
	TD2 技术变革为整个行业的发展提供了大量的机会	
	TD3 本企业很难预测未来几年内行业技术的变化趋势	
	TD4 所在行业的技术突破使大量新产品创意成为现实	
市场动态性	MD1 本企业所在的市场中，客户的产品偏好变化很快	利兹坦赛尔（2009）；康健（2015）；刘雪峰（2007）
	MD2 客户总是倾向于寻求和尝试新的产品	
	MD3 新客户对产品的需求不同于原有客户	
	MD4 本企业所处市场中产品更新换代速度很快	

5.2.4 内部社会资本的测量

要对内部社会资本进行定量研究，对它的测量就成为一个非常重要的环节。由于在概念界定上仍有分歧，因此迄今为止关于内部社会资本的测量方法在学术界仍没有实现统一，学者们使用的测量指标也有很多。总体说来，目前的方法主要包括两种：相对客观的替代指标法和相对主观的问卷调查法。

在替代指标法中使用较多的指标有企业内部会议的频率，因为内部社会资本可从沟通的角度进行定义，因此陈怀超和范建红采用董事会年度会议频率表征沟通强度，以实现对董事会内部社会资本的测量。此外，诸如是否拥有企业文化手册、无偿献血率等也被学者作为测量内部社会资本的指标。除了使用替代指标，学者们也根据自己的研究情境和目的设计相应的问卷来测量内部社会资本。在测量问卷中，学者们所侧重的具体维度也有所不同，往往按照数据的可获得性选取测量指标，其结果是选取信任、规范、网络中的一个或全部，而且测量中使用的 Liker 量表的程度赋值也有较大的差异。基于数据的可获得性及回应偏差等方面的考虑，综合伊利南柯（2002）、陈建勋（2008）、张爱丽（2010）等学者的研究，本书采用了5个题项来测量新创企业的内部社会资本，具体测量题项如表5.4所示。

表5.4　内部社会资本的测量

维度	测量题项	文献来源
内部社会资本	SC1　本企业员工通常能对同事信守承诺	伊利南柯（2002）；谢洪明（2006）；吴楠（2015）；张爱丽（2010）
	SC2　本企业员工不会做出损害同事利益的举动	
	SC3　本企业员工会向遇到困难的同事提供建议和帮助	
	SC4　本企业员工愿意为企业发展目标的实现而付出努力	
	SC5　本企业员工愿意将自身的追求融入企业的发展中	

5.2.5　合法性的测量

由于合法性是一个十分抽象的概念，因此对它的直接测量比较困难，因此一些学者选用了不同的代理变量来完成这项工作。如鲍姆和鲍威尔（1995）提出了“资格认证竞赛”的测量方法，即将权威第三方的资格认证作为依据以测量组织的合法性。杜运周等（2008）认为ISO认证具有较强的独立性和公正性，因此可以作为合法性的代理指标。迪普豪斯（1996）利用报纸等媒体对商业银行的报道作为依据来测度公众合法性。眭文娟（2014）则以是否拥有协会会员身份和政治身份作为测度新创企业合法性的依据。

由于合法性是一个由利益相关者主观感知决定的概念，只有获得其环境认可或接受的组织才具有合法性。基于这样的认识，一些学者尝试开发以企业被环境的认可度为标准来测量合法性水平的感知性主观量表，色托和霍奇（2007）、埃尔斯巴赫（1994）、杜运周（2012）等学者设计开发的量表具有较高的信效度和被引用次数。本书认为，不同行业的合法性来源和侧重点差异较大，使用代理变量法来测度合法性相对片面且困难较大，而主观量表则可以较为全面地反映合法性水平，且数据相对容易取得。综合参考上述学者的研究成果，本书使用5个题项对合法性水平进行测量。具体的测量题项如表5.5所示。

表 5.5 合法性的测量

维度	测量题项	文献来源
合法性	LE1 本产品的产品和服务得到客户的较高评价	色托和霍奇（2007）；埃尔斯巴赫（1994）；杜运周（2012）；俞园园（2015）
	LE2 供应商愿意和本企业做生意	
	LE3 本企业获得了竞争对手的尊重和认可	
	LE4 本企业的员工对企业有强烈的归属感	
	LE5 本企业获得了政府和行业授予的各种荣誉称号	

5.2.6 控制变量的测量

本书的因变量合法性除了受前面所提及的关系嵌入、创业学习和企业内外部环境因素的影响外，可能还会受到其他因素的作用。为降低这些因素对研究结果的影响，需要对这些变量加以控制。根据创业周期成长理论和学者们普遍采取的做法，本书将企业年龄、企业规模和产业类型作为控制变量。

首先，企业的存续时间越长，其应对制度环境的经验就越丰富，对于业内一些重复发生的问题，能够准确把握并做出恰当的反应，从而使其行为符合周围环境的认知要求。而且，企业成立的时间长通常意味着其具有较为丰富的信用记录，有利于同政府、客户及同行建立和加深联系与感情，这会对合法性的提升起到积极的作用。本书利用企业成立时间到问卷回收时间的跨度来测度企业年龄。

其次，企业的规模大意味着它具有有力的财务支持、较成熟的市场渠道和员工理想的职业前景，行业地位也相对稳固。因此，企业规模对合法性而言是重要的，且关系是明确的。由此本书将企业规模作为控制变量，并以经过自然对数转换的企业人数对其进行测度。

最后，一般来说，高新技术企业享有地方政府、行业协会对企业实施的优惠政策和资金扶持，更能够吸引风险投资者和金融机构的青睐，因此可能会对企业的合法性产生影响。由此本书将产业类型作为控制变量，并引入虚拟变量反映企业的行业类型，高新技术产业和普通制造业分别赋值为 1 和 0。其中高新技术产业包括医药、电子及通信设备、计算机及办公设备、医疗仪器设备及仪器仪表、交通运输设备等产业，传统制造产业包括纺织、木材加工、服装、陶瓷、金属制品等产业。

5.3 预测试及问卷测量项目修正

为提高量表的可信性和可靠性，保证研究结果的科学性，在开展正式调研之前，必须要在问卷发放的目标人群中进行小样本测试，以清除量表中的不良选项。自 2017 年 8 月至 2017 年 10 月，在当地工商联和发展改革委等政府部门的协助下，基于地缘、业缘、亲缘关系，对隶属于天津、广东和浙江产业集群内成立年限未超过 8 年的新创企业进行了预测。问卷共发放 140 份，由目标企业的中高层管理者填写，回收 113 份，在收回的问卷中，剔除了无效问卷 15 份。剔除的标准有两个，一是问卷中存在大量问题漏填的现象，二是问卷的答案呈现明显规律性的特征，如有连续多个题项出现相同答案。这两种情况的出现，一般意味着问卷填写者的注意力没有集中，这给研究带来不必要的干扰。为保证研究的质量，将这些问卷予以剔除。由此，保留有效问卷 98 份，有效问卷回收率为 86%。测试企业的基本情况如表 5.6 所示。

表 5.6　预测试企业的基本信息（N = 98）

企业特征	分类	频次	百分比（%）
成立年限	2 年以内	36	36.73
	3 ~ 5 年	32	32.65
	6 ~ 8 年	30	30.62
员工人数	50 人以下	29	29.60
	51 ~ 300 人	23	23.47
	301 ~ 1000 人	22	22.45
	1000 人以上	24	24.48
企业性质	传统企业	48	48.98
	高新技术企业	50	51.02

5.3.1 测量项目的信度检验

信度反映了量表的可靠程度，是检验问卷可信性、稳定性和内部一致性的统计指标。参考学术界的普遍做法，本书采用克朗巴哈 α 系数和题项—总体相关系数为标准对问卷项目的可信度进行衡量和评价。一般来说，克朗巴哈 α 系数值越大，量表的内部一致性越高。对于可接受的最小克朗巴哈 α 值，学者们的观点尚未实现统一。本书采用大部分学者的做法，将 0.7 作为克朗巴哈 α 系数的最低接受标准。此外，题项—总体相关系数（Corrected Item – Total Correlation，CITC）是指单个题项与总体的相关系数，若某题项的该系数过低，说明该题项与构念中其他题项的相关度不高。删除某题项的标准有两个：一是该题项的 CITC 小于 0.35；二是删除该题项后量表整体克朗巴哈 α 值比删除前有明显提高。依据上述方法，下面对各测量项目进行分析。

1. 新创企业产业集群关系嵌入的信度

对新创企业产业集群关系嵌入测量量表的信度分析结果如表 5.7 所示，各题项之间的相关系数均大于 0.35，相关性较好且显著；商业关系嵌入、政治关系嵌入整体 α 系数大于 0.7，即商业关系嵌入、政治关系嵌入内部一致性较好，删除任一题项后，α 系数降低，即题项之间的同质性较好，因此建议保留新创企业产业集群关系嵌入量表的全部题项。

表 5.7 新创企业产业集群关系嵌入的信度检验

变量	题项	题项—总体相关系数	删除该题项后的克朗巴哈 α 值	删除该题项前的克朗巴哈 α 值	判断结果
商业关系嵌入	BR1	0.806 **	0.852	0.896	保留
	BR2	0.784 **	0.860		保留
	BR3	0.738 **	0.877		保留
	BR4	0.747 **	0.874		保留
政治关系嵌入	PR1	0.657 **	0.794	0.834	保留
	PR2	0.605 **	0.808		保留
	PR3	0.607 **	0.807		保留
	PR4	0.666 **	0.791		保留
	PR5	0.633 **	0.801		保留

注：** 表示 $P<0.01$。

2. 新创企业创业学习的信度

对新创企业创业学习测量量表的信度分析结果如表5.8所示。认知学习、实践学习量表中的各题项之间相关系数均大于0.35，且相关性较好；嫁接学习中GL5相关性较差，低于0.35，其他题项间相关系数高于0.35，且显著，因此其他题项保留，GL5待定。认知学习、嫁接学习、实践学习量表整体α系数大于0.7，即认知学习、嫁接学习、实践学习量表内部一致性较好。认知学习量表中，删除CL5题项后，α系数升高，建议保留认知学习量表的其他题项，CL5待定。嫁接学习中，删除GL5后，整体α系数升高，因此建议保留其他题项，GL5待定。实践学习量表中，删除任一题项后，α系数均降低，因此建议保留实践学习量表中的全部题项。

表5.8　新创企业创业学习的信度检验

变量	题项	题项—总体相关系数	删除该题项后的克朗巴哈α值	删除该题项前的克朗巴哈α值	判断结果
认知学习	CL1	0.883**	0.887	0.922	保留
	CL2	0.874**	0.889		保留
	CL3	0.918**	0.883		保留
	CL4	0.853**	0.896		保留
	CL5	0.540**	0.963		待定
嫁接学习	GL1	0.685**	0.604	0.723	保留
	GL2	0.614**	0.634		保留
	GL3	0.631**	0.632		保留
	GL4	0.668**	0.619		保留
	GL5	0.156	0.882		待定
实践学习	AL1	0.742**	0.875	0.894	保留
	AL2	0.731**	0.876		保留
	AL3	0.690**	0.889		保留
	AL4	0.925**	0.809		保留

注：**表示 $P<0.01$。

3. 环境动态性的信度

对环境动态性测量量表的信度分析结果如表5.9所示，各题项之间相关系数均大于0.35，相关性较好且显著；技术动态性、市场动态性整体α系数大于0.7，即技术动态性、市场动态性内部一致性较好，删除任一题项后，α系数降低，即题项之间的同质性较好，因此建议保留环境动态性嵌入量表的全部题项。

表5.9 环境动态性的信度检验

变量	题项	题项—总体相关系数	删除该题项后的克朗巴哈α值	删除该题项前的克朗巴哈α值	判断结果
技术动态性	TD1	0.823**	0.900	0.923	保留
	TD2	0.826**	0.899		保留
	TD3	0.781**	0.914		保留
	TD4	0.858**	0.888		保留
市场动态性	MD1	0.582**	0.834	0.839	保留
	MD2	0.729**	0.771		保留
	MD3	0.742**	0.765		保留
	MD4	0.641**	0.811		保留

注：** 表示 $P<0.01$。

4. 内部社会资本的信度

对内部社会资本测量量表的信度分析结果如表5.10所示，内部社会资本量表中各题项之间相关系数均大于0.35，相关性较好且显著；内部社会资本整体α系数大于0.7，即内部社会资本内部一致性较好，删除任一题项后，α系数均降低，因此建议保留内部社会资本量表中的全部题项。

表 5.10　内部社会资本的信度检验

变量	题项	题项—总体相关系数	删除该题项后的克朗巴哈 α 值	删除该题项前的克朗巴哈 α 值	判断结果
内部社会资本	SC1	0.658 **	0.851	0.868	保留
	SC2	0.608 **	0.860		保留
	SC3	0.918 **	0.796		保留
	SC4	0.638 **	0.861		保留
	SC5	0.733 **	0.832		保留

注：** 表示 P<0.01。

5. 合法性的信度

对合法性测量量表的信度分析结果如表 5.11 所示，合法性量表中各题项之间相关系数均大于 0.35，相关性较好且显著；合法性量表整体 α 系数大于 0.7，即合法性内部一致性较好，删除任一题项后，α 系数均降低，因此建议保留合法性量表中的全部题项。

表 5.11　合法性的信度检验

变量	题项	题项—总体相关系数	删除该题项后的克朗巴哈 α 值	删除该题项前的克朗巴哈 α 值	判断结果
合法性	LE1	0.736 **	0.899	0.910	保留
	LE2	0.716 **	0.903		保留
	LE3	0.780 **	0.889		保留
	LE4	0.732 **	0.898		保留
	LE5	0.929 **	0.862		保留

注：** 表示 P<0.01。

5.3.2 测量项目的探索性因子分析

参考学者们的意见和普遍的做法，本书在完成量表信度分析之后，采用探索性因子分析（Exploratory Factor Analysis，EFA）对量表的结构效度进行检验，以实现对量表的进一步净化。依照研究惯例，本书采用主成分分析法提取因子，并用方差最大法对因子进行正交旋转，经过转轴后可得到因子矩阵和各题项的因子载荷量。因子载荷量体现着变量的收敛程度和变量间的区别程度，变量题项的因子载荷量越大，变量的收敛程度越高，通常以 0.5 作为保留题项因子载荷量的标准。

在进行探索性因子分析前，需要先通过取样适切性量数（KMO）和巴特利特（Bartlett）球形检验来检验题项间的相关性，进而判断是否可以进行因子分析。KMO 取值在 0 ~ 1，越接近于 1，变量间的偏相关性越强，越适合因子分析。在实际统计分析中，KMO 值大于 0.7 时被认为做因子分析的效果比较好；当 KMO 值小于 0.5 时，不适合采用因子分析法。巴特利特球形检验用于检验相关系数矩阵中变量间的相关性，是否为单位阵，即检验各变量是否各自独立。当相关系数矩阵为单位阵的原假设被拒绝时，可认为各变量间存在相关性，适合因子分析。本书对 KMO 值在 0.7 以上，且巴特利特球形检验的 P 值小于 0.05 显著时，适合进行因子分析。

1. 新创企业产业集群关系嵌入的探索性因子分析

根据 SPSS22.0 的分析结果，产业集群关系嵌入量表的 KMO 值为 0.788，巴特利特球形度检验的卡方值为 416.909，显著性概率值 $P<0.05$，达到显著水平，表示产业集群关系嵌入量表九个题项有共同因素存在，适合做因子分析。采用主成分分析法估计因子负荷量，选取特征值大于 1 的因子，并采用最大方差法旋转选取相应的因子，共抽取出两个因子。因子 1 包括 BR1 ~ BR4 四个题项，因子 2 包括 PR1 ~ PR5 五个题项，各题项对应的因子负荷量都大于 0.5，跨因子负荷量都小于 0.4。根据因子构面包含的题项变量特性，两个因子分别命名为“商业关系嵌入”和“政治关系嵌入”，两因子旋转后的特征值分别为 3.199 和 2.871，均大于 1，两因子的累积解释变差为 67.437，大于 60%，表明因子分析结果合理，建构效度较好。对产业集群关系嵌入的探索性因子分析的结果如表 5.12 所示。

表5.12　　新创企业产业集群关系嵌入的探索性因子分析

变量名称	题项	因子载荷		KMO值	巴特利特球形检验	
		因子1	因子2		卡方值	显著性
商业关系嵌入（因子1）	BR1	0.897	0.001	0.788	416.909	0.000
	BR2	0.879	0.105			
	BR3	0.855	-0.027			
	BR4	0.858	0.017			
政治关系嵌入（因子2）	PR1	-0.034	0.797			
	PR2	0.007	0.754			
	PR3	0.061	0.750			
	PR4	0.066	0.799			
	PR5	0.002	0.773			
	特征值	3.199	2.871			
	解释变差（%）	33.941	33.496			
	累积解释变差（%）	33.941	67.437			

2. 新创企业创业学习的探索性因子分析

根据SPSS22.0的分析结果，创业学习量表的KMO值为0.831，巴特利特特球形度检验的卡方值为1216.577，显著性概率值P<0.05，达到显著水平，表示创业学习量表十四个题项有共同因素存在，适合做因子分析。采用主成分分析法估计因子负荷量，选取特征值大于1的因子，并采用最大方差法旋转选取相应的因子，共抽取出三个因子。因子1包括CL1~CL5五个题项，因子2包括GL1~GL5五个题项，因子3包括AL1~AL4四个题项。除了CL5和GL5，其他各题项对应的因子负荷量都大于0.5，跨因子负荷量都小于0.4，结合CITC及信度分析结果，将CL5和GL5两个题项予以删除，保留其他题项。根据因子构面包含的题项变量特性，三个因子依次命名为“认知学习”“嫁接学习”和“实践学习”。三因子旋转后的特征值均大于1，累积解释变差为73.444，大于60%，表明因子分析结果合理，建构效度较好。对创业学习的探索性因子分析的结果如表5.13所示。

表 5.13 新创企业创业学习的探索性因子分析

变量名称	题项	因子载荷			KMO 值	巴特利特球形检验	
		因子 1	因子 2	因子 3		卡方值	显著性
认知学习（因子 1）	CL1	0.916	0.201	0.203	0.831	1216.577	0.000
	CL2	0.885	0.244	0.188			
	CL3	0.934	0.233	0.189			
	CL4	0.840	0.302	0.224			
	CL5	0.372	0.440	0.482			
嫁接学习（因子 2）	GL1	0.264	0.808	0.151			
	GL2	0.120	0.808	0.170			
	GL3	0.178	0.831	0.228			
	GL4	0.262	0.798	0.136			
	GL5	0.058	0.203	0.047			
实践学习（因子 3）	AL1	0.161	0.395	0.767			
	AL2	0.276	0.161	0.788			
	AL3	0.090	0.130	0.825			
	AL4	0.199	0.119	0.933			
	特征值	6.854	1.830	1.599			
	解释变差（%）	22.256	23.761	23.426			
	累积解释变差（%）	22.256	50.018	73.444			

3. 环境动态性的探索性因子分析

根据 SPSS22.0 的分析结果，环境动态性量表的 KMO 值等于 0.826，巴特利特球形度检验的卡方值为 458.093，显著性概率值 $P < 0.05$，达到显著水平，表示环境动态性量表八个题项有共同因子存在，适合进行因子分析。采用主成分分析法估计因素负荷量，选取特征值大于 1 的因素，并采用最大方差法旋

转，选取相应的因素，共抽取出两个因素，因素1包括题TD1～TD4四个题项，因素2包括MD1～MD4四个题项，各题项对应的因子负荷量都大于0.5，跨因子负荷量均小于0.4，表明量表建构效度较好，根据因子构面包含的题项变量特性，因子1的构面命名为“技术动态性”，因子2命名为“市场动态性”，两因子旋转后的特征值分别为3.199和2.871，均大于1，两因素的变异量分别为33.941%、33.496%，累计变异量为67.437%，大于60%，表示因子分析结果合理，建构效度较好。对环境动态性的探索性因子分析的结果如表5.14所示。

表5.14　环境动态性的探索性因子分析

变量名称	题项	因子载荷		KMO值	巴特利特球形检验	
		因子1	因子2		卡方值	显著性
技术动态性（因子1）	TD1	0.911	-0.068	0.826	458.093	0.000
	TD2	0.893	0.178			
	TD3	0.872	0.052			
	TD4	0.919	0.100			
市场动态性（因子2）	MD1	0.091	0.750			
	MD2	0.126	0.851			
	MD3	-0.007	0.872			
	MD4	0.019	0.802			
	特征值	3.490	2.506			
	解释变差（%）	40.715	34.233			
	累积解释变差（%）	40.715	74.949			

4. 内部社会资本的探索性因子分析

根据SPSS22.0的分析结果，内部社会资本量表的KMO值为0.777，巴特利特的球形度检验的卡方值为305.376，显著性概率值$P<0.05$，达到显著水平，表示内部社会资本量表五个题项有共同因子存在，适合做因子分析。采用

主成分分析法估计因子负荷量，选取特征值大于 1 的因子，共抽取出一个因子，各题项对应的因子负荷量都大于0.5。根据因子构面包含的变量特性，该因子命名为“内部社会资本”，因子特征值大于1，累积解释变差为68.128，大于60%，表明因子分析结果合理，建构效度较好。对内部社会资本的探索性因子分析的结果如表5.15 所示。

表 5.15 内部社会资本的探索性因子分析

变量名称	题项	因子载荷	KMO 值	巴特利特球形检验	
		因子 1		卡方值	显著性
内部社会资本	SC1	0.795	0.777	305.376	0.000
	SC2	0.757			
	SC3	0.857			
	SC4	0.764			
	SC5	0.838			
	特征值	3.406			
	解释变差（%）	68.128			
	累计解释变差（%）	68.128			

5. 合法性的探索性因子分析

根据 SPSS22.0 的分析结果，合法性量表的 KMO 值为 0.826，巴特利特的球形度检验的卡方值为 387.714，显著性概率值 $P < 0.05$，达到显著水平，表示合法性量表五个题项有共同因素存在，适合做因子分析。采用主成分分析法估计因子负荷量，选取特征值大于 1 的因子，并采用最大方差法旋转选取相应的因子，共抽取出一个因子，各题项对应的因子负荷量都大于 0.5。根据因子构面包含的题项变量特性，该因子命名为“合法性”，因子的特征值大于 1，累积解释变差为 74.657，大于 60%，表明因子分析结果合理，建构效度较好。对合法性的探索性因子分析的结果如表 5.16 所示。

表 5.16　　合法性的探索性因子分析

变量名称	题项	因子载荷	KMO 值	巴特利特球形检验	
		因子 1		卡方值	显著性
合法性	LE1	0.829	0.826	387.714	0.000
	LE2	0.815			
	LE3	0.869			
	LE4	0.838			
	LE5	0.835			
	特征值	3.733			
	解释变差（%）	74.657			
	累计解释变差（%）	74.657			

综上所述，经过对量表信度与效度的检验，删除了初始量表中的 2 个题项，并形成了正式的调查问卷，可以利用其开展大规模的问卷调查工作。

5.4　问卷发放及有效性控制

5.4.1　样本的选择

高质量研究成果的取得是建立在数据真实和有效的基础之上。本书属于对产业集群内创业现象的研究，所需数据难以从公开渠道中获得，因此需要以调查问卷的方式来收集相关数据。为提高样本数据的可靠性，尽量降低外部因素的干扰，本书对调查问卷的发放对象进行了严格的筛选。具体的样本选择条件包括：

（1）样本为产业集群内的制造型新创企业。对于新创企业的划分标准，一般是以企业的成立年限为准，但也没有形成共识。有的学者认为成立年限在

6 年以内的是新创企业，但也有学者提出存续时间在 8 年以内的企业都属于新创企业。依据大部分学者的划分方法，本书将成立时间小于 8 年的企业视为新创企业。

（2）依据本书的研究背景与目的，问卷主要发放于天津、浙江、广东、山东等东部经济发达地区。一是由于这些地区内具有形成时间较长的产业集群，集群内部有众多涉及汽车制造、家具、服装等行业的新创企业可供调研，同时可以尽量避免不同区域经济发展水平差异对本书最终分析结果的影响，凸显本书自变量对因变量的影响机理；二是笔者自身的人脉资源能够使问卷发放与回收工作得以较为顺利地完成。

（3）问卷的发放对象为新创企业的所有者、创建者和中高层管理者，以保证问卷填写者对涉及的问题有全面而清晰地了解，从而对问题做出准确回答。

5.4.2 问卷的发放与回收

由于本书涉及企业层面的战略与操作，研究数据的取得需要企业中高层管理者的配合，由于他们往往出于时间原因或是保护企业等原因而不愿透露信息，这给问卷调查工作的顺利进行带来了一定的困难。为提高问卷的回收率和数据的有效性，本书主要通过以下四种途径进行问卷发放。

（1）在实地调研过程中，采用现场发放与回收的方式，请调研企业的中高层管理者现场填写，对其感到困惑的地方笔者可以当场解答。由于笔者与调研企业的接触较多，因此答卷者在填答时也较为认真。

（2）委托相关政府部门（如工商联、发展和改革委员会、经济技术开发区管委会）等代为发放问卷与回收。由于是委托发放，因此在问卷发放之前再三强调调研对象一定符合研究要求，即产业集群内的新创企业。

（3）依托同事、亲戚、同学和朋友的关系代为发放与回收问卷。由于是委托发放，同样对问卷发放者解释问卷发放对象的特殊性，并经常通过电话和微信等方式与发放者保持联系，以保证问卷数据获得的及时性和有效性。

（4）委托一家之前有过合作的数据中介公司协助进行问卷的发放与回收。

问卷发放和回收工作自 2017 年 10 月开始，到 2018 年 2 月结束，历时四个半月。期间共发放问卷 640 份，回收 486 份，其中有效问卷 395 份。无效问卷剔除的原因在于：一是问卷中有超过5个题项没有回答，或是题项的回答呈明显的规律性；二是问卷填写方不是产业集群内的新创企业，不符合本书的要求。若将无效问卷纳入实证分析过程，会影响分析结果，因此予以删除。问卷发放和回收情况如表5.17所示。

表5.17　问卷发放与回收情况汇总

问卷发放与回收途径	发放数量	回收数量	回收率（%）	有效问卷	有效率（%）
实地调研走访发放	18	18	100	18	100
委托政府机构发放	210	137	65.21	86	40.95
关系网络发放	152	84	55.32	58	38.16
数据中介公司发放	260	247	95	233	89.62
总计	640	486	75.93	395	61.71

注：问卷回收率＝问卷发放数/问卷回收数；有效回收率＝有效问卷/问卷发放数。

5.4.3　样本特征描述

经过对395份有效问卷数据的描述性统计分析，本书将样本企业的基本特征呈现如下，主要包括企业的年龄、规模和行业分布三类指标，这也是学者们在研究中经常加以控制的变量。具体情况如表5.18所示。

表5.18　样本基本情况描述（N＝395）

类别	分类标准	频数	百分比（%）	累计百分比（%）
企业年龄	2年以内	136	34.43	34.43
	3～5年	166	42.45	63.67
	6～8年	93	36.32	100

续表

类别	分类标准	频数	百分比（%）	累计百分比（%）
企业规模（员工人数）	50 人以下	154	39. 18	39. 18
	51 ~ 300 人	162	41. 63	80. 81
	301 ~ 1000 人	75	18. 78	99. 59
	1001 人以上	4	0. 41	100
行业分布	交通运输设备	55	13. 88	13. 88
	电子及通信设备	53	13. 47	27. 35
	医药	50	12. 65	51. 84
	服装纺织	61	15. 51	67. 35
	家具	52	13. 06	80. 41
	皮具	48	12. 24	92. 65
	其他	29	7. 35	100

企业年龄是企业的重要特征之一。本书按照时间长短将企业年龄分为 3 类，企业年龄在 2 年以内的占样本总量的 34. 43%，3 ~5 年的企业占样本总量的 42. 45%，6 ~8 年的企业占样本总量的 36. 33%。由此可以看出，样本中成立时间为 3 ~5 年的企业数量最多，但总体来说各年龄段的企业均有涉及，且所占比例差别并不悬殊，因此样本企业具有较高的代表性。

一般来说，学者们惯于将企业资产或是员工人数作为替代指标来对企业规模进行测量。本书以企业员工人数作依据，并将员工人数分为 4 类。从表 5. 18 中可以看出，样本企业规模主要集中于“50 人以下”和“51 ~ 300 人”这两类，即有 81% 左右的样本企业的人数少于 300 人。依据相关规定，这样的企业都属于中小微型企业。

企业所处行业也是学者们比较关注的企业属性。从表 5. 18 可以看出，样本企业的行业分布比较广泛，涉及交通运输设备、电子及通信设备、医药、家具和纺织服装等不同行业，且所占比例差别不是很大，基本能够反映不同行业的产业集群中新创企业的情况。

5.4.4　共同方法偏差检验

由于本书所使用的调查问卷的题项都是由同一个人来填写，这就可能会导致共同方法偏差（common method variance）的现象，若问题严重的话会对研究结论的有效性产生不利影响。为避免这种情况的出现，本书接受波扎克夫等（Podsakoff et al.，2003）的建议，采用程序控制和统计方法控制来加以解决。首先，在问卷显著位置注明问卷采用匿名方式答题，研究目的仅限于学术研究，题项答案没有对错之分，且信息会严格保密；其次，笔者还进行了哈曼单因子检验，即将所有变量做探索性因子分析，结果显示未旋转时第一个主成分的载荷为10.34%，并不存在某个解释力特别大的因子，因此同源方法偏差并不严重。

5.5　分析方法与工具

要对本书提出的研究假设和概念模型做出科学的分析与检验，就应选取合适的研究工具与研究方法。结合调查问卷所获取的有效数据，本书将进行效度和效度检验、相关分析、层级回归分析，并在因子分析的基础上进行模型的拟合与假设的检验。本书所使用的统计分析软件有SPSS22.0和AMOS23.0。鉴于部分方法在前面中已经有所涉及，因此下面主要相关分析、层级回归分析和结构方程建模三种分析方法进行简单介绍。

5.5.1　相关分析和层级回归分析

相关分析是对两个变量间关系的存在、方向与密切程度进行分析。两个变量间较大的相关系数说明二者之间相关性较高。对相关关系的分析可以获得对变量间关联方向与程度的初步了解，并为下一步的回归分析提供初步的判断。在本书中，关系嵌入、创业学习、环境动态性、内部社会资本以及合法性之间的相关性分析奠定了后续模型检验的基础。本书将采用皮尔逊相关分析对相关数据进行分析。

层级回归分析在管理学的实证研究中应用广泛，一般用来对中介效应和调节效应进行检验。其中调节效应是交互效应的一种，调节变量是影响自变量和因变量间关系的方向或强度的变量。层级回归分析通过分析检验调节变量和自变量间的交互关系，来确定调节变量对原始双变量关系的调节效应。具体的步骤是将经过标准化处理后的自变量与因变量的乘积放入层级回归方程，观察系数的显著性和 R^2 的变化，进而分析调节效应的存在与否及其程度。本书将环境动态性和内部社会资本作为调节变量，研究其在创业学习与合法性关系中的调节效应。

5.5.2 结构方程模型分析

结构方程模型（SEM）可同时考虑和处理多个因变量，是一种整合了因子分析和路径分析的统计方法，能够实现对模型中各种变量间关系的检验，并得到自变量对因变量影响的直接效果、间接效果和总效果。结构方程模型包含着显性变量、隐性变量、干扰或误差变量之间的关系，其中潜变量属于无法直接测量的构念，传统的统计方法对其无法妥善处理。本书所涉及的产业集群关系嵌入、创业学习、合法性、环境动态性及企业的内部社会资本都属于潜变量，因此本书十分适合使用结构方程建模这一方法。

一个结构方程模型包括数个测量模型和一个结构模型。测量模型用来检验指标变量构成潜变量的程度；结构模型则反映了潜变量间的因果关系，即通常所说的路径分析，需要研究人员根据理论文献或经验法则来确定。模型的拟合效果，即收集到的数据与研究者的理论假设的匹配程度，需要结合多个参数标准加以评价。本书采用温忠麟（2004）等提出的方法，以相对拟合指数和绝对拟合指数对模型整体拟合效果加以评估。

5.6 本章小结

本章主要对本书的问卷设计与研究方法进行了介绍。根据本书的研究背景，经过对相关研究文献的梳理以及同本领域专家学者的交流讨论，设计了关于产业集群关系嵌入、创业学习、合法性、环境动态性和内部社会资本及相应控制变量的测量题项，形成初步的调查问卷。在此基础上，通过预测试对测量项目进行了修正，净化了问卷。通过四种渠道进行了大规模的问卷发放，对所回收的问卷的有效性进行了甄别，并对样本的特征进行了描述性统计分析，继而阐述了对可能出现的共同方法偏差的程序控制和检验。最后介绍了在下一章实证研究中将使用的分析方法和工具。

第6章

实证分析与结果讨论

在第5章中对样本数据的特征进行了基本的描述，样本企业的整体情况符合本书的需要。本章将对样本数据进行深入分析，对于前面所列出的研究假设进行检验，并就结果进行解释和说明。

6.1 信度与效度检验

在展开研究假设的验证之前，先要对问卷量表的信度和效度进行检验。这样做的目的首先在于确定量表是否可靠，其次确定量表是否可以如实反映需要测量的变量的特质。只有信度和效度符合特定的要求，才能开展研究假设的统计检验。因此，本书将首先对问卷的信度和效度进行检验，为后续分析打下必要的基础。

6.1.1 信度检验

信度体现着测量数据的可靠程度，较高的信度意味着测量结果的一致性和稳定性。由于信度的大小会受答题时间、环境以及答题者的变化而呈现不同的结果，因此本书需要对经过正式调研收集到的数据进行信度检验。遵循现有研究中普遍使用的方法，以克朗巴哈α系数作为判定信度的指标，并将0.7作为克朗巴哈α系数的临界值，并对比具体题项删除前与删除后的克朗巴哈α系数的大小。除此之外，还综合观察校正的CITC，若CITC小于0.5且该题项删除后量表的克朗巴哈α系数有明显的提高，则表明该项目与其他题项的相关程度不高，应该予以删除。

表6.1~表6.5呈现了产业集群关系嵌入、创业学习、合法性、环境动态性以及内部社会资本的信度检验结果。其中，表6.1是产业集群关系嵌入的信度检验，产业集群商业关系嵌入和政治关系嵌入量表的内部一致性水平较高，克朗巴哈α系数都超过了0.7，且校正的CITC数值大于0.5，没有出现删除某题项后的克朗巴哈α系数大于删除前克朗巴哈α系数的情况，量表通过了信度检验。

表6.1　新创企业产业集群关系嵌入的信度检验结果

变量	题项	题项—总体相关系数	删除该题项后的克朗巴哈α值	删除该题项前克朗巴哈α值
商业关系嵌入	BR1	0.777	0.859	0.894
	BR2	0.772	0.860	
	BR3	0.724	0.878	
	BR4	0.787	0.855	
政治关系嵌入	PR1	0.670	0.798	0.839
	PR2	0.608	0.816	
	PR3	0.594	0.819	
	PR4	0.677	0.796	
	PR5	0.660	0.801	

表6.2呈现创业学习的信度检验结果，认知学习、嫁接学习和实践学习三个量表的内部一致性水平较高，克朗巴哈α系数都超过了0.8，校正的CITC数值大于0.7，没有出现删除某题项后的克朗巴哈α系数大于删除前克朗巴哈α系数的情况，量表通过了信度检验。

表 6.2 创业学习的信度检验结果

变量	题项	题项—总体相关系数	删除该题项后的克朗巴哈 α 值	删除该题项前的克朗巴哈 α 值
认知学习	CL1	0. 781	0. 867	0. 899
	CL2	0. 776	0. 869	
	CL3	0. 774	0. 870	
	CL4	0. 773	0. 872	
嫁接学习	GL1	0. 815	0. 862	0. 903
	GL2	0. 793	0. 870	
	GL3	0. 787	0. 872	
	GL4	0. 734	0. 891	
实践学习	AL1	0. 783	0. 881	0. 887
	AL2	0. 724	0. 866	
	AL3	0. 759	0. 854	
	AL4	0. 854	0. 821	

表 6. 3 呈现了环境动态性的信度分析结果，技术动态性和市场动态性的克朗巴哈 α 系数都大于 0. 9，超过了本书给出的判定标准。综合观察 CITC 的数值和删除题项后克朗巴哈 α 系数的变化情况，可以认为量表通过了信度检验。

表 6.3 环境动态性的信度检验结果

变量	题项	题项—总体相关系数	删除该题项后的克朗巴哈 α 值	删除该题项前的克朗巴哈 α 值
技术动态性	TD1	0. 895	0. 943	0. 957
	TD2	0. 896	0. 942	
	TD3	0. 892	0. 944	
	TD4	0. 895	0. 943	

续表

变量	题项	题项—总体相关系数	删除该题项后的克朗巴哈α值	删除该题项前的克朗巴哈α值
市场动态性	MD1	0.886	0.917	0.942
	MD2	0.866	0.922	
	MD3	0.823	0.936	
	MD4	0.871	0.921	

表6.4给出了内部社会资本的信度分析结果，内部社会资本的题项间具有较高的内部一致性，综合观察CITC的数值和删除题项后克朗巴哈α系数的变化情况，可以认为量表通过了信度检验。

表6.4　　　　内部社会资本的信度检验结果

变量	题项	题项—总体相关系数	删除该题项后的克朗巴哈α值	删除该题项前的克朗巴哈α值
内部社会资本	SC1	0.833	0.919	0.935
	SC2	0.781	0.928	
	SC3	0.958	0.898	
	SC4	0.782	0.931	
	SC5	0.810	0.924	

表6.5给出了合法性的信度检验结果，表中的数据显示合法性测量量表的克朗巴哈α系数为0.910，说明该量表具有较高的内部一致性。综合观察CITC的数值和删除题项后克朗巴哈α系数的变化情况，可以认为该量表通过了信度检验。

表 6.5 合法性的信度检验结果

变量	题项	题项—总体相关系数	删除该题项后的克朗巴哈 α 值	删除该题项前的克朗巴哈 α 值
合法性	LE1	0.760	0.893	0.910
	LE2	0.713	0.903	
	LE3	0.804	0.884	
	LE4	0.764	0.892	
	LE5	0.828	0.879	

综合以上的检验结果，本书使用的相关变量的测量量表均具有较高的信度水平，可以利用其提供的数据进行下一步的统计分析。

6.1.2 效度检验

量表的效度是指测量结果的有效程度，即测量量表是否达到了预定的目标以及是否测量了想要测量的内容。较高的效度是一个良好的测量问卷最重要的特性，也是选择和判别量表的重要依据，因此需要对本书所使用的量表进行效度检验。

在管理学的实证研究中，内容效度和结构效度是学者们重点关注的方面。遵循这一研究习惯，本书也从这两方面着手对量表效度进行检验。首先，就内容效度来说，对其评价主要是通过经验判断来进行。本书所使用的量表是在借鉴国内外成熟量表的基础上形成的，已就量表中的具体内容与专家学者和企业界人士进行交流和访谈，在题项的通顺性和完整性等方面进行了完善，这就使本书使用的量表具有较高的内容效度。其次，就结构效度来说，本书在预测试阶段对量表进行了探索性因子分析，删除了因子载荷量过低的题项，对量表进行了净化。在此基础上，还需利用结构方程模型展开验证性因子（CFA）对效度做进一步检验，主要涉及聚合效度和区分效度。

聚合效度又称为收敛效度，体现着测量同一构念的不同题项间的相关性。

对聚合效度的评价标准有以下三个，一是观察变量在潜变量上的因子载荷值应大于0.5；二是平均提取方差值（AVE）应大于0.5；三是组合信度（CR）应大于0.7。区分效度是指一个构念的测量与另一个构念的测量之间不存在较大的相关性。对区分效度的评价可以观察变量间的相关系数，以0.85作为临界值，如果相关系数小于这一临界值，则认为变量的测量具有区分效度。由于涉及使用结构方程模型，因此还需采用相关的拟合指标对模型的拟合度进行测度。遵从吴明隆等（2010）的建议，本书采用以下指标对模型的拟合度进行测度，具体指标如表6.6所示。

表6.6　　结构方程模型拟合度指标及建议值

指标名称	建议值
卡方自由度比（χ^2/df）	≤3（较宽松值为5）
近似残差均方根（RMSEA）	≤0.08
拟合优度指数（GFI）	≥0.9
调整后拟合优度指数（AGFI）	≥0.9
基准拟合优度指数（NFI）	≥0.9
比较拟合优度指数（CFI）	≥0.9
增值拟合优度指数（IFI）	≥0.9
非规准优度指标（TLI）	≥0.9

资料来源：吴明隆．结构方程模型：Amos的操作与应用［M］．重庆：重庆大学出版社，2010.

1. 产业集群关系嵌入验证性因子分析

对产业集群关系嵌入中的商业关系嵌入和政治关系嵌入进行验证性因子分析，测量模型和模型拟合度评价如图6.1和表6.7所示。

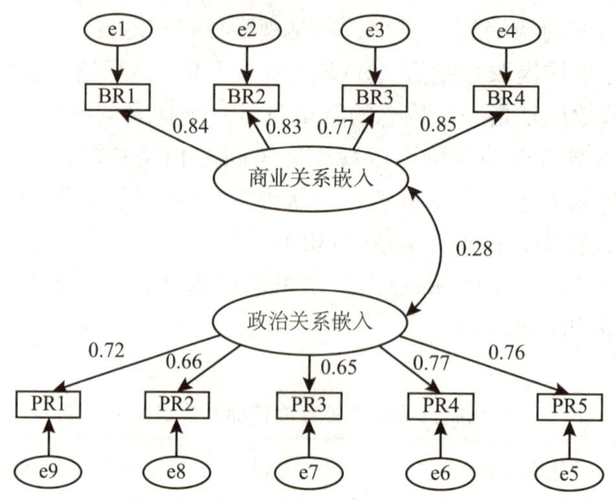

图 6.1　产业集群关系嵌入验证性因子分析模型

表 6.7　产业集群关系嵌入测量模型拟合度评价

拟合度指标	χ^2/df	RMSEA	GFI	AGFI	CFI	NFI	TLI	IFI
统计值	2.687	0.073	0.954	0.920	0.967	0.953	0.955	0.968

验证性因子分析结果表明，卡方自由度比为 2.687，小于 3，RMSEA 小于 0.08，其他拟合指数如 GFI、AGFI、CFI、NFI、IFI 和 TLI 也都大于 0.9，即达到了建议值的要求。这表明该验证性因子模型具有较好的拟合度，即本书对产业集群关系嵌入的测量是有效的。从图 6.1 可以看出，商业关系嵌入和政治关系嵌入的相关系数为 0.28，小于 0.85 这一临界值，表明构念的维度之间具有区分效度。

由表 6.8 可知，产业集群关系嵌入测量模型所有的因子载荷 T 值皆大于 3.29，说明所有指标在各自计量的概念上的因子载荷都达到了 $P<0.001$ 的显著水平，因子负荷均大于 0.5，说明量表收敛效度较高。产业集群关系嵌入测量模型的组合信度 CR 均大于 0.7，平均变异数抽取量 AVE 均大于 0.5，表明潜变量解释程度较好，即验证性因子分析结果理想，各指标的题项内部一致性好。产业集群关系嵌入聚合效度的检验结果如表 6.8 所示。

表 6.8 产业集群关系嵌入聚合效度检验结果

维度	测量题项	因子载荷	标准误	T 值	P	CR	AVE
商业关系嵌入	BR1	0.840	—	—	—	0.894	0.678
	BR2	0.829	0.052	19.106	***		
	BR3	0.772	0.052	17.311	***		
	BR4	0.851	0.051	19.768	***		
政治关系嵌入	PR1	0.723	—	—	—	0.839	0.512
	PR2	0.663	0.068	14.273	***		
	PR3	0.650	0.064	12.104	***		
	PR4	0.771	0.070	12.355	***		
	PR5	0.761	0.070	13.464	***		

注：*** 表示 $P < 0.001$。

2. 新创企业创业学习验证性因子分析

对新创企业创业学习进行验证性因子分析，测量模型和模型拟合度评价如图 6.2 和表 6.9 所示。

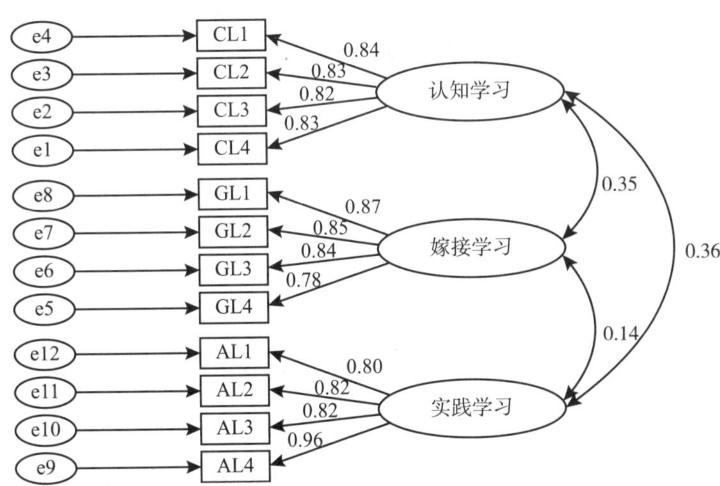

图 6.2 新创企业创业学习验证性因子分析模型

表 6.9　　新创企业创业学习测量模型拟合度评价

拟合度指标	χ^2/df	RMSEA	GFI	AGFI	CFI	NFI	TLI	IFI
统计值	2.788	0.067	0.948	0.921	0.970	0.955	0.962	0.971

验证性因子分析结果表明，卡方自由度比为2.788，小于3，RMSEA小于0.08，其他拟合指数如GFI、AGFI、CFI、NFI、IFI和TLI也都大于0.9，达到了建议值的要求。这表明该验证性因子模型具有较好的拟合度，即本书对新创企业创业学习的测量是有效的。从图6.2可以看出，认知学习、嫁接学习和实践学习的两两相关系数为0.35、0.36和0.14，小于0.85这一临界值，表明构念的维度之间具有区分效度。

由表6.10可知，新创企业创业学习测量模型所有的因子载荷t值皆大于3.29，说明了所有指标在各自计量的概念上的因子载荷都达到了$P<0.001$的显著水平，因子载荷均大于0.5，说明量表收敛效度较高。创业学习测量模型的组合信度CR均大于0.8，平均变异数抽取量AVE均大于0.6，表明潜变量解释程度较好，即验证性因子分析结果理想，各指标的题项内部一致性好。新创企业创业学习的聚合效度检验结果如图6.10所示。

表 6.10　　新创企业创业学习聚合效度检验结果

维度	测量题项	因子载荷	标准误	T值	P	CR	AVE
认知学习	CL1	0.839	—	—	—	0.900	0.692
	CL2	0.829	0.051	19.248	***		
	CL3	0.825	0.053	19.118	***		
	CL4	0.834	0.045	19.402	***		
嫁接学习	GL1	0.875	—	—	—	0.904	0.701
	GL2	0.849	0.042	21.390	***		
	GL3	0.843	0.043	21.129	***		
	GL4	0.779	0.046	18.650	***		

续表

维度	测量题项	因子载荷	标准误	T值	P	CR	AVE
实践学习	AL1	0.707	—	—	—	0.895	0.682
	AL2	0.803	0.066	15.338	***		
	AL3	0.818	0.062	15.621	***		
	AL4	0.956	0.063	17.486	***		

注：*** 表示 P<0.001。

3. 环境动态性验证性因子分析

对环境动态性进行验证性因子分析，测量模型如图6.3所示，模型拟合度评价结果如表6.11所示。

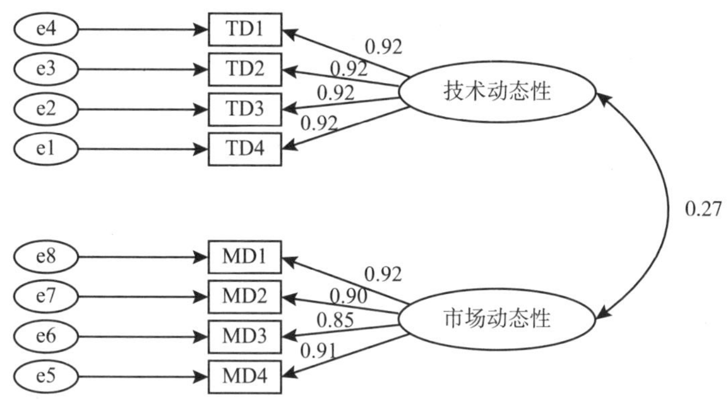

图6.3　环境动态性验证性因子分析模型

表6.11　环境动态性测量模型拟合度评价

拟合度指标	χ^2/df	RMSEA	GFI	AGFI	CFI	NFI	TLI	IFI
统计值	1.410	0.022	0.983	0.968	0.998	0.992	0.996	0.998

验证性因子分析结果表明，卡方自由度比为1.410，小于3，RMSEA小于0.08，其他拟合指数如GFI、AGFI、CFI、NFI、IFI和TLI也都大于0.9，达到

了建议值的要求。这表明该验证性因子模型具有较好的拟合度，即本书对环境动态性的测量是有效的。从图 6.3 可以看出，技术动态性和市场动态性的相关系数为 0.27，小于 0.85 这一临界值，表明构念的维度之间具有区分效度。

由表 6.12 可知，环境动态性测量模型所有的因子载荷 T 值皆大于 3.29，说明了所有指标在各自计量的概念上的因子载荷都达到了 $P<0.001$ 的显著水平，因子载荷均大于 0.5，说明量表收敛效度较高。环境动态性测量模型的组合信度 CR 均大于 0.7，平均变异数抽取量 AVE 均大于 0.5，表明潜变量解释程度较好，即验证性因子分析结果理想，各指标的题项内部一致性好。环境动态性聚合效度检验结果如表 6.12 所示。

表 6.12 环境动态性聚合效度检验结果

维度	测量题项	因子载荷	标准误	T 值	P	CR	AVE
技术动态性	TD1	0.920	0.031	31.747	***	0.957	0.848
	TD2	0.923	0.032	32.016	***		
	TD3	0.919	0.029	31.560	***		
	TD4	0.921	—	—	—		
市场动态性	MD1	0.923	0.032	29.797	***	0.942	0.804
	MD2	0.903	0.035	28.257	***		
	MD3	0.851	0.037	24.562	***		
	MD4	0.907	—	—	—		

注：*** 表示 $P<0.001$。

6.2 相关分析与回归三大问题检验

相关分析是一种研究随机变量间相关关系的统计方法，可以用来判断变量间是否存在某种依存关系，并探讨具体关系的相关方向与相关程度。对相关关系的分析可以为下一步的假设验证提供初步的判断。而在进行层级回归之前，需要对数据的多重共线性、异方差和序列相关这三个方面做出检验和说明，以保证使用方法的可行性和严谨性。

6.2.1 描述性统计与相关分析

在对研究假设进行统计检验之前，需要掌握变量的基本特征及变量之间的相关关系。本书对研究中涉及的12个变量的均值、标准差及彼此间的相关关系进行了统计分析，表6.13为相关系数矩阵。从表6.13可以看出，产业集群关系嵌入两个维度（商业关系嵌入和政治关系嵌入）与合法性之间均具有显著正相关关系，产业集群关系嵌入两个维度（商业关系嵌入和政治关系嵌入）与创业学习的三个维度（认知学习、嫁接学习和实践学习）之间均具有显著正相关关系，创业学习的三个维度（认知学习、嫁接学习和实践学习）与合法性之间均具有显著正相关关系。相关分析的结果为研究假设的证实初步奠定了基础，但由于相关关系只是说明变量间具有某种关联，却不能确定变量间一定具有因果关系。因此，本书将采用结构方程模型对相关假设做进一步的检验，以实现对变量间关系更加精确的验证。变量间相关系数如表6.13所示。

表6.13　研究变量间相关系数矩阵

变量	1	2	3	4	5	6	7	8	9	10	11	12
1 企业规模	1	—	—	—	—	—	—	—	—	—	—	—
2 企业年龄	-0.005	1	—	—	—	—	—	—	—	—	—	—
3 产业类型	0.065	-0.154**	1	—	—	—	—	—	—	—	—	—
4 商业关系嵌入	0.102*	0.103*	0.079	1	—	—	—	—	—	—	—	—
5 政治关系嵌入	0.179**	0.029	0.121*	0.246**	1	—	—	—	—	—	—	—
6 认知学习	0.141**	0.071	0.116*	0.379**	0.497**	1	—	—	—	—	—	—
7 嫁接学习	0.012	0.046	-0.024	0.182**	0.304**	0.317**	1	—	—	—	—	—
8 实践学习	0.204**	-0.023	0.212**	0.304**	0.243**	0.345**	0.155**	1	—	—	—	—
9 技术动态性	-0.057	0.064	-0.028	0.086	0.087	0.162**	0.130**	0.177**	1	—	—	—
10 市场动态性	0.057	0.009	0.085	0.167**	0.238**	0.332**	0.234**	0.264**	0.259**	1	—	—
11 内部社会资本	0.034	0.108*	0.081	0.231**	0.282**	0.454**	0.208**	0.375**	0.204**	0.352**	1	—
12 合法性	0.068	0.124*	-0.011	0.249**	0.390**	0.415**	0.281**	0.232**	-0.007	0.331**	0.428**	1
均值	2.408	1.962	1.499	3.502	3.876	4.044	3.441	3.773	3.677	3.349	3.787	3.756
标准差	1.148	0.807	0.501	1.008	0.727	0.825	1.006	0.788	1.143	1.009	0.891	0.767

注：***表示 $P<0.001$，**表示 $P<0.01$，*表示 $P<0.05$。

6.2.2 回归三大问题检验

由于后面将使用多元线性回归方法对所提出的调节效应进行验证，因此需要变量间的多重共线性、异方差和序列相关进行检验和解释。

1. 多重共线性

较高的多重共线性会使最小二乘法估计的有效性、可靠性受到影响，降低参数估计的稳定性和可靠程度。对多重共线性的测定可以使用方差膨胀因子（variance inflation factor，VIF）及其倒数容忍度（tolerance，TOL）作为标准。经验判断方法表明：当 VIF 小于 10，TOL 大于 0.1 时，不存在多重共线性。利用 SPSS23.0 对多重共线性进行诊断，结果表明本书的 VIF 值均小于 10，TOL 值均大于 0.1，说明不存在多重共线性问题。

2. 异方差问题

本书采用不同样本的截面数据，这可能会导致异方差问题的出现，而异方差会使参数估计量的有效性降低，变量的显著性检验失去意义。对于该问题的检验，本书采用图式检验法。在回归模型的残差项散点图中各散点间未呈现有规律分布的状态，而是大体呈现出无序和均匀的分布，因此可以认为不存在异方差问题。

3. 序列相关问题

对于序列相关问题，本书采用杜宾—瓦特森检验（D-W 检验）这一方法来进行检验。经验表明，当 D-W 值接近 2 时，存在序列相关问题的可能性较小。本书的该项值为 1.758，因此可以初步认为不存在序列相关问题。

6.3 假设关系的模型检验

前面的验证性因子分析表明本书的测量模型拟合良好，在此基础上，本书构建结构方程模型，对第 4 章提出的研究假设进行检验。

6.3.1 产业集群关系嵌入对合法性影响的假设检验

为验证新创企业产业集群关系嵌入对合法性影响的相关假设，本书构建了如图6.4所示的结构方程模型。该模型的自变量包括商业关系嵌入和政治关系嵌入，因变量则是合法性。

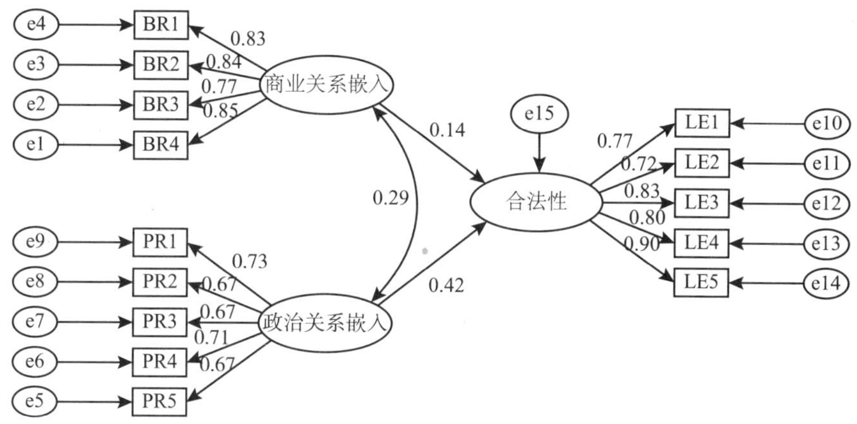

图6.4　产业集群关系嵌入与合法性关系模型

产业集群关系嵌入与合法性关系模型的拟合度指标如表6.14所示。其中主要的指标，如卡方与自由度的比值（χ^2/df）为2.966，渐进残差均方根（RMSEA）为0.072，适配度指数（GFI）为0.931，比较适配指数（CFI）为0.956，规范拟合指数（NFI）为0.936，非规准适配指数（TLI）为0.942，增值适配指数（IFI）为0.955，都在可以接受的范围内，这表明模型拟合情况较为理想。模型中路径系数如表6.15所示。

表6.14　产业集群关系嵌入与合法性关系模型的拟合度指标

拟合度指标	χ^2/df	RMSEA	GFI	AGFI	CFI	NFI	TLI	IFI
统计值	2.966	0.072	0.931	0.906	0.956	0.936	0.942	0.955

表 6.15 产业集群关系嵌入与合法性关系模型的路径系数

路径	标准化路径系数	标准误	T 值	P
合法性←商业关系嵌入	0.143	0.040	2.555	0.011
合法性←政治关系嵌入	0.416	0.067	6.465	***

注：*** 表示 P<0.001。

从图 6.4 和表 6.15 可以看出，新创企业在产业集群中的商业关系嵌入对合法性具有显著的正向影响，路径系数为 0.143（P<0.05），因此假设 H1a 得到了验证；新创企业在产业集群中的政治关系嵌入对合法性具有显著的正向影响，路径系数为 0.416（P<0.001），因此假设 H1b 得到了验证。

6.3.2 产业集群关系嵌入对创业学习影响的假设检验

为验证新创企业在产业集群中商业关系嵌入、政治关系嵌入与认知学习、嫁接学习和实践学习之间的假设关系，本书构建了如图 6.5 所示的结构方程模型。

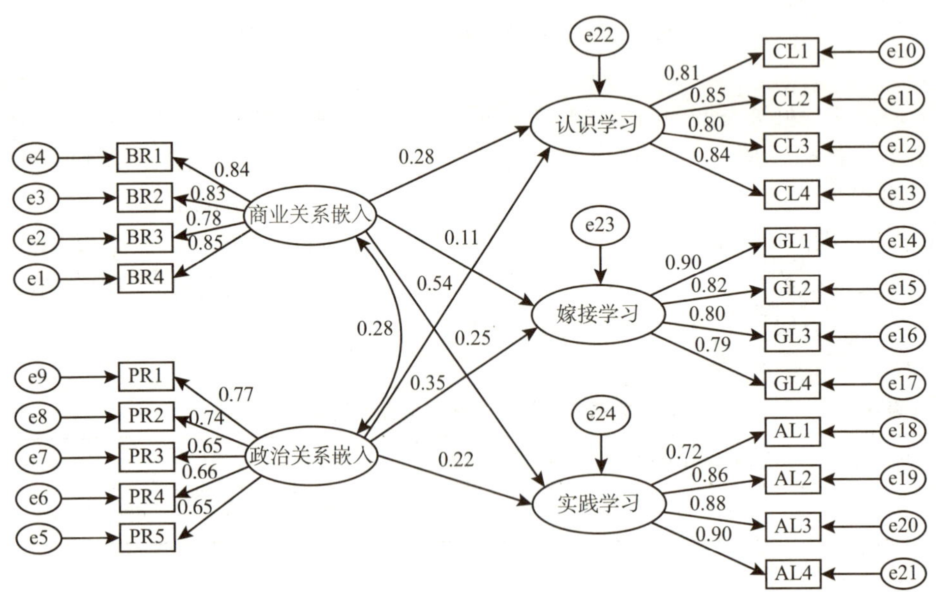

图 6.5 产业集群关系嵌入与创业学习关系模型

产业集群关系嵌入与创业学习关系模型的拟合度指标如表6.16所示。其中主要的指标，如卡方与自由度的比值（χ^2/df）为2.625，渐进残差均方根（RMSEA）为0.064，适配度指数（GFI）为0.915，比较适配指数（CFI）为0.944，规范拟合指数（NFI）为0.913，非规准适配指数（TLI）为0.934，增值适配指数（IFI）为0.944，都在可以接受的范围内，这表明模型模型拟合情况较为理想。模型中路径系数如表6.17所示。

表6.16　　产业集群关系嵌入与创业学习关系模型的拟合度指标

拟合度指标	χ^2/df	RMSEA	GFI	AGFI	CFI	NFI	TLI	IFI
统计值	2.625	0.064	0.915	0.901	0.944	0.913	0.934	0.944

表6.17　　产业集群关系嵌入与创业学习关系模型的路径系数

路径	标准化路径系数	标准误	T值	P
认知学习←商业关系嵌入	0.283	0.040	2.613	***
嫁接学习←商业关系嵌入	0.112	0.108	2.060	***
实践学习←商业关系嵌入	0.254	0.061	2.556	0.040
认知学习←政治关系嵌入	0.543	0.070	4.732	***
嫁接学习←政治关系嵌入	0.351	0.042	3.535	***
实践学习←政治关系嵌入	0.220	0.080	2.395	***

注：*** 表示 $P<0.001$。

从图6.5和表6.17可以看出，新创企业在产业集群中的商业关系嵌入对认知学习、嫁接学习和实践学习均具有显著的正向影响，路径系数为分别为0.283（$P<0.001$）、0.112（$P<0.001$）和0.254（$P<0.05$），因此假设H2a、H2b和H2c均得到了验证；新创企业在产业集群中的政治关系嵌入对认知学习、嫁接学习和实践学习均具有显著的正向影响，路径系数为分别为0.543（$P<0.001$）、0.351（$P<0.001$）和0.220（$P<0.001$），因此假设H3a、H3b和H3c均得到了验证。

6.3.3 中介效应检验

1. 中介效应检验方法的介绍

中介变量是一个十分重要的统计概念，根据作用不同，中介变量被分为完全中介和部分中介。国内外学者对中介效应的检验也提出了很多方法。本书采用 Bootstrap 方法对创业学习在产业集群关系嵌入与合法性之间的中介效应做出检验。Bootstrap 以研究样本为抽样总体，采用放回抽样，从研究样本中多次抽取等量的样本。AMOS 能够实现对 Bootstrap 抽样样本进行参数估计，并得出参数的平均值和标准误。本书将 Bootstrap 样本量设定为 5000，区间的置信水平设定为 95%。

2. 创业学习在关系嵌入与合法性中的中介效应模型

采用 AMOS23.0 中 Bootstrap 法检验创业学习在新创企业产业集群关系嵌入与合法性关系中的中介效应，模型如图 6.6 所示。

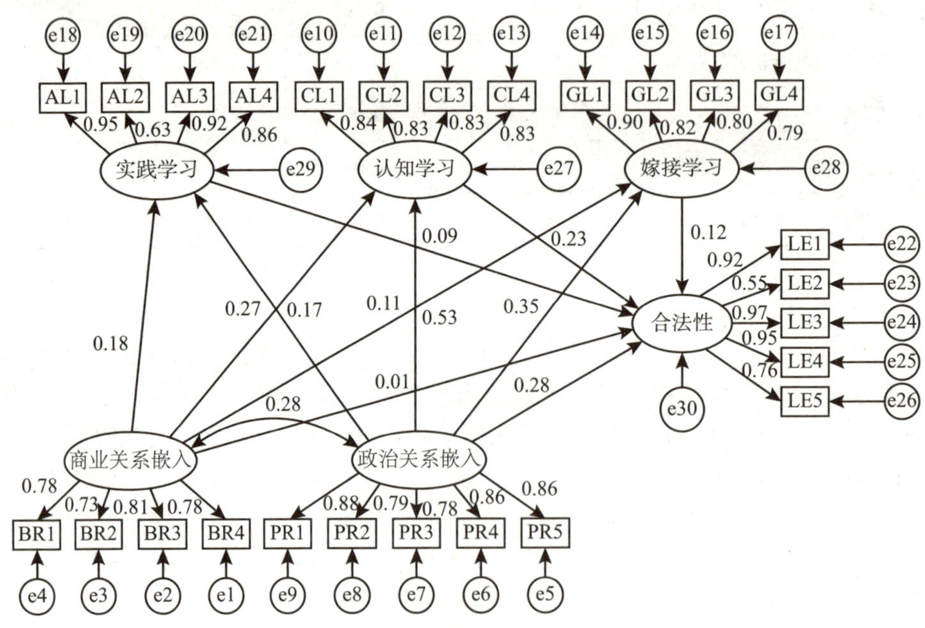

图 6.6 创业学习在产业集群关系嵌入与合法性关系中的中介效应模型

根据AMOS23.0输出的分析结果，其中主要的指标，卡方自由度比（χ^2/df）为2.941，小于3，RMSEA小于0.08，其他拟合指数如GFI、AGFI、CFI、NFI、IFI和TLI也都大于0.9，达到了建议值的要求，表明模型拟合较好。拟合度指标如表6.18所示。

表6.18 中介效应模型拟合度评价指标

拟合度指标	χ^2/df	RMSEA	GFI	AGFI	CFI	NFI	TLI	IFI
统计值	2.941	0.070	0.918	0.901	0.923	0.907	0.929	0.943

创业学习在产业集群关系嵌入与合法性关系中的中介效应模型的路径系数如表6.19所示。除了商业关系嵌入与合法性的路径系数没有达到显著水平，其他路径系数均达到显著水平。

表6.19 中介效应模型的路径系数

路径	标准化路径系数	标准误	T值	P
认知学习←商业关系嵌入	0.227	0.041	5.503	***
嫁接学习←商业关系嵌入	0.126	0.061	2.051	0.040
实践学习←商业关系嵌入	0.238	0.052	4.552	***
认知学习←政治关系嵌入	0.593	0.065	9.169	***
嫁接学习←政治关系嵌入	0.520	0.089	5.821	***
实践学习←政治关系嵌入	0.229	0.073	3.152	0.002
合法性←认知学习	0.239	0.061	3.896	***
合法性←嫁接学习	0.091	0.035	2.615	0.009
合法性←实践学习	0.078	0.035	2.256	0.024
合法性←商业关系嵌入	0.012	0.040	0.302	0.762
合法性←政治关系嵌入	0.321	0.073	4.416	***

注：*** 表示 $P<0.001$。

采用 Bootstrap 的 BC（bias-corrected）偏差校正法估计的总体效应标准化估计的95%置信水平的标准值和双侧显著性检验结果表 6. 20 所示。

表 6. 20　　总体效应标准化估计值和显著性检验

变量	商业关系嵌入		政治关系嵌入		认知学习		嫁接学习		实践学习		合法性	
	标准化估计值	P	标准化估计值	P	标准化估计值	P	标准化估计值	P	标准化估计值	P	标准化估计值	P
认知学习	0. 275	0. 001	0. 533	0. 001	—	—	—	—	—	—	—	—
嫁接学习	0. 115	0. 033	0. 351	0. 001	—	—	—	—	—	—	—	—
实践学习	0. 239	0. 001	0. 171	0. 005	—	—	—	—	—	—	—	—
合法性	0. 111	0. 015	0. 452	0. 001	0. 228	0. 001	0. 115	0. 019	0. 089	0. 047	—	—

根据总体效应双侧显著性检验结果，商业关系嵌入和政治关系嵌入对合法性的总体效应标准化估计值分别为 0. 111 和 0. 452，显著性 P 值均小于 0. 05。在 95% 置信水平下，估计值的置信区间内不包含 0。由此可知，商业关系嵌入和政治关系嵌入对合法性的总体效应存在且显著。

采用 Bootstrap 的 BC 偏差校正法估计的直接效应标准化估计的 95% 置信水平的标准值和双侧显著性检验结果表 6. 21 所示。

表 6. 21　　直接效应标准化估计值和显著性检验

变量	商业关系嵌入		政治关系嵌入		认知学习		嫁接学习		实践学习		合法性	
	标准化估计值	P	标准化估计值	P	标准化估计值	P	标准化估计值	P	标准化估计值	P	标准化估计值	P
认知学习	0. 275	0. 001	0. 533	0. 001	—	—	—	—	—	—	—	—
嫁接学习	0. 115	0. 033	0. 351	0. 001	—	—	—	—	—	—	—	—
实践学习	0. 239	0. 001	0. 171	0. 005	—	—	—	—	—	—	—	—
合法性	0. 014	0. 777	0. 275	0. 001	0. 228	0. 001	0. 115	0. 019	0. 089	0. 047	—	—

根据直接效应双侧显著性检验结果，商业关系嵌入对合法性的直接效应估计值为0.014，但显著性P值大于0.05，因此直接效应不显著；政治关系嵌入对合法性的直接效应估计值为0.275，显著性P值小于0.05，因此直接效应显著。

采用Bootstrap的BC偏差校正法估计的间接效应标准化估计的95%置信水平的标准值和双侧显著性检验结果表6.22所示。

表6.22　间接效应标准化估计值和显著性检验结果

变量	商业关系嵌入		政治关系嵌入		认知学习		嫁接学习		实践学习		合法性	
	标准化估计值	P	标准化估计值	P	标准化估计值	P	标准化估计值	P	标准化估计值	P	标准化估计值	P
认知学习	—	—	—	—	—	—	—	—	—	—	—	—
嫁接学习	—	—	—	—	—	—	—	—	—	—	—	—
实践学习	—	—	—	—	—	—	—	—	—	—	—	—
合法性	0.084	0.000	0.207	0.001	—	—	—	—	—	—	—	—

根据间接效应双侧显著性检验结果，商业关系嵌入、政治关系嵌入对合法性的间接效应标准化估计值分别为0.084和0.207，显著性P值均小于0.05。在95%置信水平下，估计值的置信区间内不包含0。因此，商业关系嵌入、政治关系嵌入对合法性的间接效应存在且显著。

综上可知，认知学习、嫁接学习、实践学习在商业关系嵌入、政治关系嵌入与合法性关系中的中介效应存在。具体来说，认知学习、嫁接学习、实践学习在商业关系嵌入与合法性关系的中介效应为完全中介，即商业关系嵌入对合法性的影响完全通过认知学习、嫁接学习、实践学习传达；认知学习、嫁接学习、实践学习在政治关系嵌入与合法性关系的中介效应为部分中介，即政治关系嵌入对合法性的影响部分通过认知学习、嫁接学习、实践学习传达，同时政治关系嵌入对合法性也会产生影响。因此，假设H4a、H4b、H5a、H5b、H6a、H6b得到支持。

6.3.4 调节效应检验

为检验关于环境动态性与内部社会资本所起的调节效应假设，本书采用逐步加入自变量与调节变量交互项的层级回归模型进行分析。考虑到可能出现的多重共线性问题，本书首先对连续型自变量和调节变量做中心化处理，之后计算交互项并代入回归方程。控制变量包括企业年限、企业规模和企业所属行业，本书以员工人数表征企业规模，并将员工人数的对数作为控制变量代入回归方程。

1. 技术动态性的调节效应检验

为了检验技术动态性对创业学习三个维度与合法性之间关系的调节作用，本书构建模型1~6，其中模型1、模型3和模型5为控制变量、解释变量（包括认知学习、嫁接学习和实践学习）和调节变量（技术动态性）对被解释变量（合法性）的主效应模型，模型2、模型4和模型6则是在模型1、模型3和模型5的基础上加入了技术动态性与创业学习三个维度交互项后的模型。分析结果如表6.23所示。

表6.23 技术动态性的调节效应检验

变量	合法性					
	模型1	模型2	模型3	模型4	模型5	模型6
企业年龄	0.113	0.108	0.143	0.145	0.156	0.160
企业规模	0.006	0.004	0.054	0.055	0.015	0.017
产业类型	-0.099	-0.102	0.016	0.002	-0.097	-0.136
技术动态性	-0.083	-0.077	-0.047	-0.030	-0.060	-0.027
认知学习	0.427***	0.432***	—	—	—	—
嫁接学习	—	—	0.281***	0.285***	—	—
实践学习	—	—	—	—	0.253***	0.284***

续表

变量	合法性					
	模型 1	模型 2	模型 3	模型 4	模型 5	模型 6
认知学习×技术动态性	—	0.088	—	—	—	—
嫁接学习×技术动态性	—	—	—	0.115*	—	—
实践学习×技术动态性	—	—	—	—	—	0.137***
F 值	18.235***	15.921***	8.428***	8.109***	6.439***	7.450***
R^2	0.190	0.198	0.098	0.111	0.076	0.103
Adjusted R^2	0.179	0.185	0.086	0.098	0.065	0.089
ΔR^2	—	0.008	—	0.014	—	0.027
VIF 值	1.073	1.077	1.029	1.046	1.135	1.172

注：***表示 $P<0.001$，**表示 $P<0.01$，*表示 $P<0.05$。

模型 2 的回归结果显示，技术动态性对认知学习与合法性之间的关系没有显著的调节作用（$b=0.088$，$P>0.05$）。模型 2 调整后的 R^2 值与没有加入交互项的模型 1 的 R^2 值十分接近，表明交互项的加入并没有提高模型的解释力，进一步说明认知学习和技术动态性对合法性不存在交互作用影响。因此假设 H7a 没有得到支持。各模型 VIF 值均小于 10，证明变量间多重共线性问题不严重，结论可靠。

模型 4 的回归结果显示，技术动态性对嫁接学习与合法性之间的关系具有显著的正向调节作用（$b=0.115$，$P<0.05$），因此假设 H7b 得到支持。模型 4 中调整后的 R^2 值大于没有加入交互项的模型 3 的 R^2 值，进一步说明嫁接学习和技术动态性对合法性存在交互作用影响。各模型 VIF 值均小于 10，证明变量间多重共线性问题不严重，结论可靠。

模型 6 的回归结果显示，技术动态性对实践学习与合法性之间的关系具有显著的正向调节作用（$b=0.137$，$P<0.001$），因此假设 H7c 得到支持。模型

6 中调整后的 R^2 值大于没有加入交互项的模型 5 的 R^2 值，进一步说明实践学习和技术动态性对合法性存在交互作用影响。各模型 VIF 值均小于 10，证明变量间多重共线性问题不严重，结论可靠。

2. 市场动态性的调节效应检验

为了检验市场动态性对创业学习三个维度与合法性之间关系的调节作用，本书构建模型 1 ~6，其中模型 1、模型 3 和模型 5 为控制变量、解释变量（包括认知学习、嫁接学习和实践学习）和调节变量（市场动态性）对被解释变量（合法性）的主效应模型，模型 2、模型 4 和模型 6 则是在模型 1、模型 3 和模型 5 的基础上加入了市场动态性与创业学习三个维度交互项后的模型。分析结果如表 6. 24 所示。

表 6. 24　市场动态性的调节效应检验

变量	合法性					
	模型 1	模型 2	模型 3	模型 4	模型 5	模型 6
企业年龄	0. 110	0. 113	0. 136	0. 140	0. 145	0. 150
企业规模	0. 010	0. 012	0. 044	0. 050	0. 019	0. 017
产业类型	-0. 113	-0. 132	-0. 033	-0. 040	-0. 109	-0. 144
市场动态性	0. 222 ***	0. 240 ***	0. 280 ***	0. 279	0. 290 ***	0. 319 ***
认知学习	0. 340 ***	0. 361 ***	—	—	—	—
嫁接学习	—	—	0. 210 ***	0. 195 ***	—	—
实践学习	—	—	—	—	0. 166 ***	0. 164 ***
认知学习 × 市场动态性	—	0. 112 ***	—	—	—	—
嫁接学习 × 市场动态性	—	—	—	0. 080	—	—
实践学习 × 市场动态性	—	—	—	—	—	0. 116 ***

续表

变量	合法性					
	模型 1	模型 2	模型 3	模型 4	模型 5	模型 6
F 值	22.826***	20.567***	15.780***	13.692***	13.829***	13.332***
R^2	0.227	0.241	0.169	0.175	0.151	0.171
Adjusted R^2	0.217	0.230	0.158	0.162	0.140	0.158
ΔR^2	—	0.014	—	0.006	—	0.020
VIF 值	1.161	1.190	1.070	1.096	1.160	1.160

注：*** 表示 P<0.001，** 表示 P<0.01，* 表示 P<0.05。

模型 2 的回归结果显示，市场动态性对认知学习与合法性之间的关系具有显著的正向调节作用（b=0.112，P<0.001），因此假设 H8a 得到支持。模型 2 中调整后的 R^2 值大于没有加入交互项的模型 1 的 R^2 值，进一步说明认知学习和市场动态性对合法性存在交互作用影响。各模型 VIF 值均小于 10，证明变量间多重共线性问题不严重，结论可靠。

模型 4 的回归结果显示，市场动态性对嫁接学习与合法性之间的关系没有显著的调节作用（b=0.080，P>0.05），因此假设 H8b 没有得到支持。模型 4 调整后的 R^2 值与没有加入交互项的模型 3 的 R^2 值十分接近，表明交互项的加入并没有提高模型的解释力，进一步说明嫁接学习和市场动态性对合法性不存在交互作用影响。各模型 VIF 值均小于 10，证明变量间多重共线性问题不严重，结论可靠。

模型 6 的回归结果显示，市场动态性对实践学习与合法性之间的关系具有显著的正向调节作用（b=0.116，P<0.001），因此假设 H8c 得到支持。模型 6 中调整后的 R^2 值大于没有加入交互项的模型 5 的 R^2 值，进一步说明实践学习和市场动态性对合法性存在交互作用影响。各模型 VIF 值均小于 10，证明变量间多重共线性问题不严重，结论可靠。

3. 内部社会资本的调节效应检验

为了检验内部社会资本对创业学习三个维度与合法性之间关系的调节作用，本书构建模型 1～6，其中模型 1、模型 3 和模型 5 为控制变量、解释变量

（包括认知学习、嫁接学习和实践学习）和调节变量（内部社会资本）对被解释变量（合法性）的主效应模型，模型 2、模型 4 和模型 6 则是在模型 1、模型 3 和模型 5 的基础上加入了内部社会资本与创业学习三个维度交互项后的模型。分析结果如表 6. 25 所示。

表 6. 25　　内部社会资本的调节效应检验

变量	合法性					
	模型 1	模型 2	模型 3	模型 4	模型 5	模型 6
企业年龄	0. 077	0. 072	0. 086	0. 088	0. 095	0. 085
企业规模	0. 020	0. 025	0. 048	0. 053	0. 035	0. 029
产业类型	-0. 120	-0. 128	-0. 061	-0. 062	-0. 107	-0. 140
内部社会资本	0. 298***	0. 347***	0. 380***	0. 385***	0. 388***	0. 483***
认知学习	0. 279***	0. 289***	—	—	—	—
嫁接学习	—	—	0. 197***	0. 194***	—	—
实践学习	—	—	—	—	0. 092	0. 109***
认知学习 × 内部社会资本	—	0. 090*	—	—	—	—
嫁接学习 × 内部社会资本	—	—	—	0. 047	—	—
实践学习 × 内部社会资本	—	—	—	—	—	0. 159***
F 值	26. 374***	23. 052***	23. 285***	19. 609***	19. 432***	20. 625***
R^2	0. 253	0. 263	0. 230	0. 233	0. 200	0. 242
Adjusted R^2	0. 244	0. 251	0. 220	0. 221	0. 190	0. 230
ΔR^2	—	0. 010	—	0. 003	—	0. 042
VIF 值	1. 296	1. 532	1. 069	1. 080	1. 262	1. 402

注：*** 表示 P<0. 001，** 表示 P<0. 01，* 表示 P<0. 05。

模型 2 的回归结果显示，内部社会资本对认知学习与合法性之间的关系具有显著的正向调节作用（$b = 0.090$，$P < 0.05$），因此假设 H9a 得到支持。模型 2 中调整后的 R^2 值大于没有加入交互项的模型 1 的 R^2 值，进一步说明认知学习和内部社会资本对合法性存在交互作用影响。各模型 VIF 值均小于 10，证明变量间多重共线性问题不严重，结论可靠。

模型 4 的回归结果显示，内部社会资本对嫁接学习与合法性之间的关系没有显著的调节作用（$b = 0.047$，$P > 0.05$），因此假设 H9b 没有得到支持。模型 4 调整后的 R^2 值与没有加入交互项的模型 3 的 R^2 值十分接近，表明交互项的加入并没有提高模型的解释力，进一步说明嫁接学习和内部社会资本对合法性不存在交互作用影响。各模型 VIF 值均小于 10，证明变量间多重共线性问题不严重，结论可靠。

模型 6 的回归结果显示，内部社会资本对实践学习与合法性之间的关系具有显著的正向调节作用（$b = 0.159$，$P < 0.001$），因此假设 H9c 得到支持。模型 6 中调整后的 R^2 值大于没有加入交互项的模型 5 的 R^2 值，进一步说明实践学习和内部社会资本对合法性存在交互作用影响。各模型 VIF 值均小于 10，证明变量间多重共线性问题不严重，结论可靠。

6.4　检验结果的分析和讨论

概括起来，本书提出了五种假设关系，即产业集群关系嵌入对合法性的影响，产业集群关系嵌入对创业学习的影响，创业学习在产业集群关系嵌入与合法性之间的中介效应以及环境动态性和内部社会资本对创业学习与合法性之间关系的调节效应。本书以 395 家产业集群内的制造型新创企业为样本，利用调查问卷获取了相关数据，对上述假设进行了检验。

检验结果表明本书提出的大部分假设得到了支持，研究问题得到了较好的回答，实现本书的研究目标。假设检验结果如表 6.26 所示。

表 6.26　研究假设检验结果汇总

假设序号	假设内容	检验结果
H1a	产业集群商业关系嵌入对合法性具有正向影响	支持
H1b	产业集群政治关系嵌入对合法性具有正向影响	支持

续表

假设序号	假设内容	检验结果
H2a	产业集群商业关系嵌入对认知学习具有正向影响	支持
H2b	产业集群商业关系嵌入对嫁接学习具有正向影响	支持
H2c	产业集群商业关系嵌入对实践学习具有正向影响	支持
H3a	产业集群政治关系嵌入对认知学习具有正向影响	支持
H3b	产业集群政治关系嵌入对嫁接学习具有正向影响	支持
H3c	产业集群政治关系嵌入对实践学习具有正向影响	支持
H4a	认知学习在产业集群商业关系嵌入影响合法性机制中起中介作用	支持
H4b	认知学习在产业集群政治关系嵌入影响合法性机制中起中介作用	支持
H5a	嫁接学习在产业集群商业关系嵌入影响合法性机制中起中介作用	支持
H5b	嫁接学习在产业集群政治关系嵌入影响合法性机制中起中介作用	支持
H6a	实践学习在产业集群商业关系嵌入影响合法性机制中起中介作用	支持
H6b	实践学习在产业集群政治关系嵌入影响合法性机制中起中介作用	支持
H7a	技术动态性在认知学习与合法性的关系间起正向调节作用	不支持
H7b	技术动态性在嫁接学习与合法性的关系间起正向调节作用	支持
H7c	技术动态性在实践学习与合法性的关系间起正向调节作用	支持
H8a	市场动态性在认知学习与合法性的关系间起正向调节作用	支持
H8b	市场动态性在嫁接学习与合法性的关系间起正向调节作用	不支持
H8c	市场动态性在实践学习与合法性的关系间起正向调节作用	支持
H9a	内部社会资本在认知学习与合法性的关系间起正向调节作用	支持
H9b	内部社会资本在嫁接学习与合法性的关系间起正向调节作用	不支持
H9c	内部社会资本在实践学习与合法性的关系间起正向调节作用	支持

6.4.1 产业集群关系嵌入对合法性的影响

根据实证研究的结果，假设 H1a 和假设 H1b 获得了支持，即产业集群商业关系嵌入和政治关系嵌入均对新创企业的合法性具有显著的正向影响，这表明产业集群内的新创企业与集群内的商业伙伴和政府部门间联结强度越高，越有利于其获取合法性。也就是说，较强的联结能够帮助新创企业与集群内各方建立信任关系，提高利益相关者对其的熟悉程度和认可程度，传播具有合法性形式的企业信息，树立正面的企业形象，从而有利于满足新创企业的合法性需求。本书的实证结果与齐莫曼（2002）、帕克（2001）等学者的研究结论相似，支持了达钦（2007）等的研究观点，即合法性资源的不足促使新创企业更积极地加强与重要的利益相关者的联系，加强对周围环境的理解、遵从和融入，获得市场层面和制度层面的认可与支持。

6.4.2　产业集群关系嵌入对创业学习的影响

1. 产业集群关系嵌入与认知学习

根据实证研究的结果，假设 H2a 和假设 H3a 获得了支持，即产业集群商业关系嵌入和政治关系嵌入均对新创企业的认知学习具有显著的正向影响。这表明在产业集群这个创业网络中的关系嵌入程度越高，越有利于新创企业开展认知学习。也就是说，较深入的关系嵌入提高了合作伙伴信息和知识的透明度和公开性，降低了新创企业认知学习的难度，使其有更多更好的机会去了解优秀企业的成熟经验及国家政策信息的变动。本书的实证结果与霍尔库姆（2009）、伦普金和利希滕斯坦（Lumpkin & Lichtenstein，2005）等学者的研究结论相似，支持了单标安（2015）、陈国权（2012）等学者的研究观点，即外部关系网络为新创企业了解掌握其他组织的经验和行为，并将其作为自身行为的行动依据创造了良好的条件和丰富的素材，推动了认知学习的进程。

2. 产业集群关系嵌入与嫁接学习

根据实证研究的结果，假设 H2b 和假设 H3b 获得了支持，即产业集群商业关系嵌入和政治关系嵌入均对新创企业的嫁接学习具有显著的正向影响。这表明在产业集群这个创业网络中的关系嵌入程度越高，越有利于新创企业嫁接学习的开展。也就是说，紧密的组织间关系能够帮助新创企业识别、发现和引进自身发展所需的各方面人才，并提高新员工身上先前工作经验与专有技能在企业中的传播与普及速度。本书的实证结果支持了米勒（2007）、马尔伯格（2006）和简真强（2013）等学者的研究观点，即创业网络内的各种关系为新创企业以较低成本获取和使用高技能员工提供了便利条件，使新创企业得以掌握更多的隐性知识。

3. 产业集群关系嵌入与实践学习

实证研究结果表明，假设 H2c 和假设 H3c 获得了支持，即产业集群商业关系嵌入和政治关系嵌入均对新创企业的实践学习具有显著的正向影响，这也支持了科普（2011）、李（2007）等学者的观点。在产业集群中的关系嵌入（商业、政治关系嵌入）为新创企业在实践中深入地自查和反思提供了很好的依据和平台，有利于其丰富和更新已有的知识体系，推动了实践学习的开展。

6.4.3 创业学习的中介作用

1. 认知学习对产业集群关系嵌入与合法性关系的中介

与何霞（2016）、刘玉国（2016）、杨隽萍（2013）等学者的研究结论相类似，本书证实了认知学习对关系嵌入与合法性关系的中介作用，即假设 H4a 和假设 H4b 获得了支持。新创企业通过与产业集群中相关各方频繁与深入的交流，降低了网络节点成员的风险感知和机会主义行为倾向，愿意向新创企业提供更多关于运营惯例和产品生产方面的知识与信息。这为新创企业信息搜索难度的降低和对标管理模板的树立具有很大的帮助作用，从而推动了认知学习的开展。通过对集群内关系伙伴组织惯例的模仿和借鉴，新创企业可以快速适应合作伙伴的结构和流程，充分融入外部运营环境，提升自己在市场中的声誉与合法性。

2. 嫁接学习对产业集群关系嵌入与合法性关系的中介

根据实证研究的结果，假设 H5a 和假设 H5b 获得了支持，即嫁接学习在新创企业产业集群关系嵌入影响合法性机制中起中介作用。通过对集群内政治网络与商业网络的嵌入，新创企业不但能够充分利用当地政府引进人才的优惠政策和配套服务，还可以掌握关于市场中高级管理和技术工人的信息，从而降低了嫁接学习的难度。新聘入的员工通常具有丰富的通用性职能经验和专用性职能经验，这有助于新创企业缩短实现管理正规化的时间，提高团队配合的熟练度和默契度，并从服务流程改进、交易结构创新的角度识别商机，推出更加符合市场需求的产品和服务，从而获取客户的青睐和同行的认可。

3. 实践学习对产业集群关系嵌入与合法性关系的中介

根据实证研究的结果，假设H6a和假设H6b获得了支持，即实践学习在新创企业产业集群关系嵌入影响合法性机制中起中介作用。这表明与产业集群中各方融洽友好的关系为新创企业开展实践学习提供了良好的氛围与土壤。而不断地摸索和实践会加强新创企业对所处环境的理解和融入，积极反省和纠正不合规的企业行为，使自身变得更加规范与合理，从而获得克服新创弱性所必需的合法性认知。本书的实证结果支持了琴霍尔（2010）、周劲波（2014）和塞萨（2011）等学者的研究观点，即网络关系为实践学习中的认识、反思、联系和应用提供了重要的平台，在组织文化、目标规范和流程等方面不断的反思和纠正对新创企业适应组织情境的要求和树立企业形象具有明显的积极影响。

6.4.4 环境动态性的调节作用

1. 技术动态性的调节效应

与扎赫拉等（2006）、伊萨克（2009）、拉奥等（2008）等学者的研究结论相类似，本书证实了技术动态性在创业学习与合法性之间具有调节作用。

假设H7b获得了支持，即技术动态性正向调节嫁接学习与合法性之间的关系。科学技术的迅猛发展及其难以预测性可能会使新创企业在生产、安装和配送方面的知识和技能变得过时，这将导致其能力及合法性受到质疑。在这种情况下，更加凸显通过嫁接学习的作用。通过雇佣业内知名工程师和技术人员，新创企业可以更为迅速获得关于新兴技术发展的隐性知识，降低技术引进和应用的成本，缩小甚至领先于产业网络内的主流技术，从而回应客户的技术要求。因此技术动态性越强，嫁接学习对合法性的促进作用就越强。

假设H7c获得了支持，即技术动态性正向调节实践学习与合法性之间的关系。在技术快速发展变革的环境中，实践学习有利于新创企业更好地发挥自身转换成本低和敏感性高的优势，快速识别和响应技术变动趋势，捕捉动态性环境中的多元化机会，并通过不断地摸索和纠偏，创造符合自身特点的新知识和新技术，发掘核心竞争力，从而更好地满足政府部门、客户和同业者对新创企业提出的期望和要求。因此相比于稳定的环境，技术动态性能够使新创企业的实践学习发挥更大的作用。

假设H7a，即技术动态性正向调节认知学习与合法性之间的关系，没有得到支持。产生这一结果的原因可能是，虽然通过观察、跟踪和模仿集群内其他各方的行为，新创企业了解行业主导设计或行业标准的更替，进而采取跟随的策略，但是，在技术动态发展的环境中，新创企业会接收到源自集群内各种网络关系的复杂多样的技术信息与知识，导致新创企业在识别技术风险和采用具体技术时出现失误，这会使自身实力受损，也使外界对企业发展产生怀疑。此外，认知学习更多地强调对现有技术的复制和模仿，而技术的快速更新使采用新技术和新方法的企业不断涌现，二者比较起来，会使利益相关者质疑新创企业的技术创新能力与水平，从而不利于其合法性水平的提升。因此，当技术动态性较强时，认知学习并没有发挥出对合法性的促进作用。

2. 市场动态性的调节效应

与扎赫拉（2006）、霍尔库姆（2009）、苏晓华（2015）等学者的研究结论相类似，本书证实了市场动态性在创业学习与合法性之间具有调节作用。

假设H8a获得了支持，即市场动态性正向调节认知学习与合法性之间的关系。在动态变动的市场环境中，顾客需求的间断性和不可预测性不断提升，传统的市场分析与预测的效果急剧降低，这就要求新创企业更加积极地监测、搜索、获取与分析产业集群内同行业者甚至是供应商在产品研发、投产与市场营销等方面的信息，从中提取能够为已所用的知识与方法，并结合自身的特点与能力进行模仿和借鉴。即在高度不确定的市场条件下，认知学习能够更为有效地降低新创企业的竞争惯性，使其更为迅速地掌握和满足市场需求，从而获得客户的满意与认可。因此市场动态性越强，认知学习对合法性的促进作用就越强。

假设H8c获得了支持，即市场动态性正向调节实践学习与合法性之间的关系。动态变化的市场环境会带来产业结构异化和利基市场的涌现，这对集群内新创企业来说，既是机遇也是挑战，需要其以更为谨慎和稳妥的方式来应对。伴随市场动态性的提高，新创企业更加注重在实践中进行摸索和总结，从自己和他人的成功与失败中汲取经验与教训，以更加完备的知识体系来加深对目标市场的理解，抓住市场变化形成的切入点和突破口，进而以更加理想的市场业绩赢得政府、投资者和客户的赞许和尊重。因此市场动态性越强，实践学习对合法性的促进作用就越强。

假设H8b，即市场动态性正向调节嫁接学习与合法性之间的关系，没有得到支持。产生这一结果的原因可能是，尽管嫁接学习可以使新创企业会受益于新成员先前的工作经验和关系资源，提高自身对当前市场动态的把握程度；但人才市场中流动的优秀营销管理人员有限，新创企业必须以优厚的条件吸引其他企业的员工，而这势必会使自身受到其他企业的质疑和非议，这一点在市场动荡变化、优秀员工价值凸显的环境中尤为明显。此外，当市场条件出现较大的变动时，新的营销理念和方法会不断涌现，顾客的偏好也会发生较大的改变，新创企业所引入员工的知识体系或许会显得过时，无法使新创企业的能力与形象得到有效改善。而且，市场变动的压力会使新创企业迫切希望新员工能够迅速体现自身价值，过大的压力可能会影响新员工的工作情绪与状态，从而使嫁接学习的效果打了折扣。因此，当市场动态性较强时，嫁接学习并没有发挥出对合法性的促进作用。

6.4.5　内部社会资本的调节作用

本书证实了内部社会资本在创业学习与合法性之间具有调节作用，间接地支持了克莱尔（Clercq，2010）和吴楠（2015）等学者的观点。

假设 H9a 获得了支持，即内部社会资本正向调节认知学习与合法性之间的关系。认知学习的特点要求其必须在企业各部门通力合作的基础上才能完成，当内部社会资本较为丰富时，企业员工间互惠、互信、互助的程度较高，团队成员能够采取目标一致的集体行动，使新创企业有更加有效地去复制、模仿和借鉴业内优秀的经营行为或是通行做法，从而更好地实现与外部环境的匹配。反之，如果企业的内部社会资本匮乏，认知学习中会出现较为严重的摩擦与失配，降低了引进、消化和吸收外部成功组织行为的效率和效果。因此，内部社会资本对于认知学习与合法性的调节作用为正向效应。

假设 H9c 获得了支持，即内部社会资本正向调节实践学习与合法性之间的关系。由于实践学习意味着新创企业要不断地反思、修改和发展各个层面的企业惯例，而这必然会触及某些人的利益。丰富的内部社会资本起到了团结内黏的作用，个人利益服从集体利益，这有利于降低敌对情绪和关系紧张的程度，加深成员对他人行为的理解和尊重，这无疑会使实践学习更加顺畅和富有成效。如果企业内部社会资本水平较低，意味着员工会倾向于保护自己的个人利益，不愿支持与配合企业的各项举措，从而对实践学习的效果产生不利的影响。因此，内部社会资本对于实践学习与合法性的调节作用为正向效应。

假设 H9b，即内部社会资本正向调节嫁接学习与合法性之间的关系，没有得到支持。产生这一结果的原因可能是，尽管从理论分析上较高的内部社会资本会使嫁接学习对新创企业合法性的影响得以加强，但在实际企业运营中上述影响可能会受到其他因素的作用，如新员工专业知识与新创企业所在领域的契合度、新员工与原有社会网络关系的紧密程度以及新创企业薪酬激励的合理程度相关，因此导致内部社会资本的作用被弱化和削弱。在今后的研究中，还应关注战略管理领域其他变量在嫁接学习与合法性之间的作用。

6.5 本章小结

本章针对本书的理论模型和研究假设进行了实证分析。利用大样本问卷调查得到的数据，结合 SPSS22.0 和 AMOS23.0 对产业集群关系嵌入等五个变量的信度和效度进行了检验，并对变量间的关系进行了相关性分析和显著性检验。之后，利用结构方程模型方法和层级回归方法对书中提出的理论假设进行了检验，除了本书所预期的理论假设 H7a、H8b 和 H9b 没有获得支持以外，其他假设都通过了实证检验。最后，结合已有的文献研究和实证分析结果，对得到数据支持的假设做出了进一步地说明，对于没有获得数据支持的假设的原因进行了探究。

第7章

结论与展望

本书就新创企业在产业集群中的关系嵌入对合法性的作用机制，环境动态性和内部社会资本对创业学习与合法性关系间的调节效应进行了系统和深入的探究和验证，阐明了主要结论、理论贡献和实践启示，对其中存在的局限与不足予以说明，并指出未来可能的研究方向。

7.1 研究结论

在政府的鼓励和扶植下，伴随社会转型与科学技术的快速发展，我国的创业活动日趋活跃。但就生存能力而言，新创企业的表现并不理想，即使在蕴含丰富创业资源的产业集群内依然如此。造成新创企业存活时间过短的一个重要原因是合法性的缺失，如何有效融入产业集群这一特殊的创业环境，充分利用其中的网络关系，推动创业学习的开展从而走出合法性困境，成为我国产业集群内新创企业所重点关注的问题。

近年来，嵌入理论和创业学习理论在产业集群和创新创业的相关研究中得到了成功的应用，这为深入理解和分析产业集群内的创业行为提供全新的视角和有效的工具。本书以产业集群内的新创企业作为研究对象，围绕新创企业在产业集群中关系嵌入如何影响其合法性这一核心问题，构建起“产业集群关系嵌入—创业学习—合法性”的理论框架，综合运用文献综述和理论推演、探索性案例研究、大样本统计分析等研究方法，对概念模型和研究假设做出了实证检验，并得出了一些有意义的结论。主要的研究结论如下：

1. 产业集群关系嵌入对合法性有显著的正向影响

尽管有学者对关系嵌入正向影响合法性的观点持保留态度，但本书的实证分析结果显示，新创企业在产业集群中的商业关系嵌入和政治关系嵌入对其合法性均具有积极的作用。较强的关系嵌入会使新创企业与集群内各方的信任程度和交流频率大大提升，加强对集群内共享的价值观、商业规则及法律法规的理解和遵从，提高自身与所处环境的一致性，树立积极正面的企业形象。紧密的商业联结和政治联结还发挥着显著的声誉或信号显示作用，能够有效降低各方的不确定感知，扩大新创企业在集群内的知名度和影响力。

2. 产业集群关系嵌入对创业学习有显著的正向影响

事实上，新创企业进行创业学习首先要明确从哪里学习这一问题，因此关于网络关系对创业学习的影响一直是学者们研究的焦点。由于对创业学习维度的划分尚存分歧，因此对二者之间的关系判定也没有形成统一的意见。本书依据新创企业学习行为的特征将创业学习分为认知学习、嫁接学习和实践学习，探究新创企业在集群内的关系嵌入对创业学习的影响。实证分析的结果也支持了相关假设。这表明产业集群内的关系嵌入具有信息输送和情报传递的作用，使新创企业能够更好地观察、借鉴、移植和模仿其他优秀组织的成功经验与做法，达到完善管理模式和操作流程的目标，从而有力地推动了认知学习的开展。新创企业在集群内的商业和政治关系嵌入为其发现、识别和聘用企业发展所需人才创造了便利条件，并加快了新员工既有的工作经验和方法在企业内部的传递速度，使嫁接学习得以顺利开展。产业集群的关系嵌入拓宽了新创企业知识搜索的范围，扮演着实践平台的角色，使新创企业可以更加全面地分析和总结自身的成长历程及优势劣势，并改进不足，即对实践学习有积极的推动作用。总的来说，社会网络为创业者创造了低成本的学习机会，是创业学习的关键平台。

3. 创业学习在产业集群关系嵌入与合法性间起中介作用

从已有理论逻辑上看，关系嵌入对新创企业的合法性有提升作用，但具体的作用机制是十分重要且需要认真探究的问题。合法性的赋予方是新创企业的利益相关者，判断新创企业的组织形式和行为特征是否与自身的期望相符。薄弱的先天基础要求新创企业发挥自身的学习优势，积极主动地利用在产业集群中的关系嵌入所带来的知识、经验、人才和平台，不断增强自身实力和优化行动决策，向外界展示自身的成功潜质及对外部制度环境的遵从性，从而获得政府、客户、供应商等利益相关方的认可和支持。

关系嵌入本身并不能充分地提高新创企业的合法性，还要经过创业学习的作用才能影响合法性。基于现有研究，本书经过理论分析认为新创企业产业集群关系嵌入通过创业学习来影响合法性，即创业学习会在关系嵌入与合法性的关系间起到中介作用。从实证检验的结果来看，中介效应假设得到了验证。具体来说，认知学习、嫁接学习和实践学习在产业集群商业关系嵌入与合法性之间起了完全中介作用，在政治关系嵌入与合法性之间起到了部分中介作用。

4. 环境动态性在创业学习与合法性关系间起调节作用

技术动态性正向调节嫁接学习与合法性之间的关系。在技术动态性较低的条件下，外部环境对新创企业所拥有和掌握的各项技术要求相对稳定，因而企业对于新技术的搜寻、引进、消化吸收的积极性不是很高。然而当技术动态性较高时，伴随新知识和新技术的涌现，新创企业面临着不断提高的技术标准与客户要求，就会有更加迫切的愿望在尽可能短的时间内引进相应的人才，更为迅速地掌握关于新兴技术发展的隐性知识，以新技术的应用回应政府和客户的技术要求。此外，技术动态性正向调节实践学习与合法性之间的关系，技术的快速发展变革为新创企业及时弥补和更新自身技术知识体系的不足创造了更多的机会，使其能够更为合理而有效地运用从外界获得的知识与经验，克服企业运行中的惯性和惰性，从而在业内树立良好的企业形象。

市场动态性正向调节认知学习与合法性之间的关系，动态变动的市场条件意味着传统的市场分析与调研效果的降低，通过积极地认知学习可以使新创企业更为全面地掌握同业者在产品研发、投产与市场营销等方面的成功经验，并结合自身的特点与能力进行模仿和改进。市场动态性正向调节实践学习与合法性之间的关系，动态的市场变化使很多企业陷入了非常困难的境地，这就会使新创企业更加注重在实践中摸索、总结和纠正已有做法，力图完善自身的知识体系和运营制度，更好地抓住市场变化形成的切入点和突破口，进而以更加理想的市场业绩赢得政府、投资者和客户的赞许和尊重。

5. 内部社会资本在创业学习与合法性之间存在调节作用

内部社会资本正向调节认知学习与合法性之间的关系，丰富的内部社会资本使团队成员能够主动为集体目标的实现而努力，乐于向企业献言献策，更加积极地观察和借鉴业内优秀的做法，使企业获得外界更好的评价。内部社会资本正向调节实践学习与合法性之间的关系，企业员工间互惠、互信、互助的程度较高有利于降低敌对情绪和紧张的程度，充分地理解和尊重他人的行为，不计较个人的得失，这无疑会使实践学习更加顺畅和富有成效。假如企业内部社会资本水平较低，意味着员工会倾向于保护自己的个人利益，不愿支持与配合企业的反思和纠偏，从而削弱实践学习的效果。

7.2 理论贡献与实践启示

7.2.1 理论贡献

本书将产业集群视为一个边界清晰的创业网络，将社会网络嵌入理论和创业学习理论与新制度学派合法性理论结合起来，探索和检验了产业集群关系嵌入对新创企业合法性的影响路径。本书的研究结论对相关理论观点进行了深化与拓展，具体体现在以下三个方面。

1. 深化了新创企业产业集群关系嵌入对合法性的作用机制研究

现有大多数研究往往集中于探讨关系嵌入对企业合法性的直接影响，且尚未形成统一的结论，因此有学者主张要关注与探究关系嵌入对合法性作用的中间机制问题。本书将新创企业产业集群关系嵌入、创业学习与合法性理论有机地联系起来，将新创企业在集群中的商业关系和政治关系嵌入纳入同一分析框架，构建了“新创企业产业集群关系嵌入—创业学习—合法性”的理论框架，提出创业学习在关系嵌入与企业合法性之间起中介作用，并对产业集群关系嵌入通过创业学习进而影响合法性的机制进行了理论分析与统计检验。该理论框架较为清晰而系统地阐释了新创企业在产业集群中的关系嵌入影响其合法性的内在机理，为嵌入在产业集群关系网络中新创企业的合法性提升提供了理论支持，为新创企业充分利用关系资源从而走出合法性困境提供了有益的理论引导，回应了有关学者的呼吁，实现了对社会网络嵌入理论和新制度学派合法性理论研究的补充与拓展。

2. 拓展和深化了创业学习理论的研究

关于创业学习的维度，学者们依据各自的研究情境给出了不同的划分方法。本书将创业学习视为创业企业的总体行为，结合本书的网络背景，把创业学习分为认知学习、嫁接学习和实践学习三个维度，并开发出相应的测量量表。该种划分方法体现出创业学习过程内在的渐进性，相关量表的开发和验证则为后续的测量工作与实证研究提供了工具保障。此外，提出和验证了关系嵌入对创业学习三个维度的正向影响效应，以及创业学习的三个维度在关系嵌入与合法性之间的中介效应，从而丰富和延伸了关于创业学习前因和后果的研究。

3. 丰富了创业学习对合法性影响的情境研究

根据权变理论，管理决策实施的效果会受到环境特性的影响和制约，而环境变量包括企业的外部环境和内部环境。结合目前我国经济社会运行的状况，本书通过理论分析和实证研究的方法，就环境动态性（包括技术动态性和市场动态性）和内部社会资本在新创企业创业学习与其合法性关系间的调节效应进行了探讨。这首先是将权变理论的应用范畴拓展到创业学习理论的研究领域，丰富了权变理论在企业战略管理中的理论内容。其次是有别于将内部社会资本视为自变量或因变量的研究惯例，本书将其视为新创企业的内部情境因素，对其在创业学习与合法性关系间所起的调节作用做出了探究，拓宽了创业学习作用于合法性的情境研究，在某种程度上弥补了创业学习研究中支撑理论不足的缺陷。

7.2.2 实践启示

作为一种独特的产业组织形式，产业集群在我国区域经济发展中发挥着关键的作用。而就产业集群的升级发展而言，其重要的推动力量源自区域内创业的成功。很多时候，创业的失败并非技术或效率水平低下造成的，合法性的缺失才是新创企业无法生存的原因。本书以我国产业集群内的新创企业为研究样本，深入考察了产业集群网络关系嵌入、创业学习与合法性之间的关系，所得出的研究结论对新创企业合理利用集群内的关系资源从而提升自身合法性水平具有一定的实践启示意义，具体包括以下四个方面。

1. 提高与产业集群内合作伙伴的关系强度

作为产业集群中的新进入者，新创企业缺乏可供参考的经营绩效记录，使外部资源所有者难以清晰地对其内在素质和发展前景做出判断，这构成了新创企业生存与发展的合法性障碍。本书的实证结果证实新创企业在产业集群内的商业关系嵌入和政治关系嵌入均会对企业的合法性产生积极的影响。因此，新创企业必须建立和加强与集群内的客户、供应商、政府部门和行业协会的交流与联系，加深彼此间的了解和感情，以达到树立积极正面的企业形象，克服合法性障碍的目的。

就商业关系而言，新创企业首先应保证产品和服务的质量，并在力所能及的范围内给予客户和供应商以优惠和便利，使对方深切认识到本方的实力与诚意，并乐于开展下一步的合作。其次，新创企业应积极参与同集群内供应商、客户和同行业者间各种形式的专业交流。不断参与企业年会、专业协会、产品展示会等活动，会使企业产品和服务的特点和优势为公众所熟悉、接受甚至模仿，这大大提升了新创企业在产业内的知名度。再次，与业务伙伴建立商业联盟或参与成熟制造商的新产品开发等也是强化新创企业在产业集群内商业关系嵌入程度的有效方法。通过这样的合作方式，新创企业可以进一步获取对方的信任与好感，拓展资源获取的边界，向外界发送自身产品与服务优质性的信号。最后，对于一些十分重要的商业伙伴，新创企业还可以提供额外的特殊待遇利益，如优先的产品供应、定制化的个性服务，使之产生受尊重和礼遇的感受。

就政治关系而言，新创企业应通过自身的政治参与积极地构建和塑造政府部门及政府官员间的联系。如新创企业以承办会议、举办典礼等为契机邀请政府相关人员进行走访、调研与视察。企业应重点展示已有成绩与发展规划，强调自身推动地区经济发展的作用与意愿，以提高政府对企业的了解、认可和支持。此外，对于政府组织的慈善捐款等社会公益活动，新创企业应积极参与和支持，履行自身的企业公民义务，迎合政府与公众的期望，获得政府各方面的支持与奖励。

2. 采取丰富而有效的创业学习方式

新创企业在战略形成中需要充分重视创业学习，并根据不同的情境需求采取灵活的学习方式。积极的创业学习有助于新创企业走出合法性困境，本书的实证结果表明创业学习在产业集群关系嵌入与合法性之间起着中介作用，即商业关系和政治关系为新创企业的创业学习提供了知识来源进而提升了企业的合法性水平。因此，要充分利用集群关系网络中的创业资源，实现自身被外部环境的认可与接受，新创企业必须开展有效的创业学习活动。

在清楚认识自身面临的资源与能力局限的基础上，新创企业应充分利用集群内的各种关系，确立适宜的创业学习行为和模式。如通过对龙头企业的参观、同业人员的交流等方式尽可能地了解和熟悉优秀企业的管理模式和操作流程，并结合本企业的特点将先进的做法移植和复制到本企业中，即有针对性地开展认知学习。此外，新创企业应通过各种合理渠道，如业界的展会或是招聘会、在职员工的推荐，以及博客和微信，多方面地了解、接触和聘用企业发展所需的有经验和高能力的人才，并采取小组会议、师徒制等方式促进新成员既有的隐性知识在企业内的传递与扩散。在这个过程中，新创企业需要在提升机会、薪酬待遇、绩效考核等方面制定合理的制度，以保证嫁接学习的顺利进行。除了从外部获取知识，新创企业还应充分重视对知识的整合与运用。在持续的创业实践中反思和修正已有的经验和观点，大胆打破对既有惯例的依赖，总结和提炼新知识与新方法以指导下一步的行动，以提高组织行为与创业环境的匹配程度。尤其是当企业遇到危机和事故等“关键事件”时，应充分反思以改变固有的学习路径，积累符合当前情境的创业知识。

3. 充分重视和利用外部环境的动态变化

环境动态性对创业学习的调节作用表明，新创企业要想充分发挥创业学习的作用，需对外部环境给予充分的重视，密切关注技术、市场、顾客需求以及同行业者等外部环境要素的动态变化，收集、整理、分析相关数据，这样才能推动创业学习的有效开展以适应环境的变化，从而满足外界的合法性要求。

当外部环境中的技术动态性较强时，集群中的新创企业应更多地开展嫁接学习和实践学习，充分重视外部技术人才的引进以及外部知识的内化，反思和修正不利于企业发展的知识和做法，掌握、夯实甚至超越目前业内的主流技术，抓住技术动态变化带来的窗口机遇，以内在实力的提升来获取外界的好评和认可。当市场动态较强时，新创企业应更重视认知学习与实践学习的作用，并从人力与财力等方面向二者配置更多的资源，如采取有效的知识搜索方式，持续监控本领域内的市场发展状态和竞争对手的营销举措，识别并抓住新的市场机会；也可以培育和吸收领先用户，借助其丰富的生活经验和产品知识，纠正自身对市场理解偏差，分析和预测未来市场的动态需求，有针对性地开发及改进产品和服务，从而赢得客户的青睐。

4. 创建有利于创业学习的组织内部环境

创业学习包含对创业知识的外部搜索与获取和内部开发与运用两个方面，

除了外部环境，企业内部的社会与文化因素也会对创业学习的效果产生影响。内部社会资本体现了组织内的信任、承诺、共同愿景和规范，能够有效表征企业的内部环境。根据实证研究的结果，内部社会资本在创业学习与合法性之间起着正向调节作用。因此，要使创业学习发挥更大的效果以最大限度地提升自身的合法性水平，新创企业除了关注外部环境的变化，还必须建设与创业学习相匹配的内部环境。

为此，新创企业通过制定科学的人力资源政策，设计合理的组织架构和权责体系，建立有效的激励约束机制和包容开放、善于变革的企业文化，加强企业各部门间的沟通与合作，这有利于激发企业员工获取外部信息与知识的主动性，提高知识在企业内部分享和传递的效率。此外，还要通过日常的宣传在员工心中树立危机意识和竞争意识，激发员工的主人翁精神，使其真正意识到企业的发展同个人根本利益是密切相关的，产生主动学习的愿望，变“要我学”为“我要学”，将个人的发展与企业的前途结合起来，为企业贡献自己力量。同时，作为新创企业的领航者和中流砥柱，创业者的示范效应举足轻重。通过不断地创业学习，创业者才能够拓宽视野和开发思维，为团队树立榜样，促进和激发员工学习的热情，使坚持学习成为员工的共识和常态。

7.3 研究局限与研究展望

7.3.1 研究局限

嵌入理论在产业集群和创业研究中的应用为深入探索产业集群内的创业行为提供了一个独特的视角。本书以产业集群内的新创企业为样本，探讨了新创企业在产业集群内的关系嵌入对其合法性的影响机制。尽管获得了一些有意义的结论，但由于研究问题的复杂、个人研究能力与经验的不足、实证调研范围的局限等原因，本书的研究还存在一些不足，需要在未来的研究中加以完善和解决。

1. 缺乏产业集群结构嵌入对新创企业合法性的影响研究

根据经典的嵌入性理论，社会网络嵌入应分为关系嵌入和结构嵌入，即结构嵌入是网络嵌入的重要组成部分。因此新创企业在产业集群这一创业网络中所处的位置、网络的密度和规模均会对其合法性产生影响。而本书只将关系嵌入作为研究重点，没有就结构嵌入对合法性的影响进行探究。因此，将关系嵌入和结构嵌入结合起来，全面把握新创企业在产业集群中的嵌入对合法性的作用是未来研究的一个重点问题。

2. 创业学习的维度划分和测量方法还有待完善

本书将创业学习划分为认知学习、嫁接学习和实践学习三个方面，并借鉴已有成熟量表设计了相关测量问卷。尽管具有一定的逻辑性与合理性，且经过了实证研究的检验，但由于创业学习是一个复杂而动态的过程，因此本书的划分方式和测量方法可能不够全面和准确，需要通过进一步的理论推演和实证分析来予以完善。

3. 调查样本的地域宽度和研究的时间跨度尚需要扩展和延伸

考虑到调查样本的全面性，笔者尝试过多种途径发放与回收调查问卷。但受限于自身的能力和关系网络，调研样本基本来自天津、浙江、山东和上海等东部沿海省市，没有覆盖西部内陆地区，这造成了本书样本的局限性，在一定程度上降低了研究成果的适用性。此外，就新创企业而言，从建立与集群内各方的联系到开展创业学习，再到提高企业合法性，会有一个时间的滞后。解决此种问题应收集样本的纵向数据，而非横截面数据。受研究条件的限制，本书的结论仍然是基于企业的截面数据，忽略了新创企业在集群中的关系嵌入对创业学习及合法性的长期动态影响，因而结论的有效性还需更严格的检验。

7.3.2 研究展望

总体上，通过本书的研究，对产业集群关系嵌入对新创企业合法性的作用机制有了较为全面地认识，但由于本书的研究尚存在不足和欠缺，因此需要在未来的研究中加以补充和完善。

1. 细化和丰富关于新创企业产业集群嵌入类型的研究

本书主要着眼于新创企业在产业集群中的商业关系嵌入和政治关系嵌入，但也有学者提出嵌入还应包括技术嵌入、文化嵌入等类型，从理论上来讲，创业学习与合法性也受到多方面的影响。因此，在下一步的研究中，可以将新创企业在集群中的嵌入分为多个维度，进一步丰富和深入理解它们对创业学习及合法性的作用。

2. 在创业学习对合法性的影响中引入更多的调节变量

本书分析和验证了环境动态性和内部社会资本在创业学习对合法性影响中的调节作用，并得到了一些有价值的结论。但其他的企业内外部变量，如环境的充裕性、敌对性、企业的吸收能力等，在理论上也会对上述影响产生作用。因此在后续研究中考虑引入更多的调节变量，提高权变视角下创业学习对新创企业合法性影响机制研究的系统性。

3. 优化和丰富研究设计与方法

首先，本书实证研究的数据基本源自东部沿海发达地区的企业，样本的覆盖范围有限，未来的研究中可以向西部与中部地区的企业收集数据，并将结果进行比对，以提高结论的普适性。其次，针对截面数据不能反映动态过程的弊端，今后应注意收集纵向大样本数据，深入考察关系嵌入、创业学习与合法性三者之间的动态演进过程，验证和充实本书提出的理论模型。最后，除了本书所采用的案例分析和基于问卷调查的统计分析，为更加系统和深入地探究关系嵌入对新创企业合法性的影响机制，今后可以引进博弈论和仿真模拟等方法。

附录 A

企业访谈提纲

1. 请您谈谈贵企业发展的大致情况，如发展历程、企业规模、主营业务、经营业绩和未来发展设想等。

2. 请您描述贵企业与所在集群内的客户、供应商、同行及科研院所联系的频率和交往的深度，这样的联系对贵企业有着什么样的影响?

3. 贵企业与所在集群内的政府管理部门及行业协会有着何种联系，这种联系是否重要，对贵企业又产生什么样的影响?

4. 贵企业是否借鉴过所在集群内其他优秀企业的经验和做法，通过何种方式? 请举例说明。

5. 贵企业主要通过何种方式引进所需要的人才? 通过何种方式使引进的人才最大的发挥作用? 请举例说明

6. 贵企业是否会在经营活动中不断地总结经验和教训，并以此为依据指导下一步的行动? 请举例说明。

7. 外部环境的变化是否对贵企业的经营造成了很大的压力? 贵企业是如何应对的?

8. 贵企业内部的氛围如何? 对企业的运营会产生什么样的影响?

9. 贵企业获得过哪些资质认证和荣誉? 请举例说明。

附录 B

产业集群内新创企业调查问卷

尊敬的先生/女士：

您好！非常感谢您对本次问卷调查的参与和支持！

本问卷旨在了解产业集群内的新创企业与外部合作伙伴交往情况对创业学习和企业声誉的影响。特请您抽出 15~20 分钟填写本问卷，协助我们完成此次调查，答案没有对错之分，请勾选您认为最合适的答案。本次调查采取匿名形式，所得数据仅供学术研究之用，不会用于任何商业用途。我们承诺，您所提供的任何信息我们都将严格保密。如果您对本书的结论感兴趣，请您在问卷结尾处注明，并请留下您的通信方式。届时我们会将研究成果及时发送给您，供您参考。

一、企业的基本情况（请您在符合的选项上打“√”）

1. 企业成立至今的时间：________年。

2. 企业员工总数大约为：□<50 人；□51~300 人；□301~1000 人；□1001 人以上；

3. 企业主营业务所属行业：

□家电　□医药　□交通运输设备　□电气机械及器材　□纺织

□家具　□服装　□陶瓷　□皮具　□其他

4. 您在这家企业工作了________年。

5. 您目前所在部门：□管理部门；□技术部门；□市场部门；□生产部门；□其他。

6. 您目前的职务：□高层管理人员；□中层管理人员；□基层管理人员；□其他。

二、本企业与其他企业和组织间的关系

（提示：请您根据企业实际情况，在对应的数字上打“√”；电子版也可将对应数字改为不同颜色；本问卷指标采用5级打分法，符合程度随分数的减小而递减，5表示完全符合，1表示完全不符合。）

调查内容	完全不符合				完全符合
1. 本企业与集群内客户企业关系良好	1	2	3	4	5
2. 本企业与集群内供应商企业关系良好	1	2	3	4	5
3. 本企业与集群内的同行企业有关系良好	1	2	3	4	5
4. 本企业与集群内的科研机构关系良好	1	2	3	4	5
5. 本企业与集群当地政府部门和政府官员关系良好	1	2	3	4	5
6. 本企业与集群行业主管部门关系良好	1	2	3	4	5
7. 本企业与本地工商、税务部门关系良好	1	2	3	4	5
8. 本企业与所在园区管委会关系良好	1	2	3	4	5
9. 本企业与国有银行或其他国有金融机构关系良好	1	2	3	4	5

三、本企业进行学习的情况

调查内容	完全不符合				完全符合
1. 本企业经常汲取行业中的各种专业人员的经验	1	2	3	4	5
2. 本企业注意观察和借鉴相关各方的做法	1	2	3	4	5
3. 本企业非常关注同行业中“标杆”企业的行为	1	2	3	4	5
4. 本企业重视参与各种正式与非正式的研讨会	1	2	3	4	5
5. 本企业重视引进外部高水平的各类人才	1	2	3	4	5
6. 本企业积极聘请相关单位的专家为己方指导工作	1	2	3	4	5
7. 本企业重视新员工的看法与建议的应用	1	2	3	4	5
8. 本企业鼓励和支持新员工对老员工进行培训辅导	1	2	3	4	5
9. 本企业注意总结和利用实际工作中的经验	1	2	3	4	5
10. 本企业重视通过持续实践来反思和纠正原有做法	1	2	3	4	5
11. 本企业注重在实践中提炼知识和策略并加以运用	1	2	3	4	5
12. 本企业重视将实践经验推广到后续工作中	1	2	3	4	5

四、本企业被外界接受的程度

调查内容	完全不符合				完全符合
1. 本企业的产品和服务得到客户的较高评价	1	2	3	4	5
2. 供应商愿意和本企业做生意	1	2	3	4	5
3. 本企业获得了竞争对手的尊重和认可	1	2	3	4	5
4. 本企业的员工对企业有很强的归属感	1	2	3	4	5
5. 本企业获得了政府或行业授予的各种荣誉称号	1	2	3	4	5

五、本企业所处外部环境的情况

调查内容	完全不符合				完全符合
1. 本企业所处领域的技术变化速度很快	1	2	3	4	5
2. 技术变革为整个行业的发展提供了大量的机会	1	2	3	4	5
3. 本企业很难预测未来几年内行业技术的变化趋势	1	2	3	4	5
4. 所在行业的技术突破使大量新产品创意成为现实	1	2	3	4	5
5. 本企业所在的市场中，客户的产品偏好变化很快	1	2	3	4	5
6. 客户总是倾向于寻求和尝试新的产品	1	2	3	4	5
7. 新客户对产品的需求不同于原有客户	1	2	3	4	5
8. 本企业所处市场中产品更新换代的速度很快	1	2	3	4	5

六、本企业的内部氛围

调查内容	完全不符合				完全符合
1. 本企业员工通常能对同事信守承诺	1	2	3	4	5
2. 本企业员工不会做出损害同事利益的举动	1	2	3	4	5
3. 本企业员工会向遇到困难的同事提供建议和帮助	1	2	3	4	5
4. 本企业员工愿意为企业发展目标的实现付出努力	1	2	3	4	5
5. 本企业员工愿意将自身的追求融入企业的发展中	1	2	3	4	5

再次对您的支持表示衷心的感谢！如果您对问卷中的问题有什么意见或建议，请您填写在横线处。

____

____

如果您对本书的结果感兴趣，请您留下联系方式，以便我们及时反馈给您。

联系电话：__________通信地址：__________电子邮箱：__________

参考文献

[1] 安宁，王宏起．创业者先前经验，学习模式与新技术企业绩效——基于初始条件视角的实证研究［J］．商业经济与管理，2011，239（9）：34－42.

[2] 蔡莉，单标安，汤淑琴．创业学习研究回顾与整合框架构建［J］．外国经济与管理，2012，34（5）：1－9.

[3] 蔡莉，单标安．中国情境下的创业研究：回顾与展望［J］．管理世界，2013（12）：160－169.

[4] 陈彪，蔡莉，陈琛．新企业创业学习方式研究——基于中国高技术企业的多案例研究［J］．科学学研究，2014，32（3）：392－399.

[5] 陈怀超，范建红．制度距离，中国跨国公司进入战略与国际化绩效：基于组织合法性视角［J］．南开经济研究，2014（2）：99－117.

[6] 陈立敏，刘静雅，张世蕾．模仿同构对企业国际化—绩效关系的影响——基于制度理论正当性视角的实证研究［J］．中国工业经济，2016（9）：127－143.

[7] 陈文沛．关系网络与创业机会识别：创业学习的多重中介效应［J］．科学学研究，2016，34（9）：1391－1396.

[8] 陈文婷，李新春．中国企业创业学习：维度与检验［J］．经济管理，2010，32（8）：63－72.

[9] 陈文婷．创业学习，知识获取与创业绩效——机遇家族第二代企业家的研究［D］．大连：东北财经大学博士学位论文，2010.

[10] 陈燕妮，王重鸣．创业行动学习过程研究——基于新兴产业的多案例研究［J］．科学学研究，2015，33（3）：419－430.

[11] 陈扬，许晓明，谭凌波．组织制度理论中的“合法性”研究述评［J］．华东经济管理，2012，26（10）：137－142.

[12] 戴维奇，林巧．本地与超本地制度网络，公司创业与集群企业升级［J］．科学学与科学技术管理，2013，34（1）：39－47.

［13］戴维奇．网络嵌入，公司创业与绩效：对集群背景下企业创业行为的一个解释［D］．杭州：浙江大学博士学位论文，2010．

［14］戴鑫，荆美星，邓雪芬．企业危机情境下的合法性策略及其效应研究［J］．管理学报，2010，7（10）：1520－1528．

［15］单标安，蔡莉，陈彪．中国情境下创业网络对创业学习的影响研究［J］．科学学研究，2015，33（6）：899－906．

［16］单标安，蔡莉，鲁喜凤．创业学习的内涵、维度及其测量［J］．科学学研究，2014，32（12）：1867－1876．

［17］单标安，陈海涛，鲁喜凤．创业知识的理论来源，内涵界定及其获取模型构建［J］．外国经济与管理，2015，37（9）：17－28．

［18］邓学军，夏洪胜．企业家传奇，制度资本与竞争优势铸造：分析框架与例证［J］．管理评论，2006，18（11）：48－53．

［19］丁桂凤．多维视野下的创业学习与创业绩效机制研究［M］．北京：中国经济出版社，2012．

［20］杜海东．创业团队经验异质性对进入战略创新的影响：创业学习的调节作用［J］．科学学与科学技术管理，2014，35（1）：132－139．

［21］杜运周，任兵，陈忠卫．先动性，合法化与中小企业成长——一个中介模型及其启示［J］．管理世界，2008（12）：126－138．

［22］杜运周，任兵，张玉利．新进入缺陷、合法化战略与新企业成长［J］．管理评论，2009，31（8）：57－65．

［23］杜运周，张玉利，任兵．还是隐藏竞争优势：业竞争者导向与绩效U型关系及组织合法性的中介作用［J］．管理世界，2012（7）：96－107．

［24］杜运周，张玉利．顾客授权与新企业合法性关系实证研究［J］．管理学报，2012，9（5）：735－741．

［25］付晓蓉，Tang Thuong Phat，谢庆红．长期关系中渠道冲突对企业创新能力的影响研究［J］．科研管理，2016，37（3）：59－67．

［26］顾建平，王磊．创业企业家真实型领导，组织合法性与创业绩效［J］．华东经济管理，2014（10）：115－119．

［27］何霞，苏晓华．环境动态性新创企业联盟与组织合法性研究——基于组织学习视角［J］．科研管理，2016，37（2）：90－97．

［28］何霞，苏晓华．战略联盟对新创企业合法性获取的影响研究——组织学习的中介作用［J］．产经评论，2015，6（3）：81－93．

[29] 何霞. 中国公益组织合法性危机演变与行动策略研究 [J]. 广州大学学报, 2016, 15 (8): 48 – 56.

[30] 黄中伟, 王宇露. 关于经济行为的社会嵌入理论研究述评 [J]. 外国经济与管理, 2007, 29 (1): 1 – 8.

[31] 黄中伟, 游锡火. 社会网络, 组织合法性与中国企业国际化绩效——来自122家中国企业海外子公司的实证 [J]. 经济管理, 2010 (8): 38 – 48.

[32] 蒋晓荣, 李随成. 企业——供应商关系承诺影响因素探索性研究 [J]. 管理评论, 2014, 26 (8): 188 – 199.

[33] 乐琦, 蓝海林. 并购后控制与并购绩效的关系研究: 基于合法性的调节效应 [J]. 管理学报, 2012, 9 (2): 225 – 232.

[34] 李德辉, 范黎波, 杨震宁. 企业网络嵌入可以高枕无忧吗? ——基于中国上市制造业企业的考察 [J]. 南开管理评论, 2017, 20 (1): 67 – 82.

[35] 李宏贵, 谢蕊, 陈忠卫. 多重制度逻辑下企业创新合法化战略行为——基于阿里巴巴案例分析 [J]. 经济与管理研究, 2017, 38 (7): 133 – 144.

[36] 李晋, 宗文, 吕鸿江. 组织制度的合法性起源研究 [J]. 商业经济与管理. 2013, 264 (10): 5 – 13.

[37] 李新春, 韩剑, 李炜文. 传承还是另创领地? ——家族企业二代继承的权威合法性建构 [J]. 管理世界, 2015 (6): 110 – 124.

[38] 李新春, 梁强, 宋丽红. 外部关系——内部能力平衡与新创企业成长 [J]. 中国工业经济, 2010 (12): 97 – 107.

[39] 李雪灵, 马文杰, 刘钊. 合法性视角下的创业导向与企业成长: 基于中国新企业的实证检验 [J]. 中国工业经济, 2011 (8): 99 – 108.

[40] 李永强, 杨建华, 白璇. 企业家社会资本的负面效应研究: 基于关系嵌入的视角 [J]. 中国软科学, 2012 (10): 104 – 116.

[41] 李玉刚, 童超. 企业合法性与竞争优势的关系: 分析框架及研究进展 [J]. 外国经济与管理, 2015, 37 (3): 65 – 75.

[42] 林枫, 邵莛苇, 张雄林. 新创企业合法性获取机制: 研究回顾与管理框架 [J]. 科技进步与对策, 2017, 34 (2): 94 – 99.

[43] 林润辉, 谢宗晓, 王兴起. 制度压力, 信息安全合法化与组织绩效——基于中国企业的实证研究 [J]. 管理世界, 2016 (2): 112 – 127.

[44] 刘井建. 创业学习，动态能力与新创企业成长支持模式研究 [J]. 科学学与科学技术管理，2011，32 (2)：127-132.

[45] 刘群慧，李丽. 关系嵌入性，机会主义行为与合作创新意愿：对广东省中小企业样本的实证研究 [J]. 科学学与科学技术管理，2013，34 (7)：83-94.

[46] 罗党论，应千伟. 政企关系，官员视察与企业绩效——来自中国制造业上市公司的经验数据 [J]. 南开管理评，2012，15 (5)：74-83.

[47] 马克思·韦伯. 马克思·韦伯社会学文集 [M]. 北京：人民出版社，2010.

[48] 马晓芸，何红光. 网络关系嵌入对中小企业技术创新绩效的影响——考虑知识获取的中介作用 [J]. 技术经济，2015，34 (7)：13-17.

[49] 潘松挺，蔡宁. 企业创新网络中关系强度的测量研究 [J]. 中国软科学，2010 (5)：108-115.

[50] 裴云龙，江旭，刘衡. 战略柔性，原始性创新与企业竞争力——组织合法性的调节作用 [J]. 科学学研究，2013 (3)：446-455.

[51] 彭华涛，王敏. 创业企业社会网络演化的试错机理——基于群体案例研究 [J]. 科学学研究，2012，30 (8)：1228-1236.

[52] 彭伟，顾汉杰，符正平. 联盟网络、组织合法性与新创企业成长关系研究 [J]. 管理学报，2013，10 (12)：1760-1769.

[53] 沈洪涛，苏亮德. 企业信息披露中的模仿行为研究——基于制度理论的分析 [J]. 南开管理评论，2012，15 (3)：82-90.

[54] 苏敬勤，崔淼. 工商管理案例研究方法 [M]. 北京：科学出版社，2011.

[55] 眭文娟，张慧玉. 创新性与新创企业成长之间关系的实证分析——合法性的中介效应 [J]. 技术经济，2014，33 (8)：16-25.

[56] 王疆，陈俊. 组织间模仿能够解释 IPO 企业的承销商选择行为吗？——基于新制度理论和组织学习理论的分析 [J]. 商业经济管理，2015，289 (11)：44-53.

[57] 王玲玲，赵文红，魏泽龙. 创业制度环境，网络关系强度对新企业组织合法性的影响研究 [J]. 管理学报，2017，14 (9)：1324-1331.

[58] 王倩倩. 组织合法性视角下的企业自愿性社会责任信息披露研究 [D]. 沈阳：辽宁大学博士学位论文，2013.

[59] 魏江，勾丽．集群企业的模仿特征及模仿方式探析 [J]．科学学与科学技术管理，2008 (2)：142 - 146.

[60] 魏江，郑小勇．关系嵌入强度对企业技术创新绩效的影响机制研究 [J]．浙江大学学报，2010，40 (6)：168 - 180.

[61] 魏泽龙，谷盟．转型情景下企业合法性与绿色绩效的关系研究 [J]．管理评论，2015，27 (4)：76 - 84.

[62] 吴瀚，姚小涛，陈嘉文．信号管理视角下的组织高层与组织合法性关系探讨 [J]．管理学报，2013，10 (4)：619 - 624.

[63] 吴剑峰，李自杰，武亚军．竞争密度，合法化与外资企业生存——基于中关村高新科技园区的研究 [J]．经济科学，2009 (5)：107 - 116.

[64] 吴楠．网络嵌入，组织间学习能力与技术创新绩效关系研究 [D]．西安：西北工业大学博士学位论文，2015.

[65] 向永胜，魏江．集群企业内外商业，技术网络关系嵌入对创新能力的作用研究 [J]．科学学与科学技术管理，2013，34 (3)：51 - 57.

[66] 谢雅萍，黄美娇．社会网络，创业学习与创业能力——基于小微企业创业者的实证研究 [J]．科学学研究，2014，32 (3)：400 - 409.

[67] 辛琳．嵌入性与公司经营绩效研究 [D]．苏州：苏州大学博士学位论文，2011.

[68] 徐二明，左娟．合法性对电信运营企业可持续发展战略及绩效的影响研究 [J]．中国工业经济，2010 (10)：45 - 54.

[69] 薛红志，杨俊．基于象征性行动的新企业资源整合机制研究 [J]．外国经济与管理，2009，31 (6)：1 - 9.

[70] 杨斌，王学东．基于社会网络嵌入性视角的虚拟团队中知识共享过程研究 [J]．情报科学，2009，27 (12)：1765 - 1769.

[71] 杨隽萍，唐鲁滨，于晓宇．创业网络，创业学习与新创企业成长 [J]．管理评论，2013，25 (1)：24 - 33.

[72] 杨艳，胡蓓．产业集群嵌入对创业绩效的影响研究——创业能力的视角 [J]．科学学与科学技术管理，2012，33 (12)：45 - 54.

[73] 杨勇，周勤．集群网络，知识溢出和企业家精神——基于美国高科技产业集群的证据 [J]．管理工程学报，2013，27 (2)：32 - 37.

[74] 杨震宁，李东红，范黎波．身陷“盘丝洞”：社会网络关系嵌入过度影响了创业过程吗？[J]．管理世界，2013 (12)：101 - 116.

[75] 姚山秀，王永贵．顾客参与，关系嵌入和新产品开发绩效——理论探索与实证检验 [M]．天津：南开大学出版社，2013.

[76] 应洪斌．产业集群中关系嵌入性对企业创新绩效的影响机制研究 [D]．杭州：浙江大学博士学位论文，2011.

[77] 于海云，赵增耀．FDI 知识转移的影响因素及机理研究——基于员工流动的视角 [J]．科学学研究，2013，31 (8)：1224－1230.

[78] 于晓宇，李雪灵，杨若瑶．首次创业失败学习：来自创业新手、新创企业与行业特征的解释 [J]．管理评论，2013，10 (1)：77－83.

[79] 俞园园，梅强．组织合法性中介作用下的产业集群关系嵌入对新创企业绩效的影响 [J]．管理学报，2016，13 (5)：697－706.

[80] 俞园园．组织合法性视角下产业集群嵌入对新创企业创业绩效的影响研究 [D]．镇江：江苏大学博士学位论文，2015.

[81] 张红，葛宝山．创业学习，机会识别与商业模式——基于珠海众能的纵向案例研究 [J]．科学学与科学技术管理，2016，37 (6)：123－136.

[82] 张化尧，吴梦园，陈晓玲．资源互补与国际化中的合法性获取——基于战略联盟的混合研究 [J]．科学学研究，2018，36 (3)：513－530.

[83] 张嘉雯．地理群聚，组织间关系镶嵌与网络地位对创新绩效之影响 [J]．远东学报，2006，23 (2)：353－372.

[84] 张克兢．基于知识获取视角的在校大学生创业学习研究 [D]．上海：东华大学博士学位论文，2014.

[85] 张利斌，张鹏程，王豪．关系嵌入，结构嵌入与知识整合效能：人——环境匹配视角的分析框架 [J]．科学学与科学技术管理，2012，33 (5)：78－83.

[86] 张培，周琳，马建龙．“嵌入性”视角下服务外部关系强度与治理机制互动关系研究 [J]．科学学与科学技术管理，2016，37 (7)：42－53.

[87] 赵蓓．嵌入性与产业群竞争力：理论研究与分析框架 [J]．东南学术，2004 (6)：138－145.

[88] 赵晶，张书博，祝丽敏．传承人合法性对家族企业战略变革的影响 [J]．中国工业经济，2015 (8)：130－144.

[89] 赵文红，孙万清．创业者的先前经验，创业学习和创业绩效的关系研究 [J]．软科学，2013，27 (11)：53－57.

[90] 郑健壮，靳雨涵．关系强度，知识属性对知识传导效果的影响：基于

师徒企业网络情景下的研究［J］. 情报理论与实践，2017，40（2）：37－41.

［91］郑健壮，靳雨涵. 集群内师徒制企业间的创业传导——基于新塘羽绒产业集群的案例研究［J］. 技术经济，2015，34（8）：22－29.

［92］郑小勇. 商业集团从属企业的合法性双元，资源获取与成长绩效［D］. 杭州：浙江大学博士学位论文，2013.

［93］郑馨. 创业导向，创业学习与组织绩效［M］. 北京：经济管理出版社，2012.

［94］Aerts G，Dooms M，Haezendonck E. Knowledge transfers and project-based learning in large-scale infrastructure development projects：an exploratory and comparative ex-post analysis［J］. International Journal of Project Management，2017，35（3）：224－240.

［95］Alder P S，Kwon S W. Social capital：prospects for a new concept［J］. Academy of Management Review，2002，27（1）：17－40.

［96］Aldrich H，Fiol C. Fools rush in? The institutional context of industry creation［J］. The Academy of Management Review，1994，19（4）：645－670.

［97］Ana P L，Carmen C M，Antonio C L，et al. How social capital and knowledge affect innovation［J］. Journal of Business Research，2011，64（12）：1369－1376.

［98］Anderson A，Dodd S. Network practices and entrepreneurial growth［J］. Scandinavian Journal of Management，2010，26（2）：121－133.

［99］Anderson U，Forsgren M，Holm U. The strategic impact of external networks：subsidiary performance and competence development in the multinational corporation［J］. Strategic Management Journal，2002，23（11）：979－996.

［100］Antonio C L，Gloria C R，Carmen C M. Social and organizational capital：building the context for innovation［J］. Industrial Marketing Management，2010，39（4）：681－690.

［101］Ashforth B，Gibbs B. The double-edge of organizational legitimation［J］. Organization Science，1990，1（2）：177－194.

［102］Audia P G，Freeman J H，Reynolds P D. Organizational founding in community context：instruments manufacturers and their interrelationship with other organizations［J］. Administrative Science Quarterly，2006，51（3）：381－419.

［103］Barden Q. Disentangling the influence of leaders' relational embeddedness on interorganizational exchange [J]. Academy of Management Journal, 2007, 50 (6): 1440 -1461.

[104] Baum J A, Powell W W. Cultivating an institutional ecology of organizations: Comment on Hannan, Carrol, Dundon, and Torres [J]. American Sociological Review, 1995 (60): 529 -538.

[105] Baum J R, Wally S. Strategic decision speed and firm performance [J]. Strategic Management Journal, 2003, 24 (11): 1107 -1129.

[106] Beckman C M, Burton M D, O'Reilly C. Early teams: the impact of team demography on VC financing and going public [J]. Journal of Business Venturing, 2007, 22 (2): 147 -173.

[107] Bellandi M. A theoretical framework for the evaluation of university-industry relationships [J]. R&D Management, 2007, 24 (3): 229 -247.

[108] Überbacher F. Legitimation of new ventures: a review and research program [J]. Journal of Management Studies, 2014, 51 (4): 667 -698.

[109] Bhagavatula S, Elfring T. How social and human capital influence opportunity recognition and resource mobilization in India's handloom industry [J]. Journal of Business Venturing, 2010, 25 (3): 245 -260.

[110] Bogenrieder I. Social architecture as a prerequisite for organizational learning [J]. Management Learning, 2002, 33 (2): 197 -212.

[111] Breslin D, Jones C. The evolution of entrepreneurial learning [J]. International Journal of Organization Analysis, 2012, 20 (3): 294 -308.

[112] Buganza T C, Dell E, Verganti R. Exploring the relationships between product development and environmental turbulence: the case of mobile TLC services [J]. Journal of Product Innovation Management, 2009, 26 (3): 308 -321.

[113] Cable D. Network ties, reputation, and the financing of new ventures [J]. Management Science, 2003, 48 (3): 364 -381.

[114] Capaldo A. Network structure and innovation: the leveraging of a dual network as a distinctive relational capability [J]. Strategic Management Journal, 2007, 28 (6): 585 -608.

[115] Carland J W, Hoy F. Differentiating entrepreneurs from small business owners: a conceptualization [J]. Academy of Management Review, 1984, 9 (2): 354 -359.

[116] Carpenter M A, Li M. Social network research in organizational contexts: a systematic review of methodological issues and choices [J]. Journal of Management, 2012, 38 (4): 1328 - 1361.

[117] Certo S T, Hodge F. Top management team prestige and organization legitimacy: an examination of investor perceptions [J]. Journal of Managerial Issues, 2007, 19 (4): 461 - 477.

[118] Chandler G, Lyon D. Involvement in knowledge-acquisition activities by venture team members and venture performance [J]. Entrepreneurship Theory and Practice, 2009, 33 (3): 571 - 592.

[119] Chandler G. Antecedents, moderators and performance consequences of membership change in new venture teams [J]. Journal of Business Venturing, 2005, 20 (5): 705 - 725.

[120] Chang, Kuang-chi. Close but not committed? The multiple dimensions relational embeddedness [J]. Social Science Research, 2011, 40 (4): 1214 - 1235.

[121] Chatterji A K, Fabrizio K R. Using users: when does external knowledge enhance corporate innovation? [J]. Strategic Management Journal, 2013, 35 (10): 1427 - 1445.

[122] Chen A J, Watson R T, Boudreaum C. An institutional perspective on the adoption of green is & it [J]. Australasian Journal of Information Systems, 2011, 17 (1): 23 - 45.

[123] Chenhall E C, Chermack T J. Models, definitions, and outcome variables of action learning a synthesis with implications for HRD [J]. Journal of European Industrial Training, 2010, 34 (7): 588 - 608.

[124] Chesbrough H. Open services innovation: rethinking your business to grow and compete in a new area [M]. New Jersey: John Wiley & Sons, 2010.

[125] Child J. Organizational structure, environment and performance: the role of strategic choice [J]. Sociology, 1972, 6 (1): 1 - 22.

[126] Chirico F, Salvato C. Knowledge internalization and product development in family firms: when affective factors matter [J]. Entrepreneurship Theory and Practice, 2016, 40 (1): 201 - 229.

[127] Chung W, Kanins A. Agglomeration effects and performance: A test of the

Texas loading industry [J]. Strategic Management Journal, 2001, 25 (3): 969 -988.

[128] Churchill G A. A paradigm for developing better measures of marketing constructs [J]. Journal of Marketing Research, 1979, 16 (1): 64 -73.

[129] Cooper A C. Challenges in predicting new firm performance [J]. Journal of Business Venturing, 1993, 8 (3): 241 -253.

[130] Cope J. Entrepreneurial learning from failure: An interpretative phenomenological analysis [J]. Journal of Business Venturing, 2011 (26): 604 -623.

[131] Cope J. Toward a dynamic learning perspective of entrepreneurship [J]. Entrepreneurship Theory and Practice, 2005, 29 (4): 373 -397.

[132] Corbett A C. Experiential learning within the process of opportunity identification and exploitation [J]. Entrepreneurship Theory and Practice, 2005, 29 (4): 399 -424.

[133] Corredoira P, Rosenkopf L. Should auld acquaintance be forgot? The reverse transfer of knowledge through mobility ties [J]. Strategic Management Journal, 2010, 12 (31): 159 -181.

[134] Cowen A P, Marcel J J. Damaged goods, board decisions to dismiss reputationally compromised directors [J]. Academy of Management Journal, 2011, 54 (3): 509 -527.

[135] Dacin M, Oliver C, Roy J. The legitimacy of strategic alliances: an institutional perspective [J]. Strategic Management Journal, 2007, 28 (2): 169 -187.

[136] Dacin M T, Ventresca M J, Beal B D. The embeddedness of organizations: dialogue & Directions [J]. Journal of Management, 1999 (3): 317 -356.

[137] David R. Entrepreneurial learning: a narrative-based conceptual model [J]. Journal of Small Business and Enterprise Development, 2005, 12 (3): 323 -335.

[138] Deakins D. Entrepreneurial learning and the growth process in SEMs [J]. The Learning Organization, 1998, 5 (3): 144 -155.

[139] De Clercq D, Dimov D, Thongpapanl N. The moderating impact of internal social exchange processes on the entrepreneurial orientation performance relationship [J]. Journal of Business Venturing, 2010, 25 (1): 87 -103.

[140] Deephouse D L, Suchman M. Legitimacy in organizational institutionalism [M]. Handbook of Organizational Institutionalism. London: Sage Publications, 2008.

[141] Deephouse D L. Does isomorphism legitimate? [J]. Academy of Management Journal, 1996, 39 (4): 1024-1039.

[142] Dess G G, Beard D W. Dimensions of organizational task environmental task environments [J]. Administrative Science, 1984, 29 (1): 52-73.

[143] Dhanaraj C, Alyles M. Managing tacit and explicit knowledge transfer in IJVs: The role of relational embeddedness and the impact on performance [J]. Journal of International Business Studies, 2004, 35 (5): 428-442.

[144] DiMaggio P J, Powell W W. The iron cage revisited institutional isomorphism and collective rationality in organizational fields [J]. American Sociological Review, 1983, 48 (2): 147-160.

[145] Dirk D C, Maxim V. The role of cultural and symbolic capital in entrepreneurs' ability to meet expectations about conformity and innovation [J]. Journal of Small Business Management, 2009, 47 (3): 398-420.

[146] Dobrev S D, Gotsopoulos A. Legitimacy vacuum, structural imprinting, and the first mover disadvantage [J]. Academy of Management Journal, 2010, 53 (5): 1153-1174.

[147] Drees J M. Synthesizing and extending resource dependence theory: A meta-analysis [J]. Journal of Management, 2013 (2): 1-33.

[148] Echols A, Tsai W. Niche and performance: The moderating role of network embeddedness [J]. Strategic Management Journal, 2005, 26 (3): 219-238.

[149] Elsbach K D, Sutton R I. Acquiring organizational legitimacy through illegitimate actions a marriage of institutional and impression management theories [J]. Academy of Management Journal, 1992, 35 (4): 699-738.

[150] Elsbach K D. Managing organizational legitimacy in the California cattle industry: the construction and effectiveness of verbal accounts [J]. Administrative Science Quarterly, 1994, 39 (1): 57-88.

[151] Elsbach K D. Organizational perception management [J]. Research in Organizational Behavior, 2003 (25): 297-332.

[152] Fan D, Cui L, Li Y, et al. Localized learning by emerging multination enterprises in developed host countries: a fuzzy analysis of foreign direct investment in Australia [J]. International Business Review, 2016, 25 (1): 187-203.

[153] Fernhaber S A, Li D. The impact of Interorganizational imitation on new

venture international entry and performance [J]. Entrepreneurship Theory and Practice, 2010, 34 (1): 1 -30.

[154] Fowler F J. Survey research methods [M]. Newbury Park, CA: Sage Publications Inc. , 2002.

[155] Fowler S F, Lawrence T B. Virtually embedded ties [J]. Journal of Management, 2004, 30 (5): 647 -666.

[156] Frost J, Vogel R. Linking exploration and exploitation: how a think tank triggers a managerial innovation [J]. International Journal of Learning and Change, 2008, 3 (1): 75 -91.

[157] George G, Dahlander L, Graffin S D. Reputation and status: expanding the roles of social evaluations in management research [J]. Academy of Management Journal, 2016, 59 (1): 1 -13.

[158] Granovetter M. Economic action and social structure: The problem of embeddedness [J]. American Journal of Sociology, 1985, 91 (3): 481 -510.

[159] Granovetter M. The sociology of economic life [M]. Colorado: Westview Press, 1992.

[160] Granovetter M. The Strength of weak ties [J]. American Journal of Sociology, 1973, 78 (6): 1360 -1380.

[161] Gulati R, Gargiulio M. Where do interorganizational networks come from? [J]. American Journal of Sociology, 1999, 104 (5): 1398 -1438.

[162] Gulati R, Sytch M. Dependence asymmetry and joint dependence in interorganizational relationships: effects of embeddedness on a manufacturer's performance in procurement relationships [J]. Administrative Science Quarterly, 2007, 52 (1): 32 -69.

[163] Hagedoorn J. Understanding the cross-level embeddedness of interfirm partnership formation [J]. Academy of Management Review, 2006, 31 (3): 670 -680.

[164] Halinen A, Tornroos J. The role of embeddedness in the evolution of business networks [J]. Scandinavian Journal Management, 1998, 14 (3): 187 -205.

[165] Hamilton E. Entrepreneurial learning in family business [J]. Journal of Small Business and Enterprise Development, 2011, 18 (1): 8 -26.

[166] Harrison R T, Leitch C M. Entrepreneurial learning: researching the interface between learning and the entrepreneurial context [J]. Entrepreneurship Theory and Practice, 2005, 29 (4): 351 -371.

[167] Haunschild P R, Miner A S. Modes of interorganizational imitation: the effects of outcome salience and uncertainty [J]. Administrative Quarterly, 1997, 42 (3): 472 -500.

[168] Helfat C, Peteraf M. The dynamic resources-based view: capability lifecycles [J]. Strategic Management Journal, 2003, 24 (10): 997 -1010.

[169] Helkkula A, Grimm C M, Gannon M J. Narratives and metaphors in service development [J]. Qualitative Market Research: An International Journal, 2010, 13 (4): 354 -371.

[170] Hess M. 'Spatial' relationships? Towards a reconceptualization of embeddedness [J]. Progress in Human Geography, 2004, 28 (2): 165 -186.

[171] Hillman A J, Hitt M A. Corporate political strategy formation: a model of approach, participation and strategic decision [J]. Academy of Management Review, 1999, 24 (4): 825 -842.

[172] Hoffman A W. From heresy to dogma: an institutional history of corporate environmentalism [M]. San Francisco: New Lexington Press, 1997.

[173] Holcomb T R, Ereland R D, Holmes Jr R M, et al. Architecture of entrepreneurial learning: exploring the link among heuristics, knowledge, and action [J]. Entrepreneurship Theory and Practice, 2009, 33 (1): 167 -192.

[174] Hsu G, Hannan M T. Multiple category membership in markets: an integrative theory and two empirical tests [J]. American Sociological Review, 2009 (74): 150 -169.

[175] Hung K P, Chou C. The impact of open innovation on firm performance: the moderating effects of internal R&D and environmental turbulence [J]. Technovation, 2013, 33 (10): 368 -380.

[176] Hybels R C. On legitimacy, legitimation, and organization: a critical review and integrative theoretical model [J]. Academy of Management Journal, Special Issue: Best Papers Proceedings, 1995, 241 -245.

[177] Isaak R. From collective learning to Silicon Valley replication: the limits to synergistic entrepreneurship in Sophia Antipolis [J]. Research in International

Business and Finance, 2009, 23 (2): 134 - 143.

[178] Jalkala A, Salminen R. Practices and functions of customer reference marketing-leveraging customer reference as marketing assets [J]. Industrial Marketing Management, 2010, 39 (7): 975 - 985.

[179] Jansen J J P, Vera D, Crossan M. Strategic leadership for exploration and exploitation: the moderating role of environment dynamism [J]. Leadership Quarterly, 2009, 20 (1): 351 - 363.

[180] Jaworski B J, Kohli A K. Market orientation: antecedents and consequences [J]. Journal of Marketing, 1993 (57): 53 - 70.

[181] Jessop B. Regulationist and autopoieticist reflections on Polanyi's account of market economies and the market society [J]. New Political Economy, 2001, 6 (2): 213 - 232.

[182] Jiao H, Wei J, Cui Y. An empirical study on paths to develop dynamic capabilities: from the perspectives of entrepreneurial orientation and organizational learning [J]. Frontiers of Business Research in China, 2010, 4 (1): 47 - 72.

[183] Johannisson B, Karlsson G. The institutional embeddedness of local inter-firm networks: a leverage for business creation [J]. Entrepreneurship & Regional Development, 2002, 14 (4): 297 - 315.

[184] Joris K, Oerlemans G. The effects of spatial mobility on the performance of firms [J]. Economic Geography, 2008, 84 (2): 157 - 183.

[185] Kaasa A. Effects of different dimensions of social capital on innovative activity: evidence from Europe at the regional level [J]. Tecnovation, 2009, 29 (3): 218 - 233.

[186] Kessler E H, Bierly P E. Is faster really better? An empirical test of the implications of innovation speed [J]. IEEE Transaction on Engineering Management, 2002, 49 (1): 2 - 12.

[187] Kim D Y. Understanding supplier structural embeddedness: a social network perspective [J]. Journal of Operations Management, 2014, 32 (5): 219 - 231.

[188] Kistruck G, Beamish P W. The interplay of firm, structure, and embeddedness in social intrapreneurship [J]. Entrepreneurship Theory and Practice, 2010, 34 (2): 735 - 761.

[189] Koh H C. Testing hypotheses of entrepreneurial characteristics: a study of Hong Kong MBA students [J]. Journal of Managerial Psychology, 1996, 11 (3): 12-25.

[190] Kostova T, Roth K. Adoption of an organizational practice by subsidiaries of multinational corporations: institutional and relational effects [J]. Academy of Management, 2002, 45 (1): 215-233.

[191] Kostova T, Roth K. Social capital in multinational corporations and a micro-macro model of its formation [J]. Academy of Management Review, 2003, 28 (2): 297-317.

[192] Kotha S, Rajgopal S. Reputation building and performance: an empirical analysis of the top 50 pure internet firms [J]. European Management Journal, 2001, 19 (6): 571-586.

[193] Kuilman F. Grades of membership and legitimacy spillovers: Foreign banks in Shanghai, 1847-1935 [J]. Academy of Management Journal, 2009, 52 (2): 229-245.

[194] Kumar K, Jones E, Venkatesan R, et al. Is market orientation a source of sustainable competitive advantage or simply the cost of competing? [J]. Journal of Marketing, 2011, 75 (1): 16-30.

[195] Lans T, Biemans H, Verstegen J, et al. The influence of the work environment on entrepreneurial learning of small-business owners [J]. Management Learning, 2008, 39 (5): 597-613.

[196] Laursen K, Masciarelli F. Regions matter: How localized social capital affects innovation and external knowledge acquisition [J]. Organization Science, 2012, 23 (1): 177-193.

[197] Lavie S, Pamela R, Haunschild P R. Organizational differences, relational mechanisms, and alliance performance [J]. Strategic Management Journal, 2012, 33 (13): 1453-1479.

[198] Leana C R, Pil F K. Social capital and organizational performance: evidence from urban public school [J]. Organization Science, 2006, 17 (3): 353-366.

[199] Leana C R, Van Buren H J. Organizational social capital and employment practices [J]. Academy of Management Review, 1999, 24 (3): 538-555.

[200] Lecler C J, Kinghorn J. Dynamic capabilities, expert and entrepreneurial learning [J]. South African Journal of Business Management, 2014, 45 (2): 65 – 81.

[201] Lichtenthaler U. Absorptive capacity, environmental turbulence, and the complementarity of organizational learning processes [J]. Academy of Management Journal, 2009, 52 (4): 822 – 846.

[202] Li H Y, Zhang Y. The role of managers' political networking and functional experience in new venture performance: evidence from China's transition economy [J]. Strategic Management Journal, 2007, 28 (8): 791 – 804.

[203] Li J, Tang Y. CEO Hubris and firm risk taking in China: the moderating role of managerial discretion [J]. Academy of Management Journal, 2010 (3): 45 – 68.

[204] Lin J L, Fang S. Network embeddedness and technology transfer performance in R&D consortia in Taiwan [J]. Technovation, 2009, 29 (5): 763 – 774.

[205] Li Y, Zhang C, Liu Y, et al. Organizational learning, internal control mechanisms and indigenous innovation: the evidence from China [J]. Engineering Management, 2010, 57 (1): 63 – 77.

[206] Lumpkin G T, Dess G G. Linking two dimensions of entrepreneurial orientation to firm performance: the moderating role of environment and industry life cycle [J]. Journal of Business Venturing, 2001, 16 (5): 429 – 451.

[207] Lumpkin G T, Lichtenstein B B. The role of organizational learning in the opportunity recognition process [J]. Entrepreneurship Theory and Practice, 2005, 29 (4): 451 – 472.

[208] Malmberg A, Maskell P. Localized learning revisited [J]. Growth and Change, 2006, 37 (1): 1 – 18.

[209] Man, T W Y. Developing a behavior-centered model of entrepreneurial learning [J]. Journal of Small Business and Enterprise Development, 2012, 19 (3): 549 – 566.

[210] Man, T W Y. Exploring the behavioral patterns of entrepreneurial learning: a competency approach [J]. Education and Training, 2006 (5): 35 – 43.

[211] Manolova T S, Manel I M, Gyoshev B S. In good company: the role of personal and inter-firm networks for new venture internationalization in a transition

economy [J]. Journal of World Business, 2010, 45 (1): 257 -265.

[212] Martin B C, McNally J. Examining the formation of human capital in entrepreneurship: a meta-analysis of entrepreneurship education outcomes [J]. Journal of Business Venturing, 2013, 28 (2): 211 -224.

[213] Marvel M R, Lumpkin G T. Technology entrepreneurs' human capital and its effects on innovation radicalness [J]. Entrepreneurship Theory and Practice, 2007, 31 (6): 807 -828.

[214] McEvily B, Marcus A. Embedded ties and acquisition of competitive capabilities [J]. Strategic Management Journal, 2005, 26 (11): 1033 -1055.

[215] McEvily B, Zaheer A. Bridging ties: A source of firm heterogeneity in competitive capabilities [J]. Strategic Management Journal, 1999, 20 (12): 1133 -1156.

[216] Meyer J W, Rowan B. Institutionalized organizations: Formal structure as myth and ceremony [J]. American Journal of Sociology, 1977, 83 (27): 340 -363.

[217] Miller D, Fern M, Cardinal L. The use of knowledge for technological within diversified firms [J]. Academy of Management Journal, 2007, 50 (2): 308 -326.

[218] Miller D, Friesen P H. Strategy-making and environment: The third link [J]. Strategic Management Journal, 1983 (3): 221 -235.

[219] Miller K, Lin Shu - Jou. Analogical reasoning for diagnosing strategic issues in dynamic and complex environments [J]. Strategic Management Journal, 2015, 36 (13): 2000 -2020.

[220] Miner A S, Bassof P, Moorman C. Organizational improvisation and learning: a field study [J]. Administrative Science Quarterly, 2001, 46 (2): 304 -337.

[221] Minniti W, Bygrave W. A dynamic model of entrepreneurial learning [J]. Entrepreneurship: theory and Practice, 2001, 25 (3): 5 -16.

[222] Moran P. Structural vs. relational embeddedness: social capital and managerial performance [J]. Strategic Management Journal, 2005, 26 (12): 1129 -1151.

[223] Moroz P W, Hindle K. Entrepreneurship as a process: toward harmonizing multiple perspectives [J]. Entrepreneurship Theory and Practice, 2012, 36 (4): 781 -818.

[224] Nahapiet J, Ghoshal S. Social capital, intellectual capital, and the organizational advantage [J]. Academy of Management Review, 1998, 23 (2): 242 -266.

[225] Ojasalo J. Management of innovation networks: A case study of different approaches [J]. European Journal of Innovation Management, 2008, 11 (1): 51 -86.

[226] Ordanini A, Rubera G, Defillippi R. The many moods of inter-organizational imitation: a critical review [J]. International Journal of Management Reviews, 2008, 10 (4): 375 -398.

[227] Park S, Luo Y. Guanxi and organizational dynamics: organizational networking in Chinese firms [J]. Strategic Management Journal, 2001, 22 (5): 455 -477.

[228] Parsons T. Structure and process in modern societies [M]. Glencoe: Free Press, 1960.

[229] Pavlou P A. Understanding the elusive black box of dynamic [J]. Decision Science, 2011, 43 (1): 239 -272.

[230] Peng M, Luo Y. Managerial ties and firm performance in a transition economy: the nature of a micro-macro link [J]. The Academy of Management Review, 2000, 43 (3): 486 -501.

[231] Podsakoff P M, Mackenzie S B, Lee J Y, et al. Common method biases in behavioral research: a critical review of the literature and recommended remedies [J]. Journal of applied psychology, 2003 (5): 879 -903.

[232] Polanyi K. The great transformation: The political and economic origins of our time [M]. Boston: Beacon Press, 1944.

[233] Politis D. The process of entrepreneurial learning: a conceptual framework [J]. Entrepreneurship Theory and Practice, 2005, 29 (4): 399 -424.

[234] Porter M E. Cluster and the new economics of competition [J]. Harvard Business Review, 1998, 76 (6): 77 -90.

[235] Priem R, Rasheed A, Kotulic A. Rationality in strategic decision processes, environmental dynamism and firm performance [J]. Journal of Management, 1995 (5): 913 -929.

[236] Priyanto S H. Relationship between entrepreneurial learning, entrepre-

neurial competencies and venture success: Empirical study on SMEs [J]. International Journal of Entrepreneurship & Innovation Management, 2005, 5 (6): 454-468.

[237] Rae D, Carswell M. Using a life-story approach in researching entrepreneurial learning: the development of a conceptual model and its implications in the design of learning experience [J]. Education and Training, 2000, 42 (5): 220-227.

[238] Rae D. Entrepreneurial learning: A conceptual framework for technology-based enterprise [J]. Technology Analysis & Strategic Management, 2006, 18 (1): 39-56.

[239] Rao H. The social construction of reputation: certification contests, legitimization, and the survival of organizations in the American automobile industry: 1895-1912 [J]. Strategic Management Journal, 1994 (15): 29-44.

[240] Rao R S, Chandy R K, Prabhu J C. The fruits of legitimacy: why some new ventures gain more from innovation than others [J]. Journal of Marketing, 2008, 72 (4): 58-75.

[241] Rerup C, Feldman M S. Routines as a source of change in organizational schemata: the role of trial-and-error learning [J]. Academy of Management Journal, 2011, 54 (3): 577-610.

[242] Richard O C, Murthi B S, Ismail K. The impact of racial diversity on intermediate and long-time performance: the moderating role of environmental context [J]. Strategic Management Journal, 2007, 28 (12): 1213-1233.

[243] Rindfleisch A, Moorman C. The acquisition and utilization of information in new product alliances: a strength-of-ties perspective [J]. Journal of Marketing, 2001, 65 (2): 1-18.

[244] Rocha H O, Sternberg R. Entrepreneurship: the role of clusters theoretical perspectives and empirical evidence from Germany [J]. Small Business Economics, 2005, 24 (3): 267-292.

[245] Rosenkopf L, Almeida P. Overcoming local search through alliance mobility [J]. Management Science, 2003, 49 (6): 751-766.

[246] Ruebottom T. The microstructures of rhetorical strategy in social entrepreneurship: building legitimacy through heroes and villains [J]. Journal of Business Venturing, 2013 (28): 98-116.

[247] Ruef M, Scott W R. A multidimensional model of organizational legitimacy: hospital survival in changing institutional environments [J]. Administrative Science Quarterly, 1998, 43 (4): 877-904.

[248] Ruokolainen J. Constructing the first customer reference to support the growth of a start-up software technology company [J]. European Journal of Innovation Management, 2008, 41 (2): 282-305.

[249] Schilke O, Reimann M, Thomas J S. When does international marketing standardization matter to firm performance [J]. Journal of International Marketing, 2009, 17 (4): 24-46.

[250] Scott W R. Institutions and organizations [M]. CA: Sage Publication, 1995.

[251] Semrau T, Werner A. How exactly do network relationship pay off? The effect of network size and relationship quality on access to start-up resources [J]. Entrepreneurship Theory and Practice, 2014, 38 (3): 501-525.

[252] Sessa V I, London M, Pingor C, et al. Adaptive, generative, and transformative learning in project teams [J]. Team Performance Management, 2011, 17 (3): 146-167.

[253] Shipilov A, Danis W. TMG social capital, strategic choice and firm performance [J]. European Management Journal, 2006, 24 (1): 16-27.

[254] Shou Z, Chen J. Firm capability and performance in China: the moderating role of Guanxi and institutional forces in domestic and foreign contexts [J]. Journal of Business Research, 2014, 67 (2): 77-82.

[255] Simons T L, Peterson R S. Task conflict and relationship conflict in top management teams: The role of intergroup trust [J]. Journal of Applied Psychology, 2000 (85): 102-111.

[256] Simsek Z, Lubatkin M. Inter-firm networks and entrepreneurial behavior: a structural embeddedness perspective [J]. Journal of Management, 2003, 29 (3): 427-442.

[257] Singh J, Tucker D, House R. Organizational legitimacy and liability of newness [J]. Administrative Science Quarterly, 1986, 31 (2): 562-585.

[258] Singh R. Relational embeddedness, tertius iungens orientation and relationship quality in emerging markets [J]. Asia Pacific Journal of Marketing and Lo-

gistics, 2008, 20 (4): 479 -483.

[259] Sorenson O, Audia P G. The social structure of entrepreneurial activity: geographic concentration of footwear production in the United States, 1940 - 1989 [J]. The American Journal of Sociology, 2000, 106 (2): 424 -461.

[260] Stahl H K. Linking customer lifetime with shareholder value [J]. Industrial Marketing Management, 2003, 32 (4): 267 -279.

[261] Stinchcombe A L. Constructing social theories [M]. Chicago: University of Chicago Press, 1968.

[262] Stuart T E, Sorenson O. The geography of opportunity: spatial heterogeneity in founding rates and the performance of biotechnology firms [J]. Research Policy, 2003, 32 (2): 229 -253.

[263] Suchman M C. Managing legitimacy: Strategic and institutional approaches [J]. The Academy of Management Review, 1995, 20 (3): 571 -610.

[264] Sullivan D M, Ford C M. How entrepreneurs use networks to address changing resource requirements during early venture development [J]. Entrepreneurship Theory and Practice, 2014, 38 (3): 551 -574.

[265] Su Z F, Li J Y, Yang Z P, et al. Exploratory learning and exploitative learning in different organizational structures [J]. Asia Pacific Journal of Management, 2011, 28 (4): 697 -714.

[266] Tan J, Shao Y, Li W. To be different, or not be the same? An exploratory study of isomorphism in the cluster [J]. Journal of Business Venturing, 2013, 28 (1): 83 -97.

[267] Tan J, Tan D. Environment strategic co-evolution and co-alignment: a stag model of Chinese SOEs under transition [J]. Strategic Management Journal, 2005 (6): 141 -157.

[268] Theodorakopoulos N, Ram M, Shah M, et al. Experimenting with supply chain: supplier diversity and ethnic minority business [J]. International Entrepreneurship and Management Journal, 2005, 1 (1): 461 -478.

[269] Tornikoski T, Newbert S. Exploring the determinations of organizational emergence: a legitimacy perspective [J]. Journal of Business Venturing, 2007, 22 (2): 311 -335.

[270] Tost L P. An integrative model of legitimacy judgement [J]. Academy of

Management Review, 2011, 38 (4): 686 - 710.

[271] Tsai W, Ghoshal S. Social capital and value creation: the role of intrafirm networks [J]. Academy of Management Journal, 1998, 41 (4): 464 - 476.

[272] Tsang E, Eric W K. In search of legitimacy: The private entrepreneur in China [J]. Entrepreneurship & Practice, 1996, 21 (1): 21 - 30.

[273] Tseng C. Connecting self-directed learning with entrepreneurial learning to entrepreneurial performance [J]. International Journal of Entrepreneurial Behavior & Research, 2013, 19 (4): 425 - 446.

[274] Ucbasaran D. Entrepreneurial founder teams: factors associated with member entry and exit [J]. Entrepreneurship Theory and Practice, 2003, 27 (2): 107 - 126.

[275] Uzzi B, Gillespie J. Knowledge spillover in corporate financing networks: embeddedness and the firm's debt performance [J]. Strategic Management Journal, 2002, 23 (7): 595 - 618.

[276] Uzzi B. Social structure and competition in interfirm networks: The paradox of embeddedness [J]. Administrative Science Quarterly, 1997, 42 (1): 35 - 67.

[277] Vanacker T, Collewaert V. The relationship between slack resources and the performance of entrepreneurial firms: the role of venture capital and angel investors [J]. Journal of Management Studies, 2013, 50 (6): 1070 - 1096.

[278] Vergne J. Toward a new measure of organizational legitimacy: method, validation and illustration [J]. Organizational Research Method, 2011, 14 (3): 484 - 502.

[279] Volberda H W, Lewin A Y. Guest editors' introduction: co-evolutionary dynamics within and between firms: From evolution to co-evolution [J]. Journal of Management Studies, 2003, 8 (40): 2111 - 2136.

[280] Walsh J P, Lee Y, Nagaoka S. Openness and innovation in the US: collaboration form, idea generation and implementation [J]. Research Policy, 2016, 45 (8): 1660 - 1671.

[281] Wang C L, Chugh H. Entrepreneurial learning: past research and future challenges [J]. International Journal of Management Review, 2014, 16 (1): 24 - 61.

[282] White H C. Where do markets come from [J]. American Journal of Sociology, 1981, 87 (3): 517 -547.

[283] Wijbenga F H, Van W. Entrepreneurial locus of control and competitive strategic: the moderating effect of environmental dynamism [J]. Journal of Economic Psychology, 2007, 28 (5): 566 -589.

[284] Williamson O E. Strategy research: governance and competence perspectives [J]. Strategic Management Journal, 1999, 20 (12): 1087 -1108.

[285] Yiu D W, Lau C M. Corporate entrepreneurship as resource capital configuration in emerging market firms [J]. Entrepreneurship Theory and Practice, 2008, 32 (1): 37 -57.

[286] Yli - Renko H, Autio E, Tontti V. Social capital, knowledge, and the international growth of technology-based new firms [J]. International Business Review, 2002, 11 (3): 279 -304.

[287] Zahra S A, Bogner W C. Technology strategy and software new ventures' performance: exploring the moderating effect of the competitive environment [J]. Journal of Business Venturing, 2000, 15 (2): 135 -173.

[288] Zahra S A, Sapienza H J, Davidsson P. Entrepreneurship and dynamic capabilities: a review, model and research agenda [J]. Journal of Management, 2006, 43 (4): 917 -955.

[289] Zhang J, Hamilton E. Entrepreneurship education for owner-managers: The process of trust building for an effective learning community [J]. Journal of Small Business & Entrepreneurship, 2010, 23 (2): 249 -270.

[290] Zhang S, Li X. Managerial ties, Firm resources, and performance of cluster firms [J]. Asia Pacific of Journal of Management, 2008, 25 (4): 615 -633.

[291] Zhang W, White S. Overcoming liability of newness: entrepreneurial action and the emergence of China's private solar photovoltaic firms [J]. Research Policy, 2016, 45 (3): 604 -617.

[292] Zhao Y, Li Y, Lee S H, et al. Entrepreneurial orientation, organizational learning, and performance: evidence from China [J]. Entrepreneurship Theory & Practice, 2011, 35 (2): 293 -317.

[293] Zheng Y, Zhu Y D. Bank lending incentives and firm investment deci-

sions in China [J]. Journal of Multinational Financial Management, 2013, 23 (3): 146 - 165.

[294] Zimmerman M, Zeitz G. Beyond survival: Achieving new venture growth by building legitimacy [J]. Academy of Management Review, 2002, 27 (3): 414 -431.

[295] Zoltan A, Attila V. Entrepreneurship, economic growth and public [J]. Small Business Economics, 2005, 21 (8): 109 - 122.

[296] Zukin S, DiMaggio P. Structures of capital: The social organization of the economy [M]. Cambridge M A: Cambridge University Press, 1990.